PAL-Prüfungsbuch · Zerspanungsmechaniker/-in

D1619431

PAL-Prüfungsbuch

der PAL = **P**rüfungs-**A**ufgaben- und **L**ehrmittelentwicklungsstelle

Herausgegeben von der
Industrie- und Handelskammer Region Stuttgart

PAL-Prüfungsbuch

für den schriftlichen Teil der Abschlussprüfung Teil 2

Testaufgaben für die Berufsausbildung

Zerspanungsmechaniker/-in

Verordnung vom 23. Juli 2007
Änderungsverordnung vom 7. Juni 2018

Erste Auflage

Verlag Dr.-Ing. Paul Christiani GmbH & Co. KG

Bestell-Nr. 54504
ISBN: 978-3-95863-261-5

Zerspanungsmechaniker/-in

Inhaltsverzeichnis

Lernfeld 11 – Planen und Organisieren rechnergestützter Fertigung

Lernfeld 12 – Vorbereiten und Durchführen eines Einzelfertigungsauftrages

Lernfeld 13 – Organisieren und Überwachen von Fertigungsprozessen in der Serienfertigung

Anlagen

Anhang

Musteraufgabensatz
Lösungsschablone
Lösungsvorschläge
Markierungsbogen
Hinweise für die Kammer, Richtlinien für den Prüfungsausschuss

Vorwort

Die Industrie- und Handelskammern (IHKs) in der Bundesrepublik Deutschland führen seit über 80 Jahren Abschlussprüfungen in kaufmännischen und gewerblich-technischen Berufen durch.

Über 1100 Vertreter der Arbeitnehmer, Arbeitgeber und Lehrer[1] an berufsbildenden Schulen entwickeln in rund 140 Fachausschüssen und Arbeitskreisen der *Prüfungsaufgaben- und Lehrmittelentwicklungsstelle (PAL) der IHK Region Stuttgart* Aufgaben für die schriftlichen, praktischen und integrierten Zwischen- und Abschlussprüfungen in den gewerblich-technischen Berufen.

Im Bereich Metall ist bei der PAL der Ausbildungsberuf Zerspanungsmechaniker/-in angesiedelt. Auszubildende in diesem Beruf werden folglich mit PAL-Aufgaben geprüft. Um ihnen die Vorbereitung auf die Prüfung zu erleichtern, aber auch Lehrern und Ausbildern die Kontrolle des Lernerfolgs der Auszubildenden zu ermöglichen, hat die PAL mit dem vorliegenden *PAL-Prüfungsbuch Zerspanungsmechaniker/-in* schriftliche Aufgaben aus den Lernfeldern 7 bis 13 unterschiedlichen Typs und verschiedener Schwierigkeitsgrade zusammengestellt.

Anregungen für Verbesserungen und Hinweise auf Fehler nehmen wir gerne entgegen (pal@stuttgart.ihk.de).

Wir wünschen allen Prüflingen viel Erfolg!

Ihre
PAL – Prüfungsaufgaben- und Lehrmittelentwicklungsstelle
der IHK Region Stuttgart

Stuttgart, im August 2018

---

[1] Alle personenbezogenen Bezeichnungen werden aus Gründen der Übersichtlichkeit und einfachen Lesbarkeit nur in einer Geschlechtsform gewählt und gelten gleichermaßen für Frauen und Männer.

Einleitung

1. Gesetzliche Grundlagen

Die Verordnungen über die Berufsausbildung in den gewerblich-technischen Berufen regeln unter anderem Struktur und Inhalt der Prüfungen.

Gemäß der Verordnung über die Berufsausbildung in der Fassung vom 23. Juli 2007 für den Ausbildungsberuf Zerspanungsmechaniker/-in besteht die Abschlussprüfung Teil 2 aus den Prüfungsbereichen
- Arbeitsauftrag,
- Auftrags- und Funktionsanalyse,
- Fertigungstechnik sowie
- Wirtschafts- und Sozialkunde.

Die Inhalte der schriftlichen Aufgabenstellungen der Abschlussprüfung Teil 2 werden durch den Rahmenlehrplan der Lernfelder 7 bis 13 definiert.

2. Prüfungsinhalte

Die Inhalte des Rahmenlehrplans sind nach Lernfeldern (Bild 1) strukturiert.

		Übersicht über die Lernfelder für den Ausbildungsberuf Zerspanungsmechaniker/-in				
	Lernfelder		**Zeitrichtwerte in Stunden**			
	Nr.		1. Jahr	2. Jahr	3. Jahr	4. Jahr
Inhalt AP Teil 1	1	Fertigen von Bauelementen mit handgeführten Werkzeugen	80			
	2	Fertigen von Bauelementen mit Maschinen	80			
	3	Herstellen von einfachen Baugruppen	80			
	4	Warten technischer Systeme	80			
	5	Herstellen von Bauelementen durch spanende Fertigungsverfahren		100		
	6	Warten und Inspizieren von Werkzeugmaschinen		40		
Inhalt AP Teil 2	7	Inbetriebnehmen steuerungstechnischer Systeme		60		
	8	Programmieren und Fertigen mit numerisch gesteuerten Werkzeugmaschinen		80		
	9	Herstellen von Bauelementen durch Feinbearbeitungsverfahren			80	
	10	Optimieren des Fertigungsprozesses			100	
	11	Planen und Organisieren rechnergestützter Fertigung			100	
	12	Vorbereiten und Durchführen eines Einzelfertigungsauftrages				60
	13	Organisieren und Überwachen von Fertigungsprozessen in der Serienfertigung				80
		Summe (insgesamt 1020 Std.)	320	280	280	140

Bild 1: Inhalte des Rahmenlehrplans nach Lernfeldern strukturiert

Die Gewichtungen zwischen gebundenen und ungebundenen Aufgaben sowie die Anzahl der Aufgaben wurden vom Fachausschuss der PAL erarbeitet. Eine etwaige Änderung in diesen Punkten behält sich der Fachausschuss vor.

3. Typen von Aufgaben

Grundsätzlich sind zwei Aufgabentypen zu unterscheiden:
- gebundene Aufgaben und
- ungebundene Aufgaben.

Diese sind den beiden Prüfungsbereichen „Auftrags- und Funktionsanalyse" und „Fertigungstechnik" zugeordnet.

Gebundene Aufgaben beginnen mit einer Fragestellung, teilweise wird erst der Sachverhalt geschildert. Die Frage kann auch eine Verneinung beinhalten (in der Regel *kursiv* hervorgehoben). Der Prüfling antwortet nicht mit eigenen Worten, sondern markiert **einen** von fünf Antwortvorschlägen.

Bei *ungebundenen Aufgaben* steht meist ein Informationsteil am Anfang. Die Prüflinge müssen die darauf bezogenen Fragen mit eigenen Worten beantworten und ihre Antwort in der Regel auch kurz begründen.

4. Art der Aufgabensätze

Die Verordnung über die Berufsausbildung in der Fassung vom 23. Juli 2007 gibt für den Ausbildungsberuf Zerspanungsmechaniker/-in vor, in welchen Prüfungsbereichen geprüft werden muss. Daraus leiten sich die Anzahl der Aufgabenhefte und die Zusammenstellung der Aufgabensätze für Teil 1 bzw. Teil 2 der gestreckten Abschlussprüfung ab.

5. Projektbezug der Aufgaben

Die Einsatzgebiete (EG) des Berufs des Zerspanungsmechanikers spiegeln sich in den Projekten 1, 2 und 3 wider. Dabei sind Zeichnungen/Baugruppen/Fragen aus dem Aufgabensatz „Konventionell gefertigte Baugruppe" im Projekt 1 gebündelt, Zeichnungen/Fragen aus dem Aufgabensatz Projekt 2 (Drehen) „CNC-gefertigtes Bauteil" und Zeichnungen/Fragen aus dem Aufgabensatz Projekt 3 (Fräsen) „CNC-gefertigtes Bauteil".

In diesem Übungsbuch ist der Projektbezug so gekennzeichnet, dass die jeweilige Projektnummer zu Beginn der Fragestellung angegeben ist. Meist sind diese Aufgaben ohne die Projektzeichnungen nicht lösbar. Um jedoch eine Breite der Anwendungsmöglichkeiten innerhalb der Lernfelder abbilden zu können, wurde das Übungsheft so gestaltet, dass einige Aufgaben mit allgemeingültigem Inhalt gewählt sind. Dort fehlt dann der Projektbezug zu Beginn der Fragestellung.

6. Bearbeitung der Aufgabensätze in der Prüfung

6.1 Gliederung des Prüfungsaufgabensatzes

Auftrags- und Funktionsanalyse, Fertigungstechnik Projekt 1
(Allgemein) „konventionell gefertigte Baugruppe":
Hinweise für den Prüfling
Aufgabenheft Auftrags- und Funktionsanalyse Teil A Projekt 1
Aufgabenheft Auftrags- und Funktionsanalyse Teil B Projekt 1
Anlagen: Zeichnungssatz
Aufgabenheft Fertigungstechnik Teil A Projekt 1
Aufgabenheft Fertigungstechnik Teil B Projekt 1
Markierungsbogen Auftrags- und Funktionsanalyse
Markierungsbogen Fertigungstechnik

Auftrags- und Funktionsanalyse, Fertigungstechnik Projekt 2
(Drehen) „CNC-gefertigtes Bauteil":
Hinweise für den Prüfling
Prüfungsaufgabenbeschreibung Auftrags- und Funktionsanalyse Teil
A und Teil B Projekt 2
Anlagen: Programmieranleitung, Werkzeugformdatei, Programm-
blätter, Einrichteblatt
Aufgabenheft Fertigungstechnik Teil A Projekt 2
Aufgabenheft Fertigungstechnik Teil B Projekt 2
Markierungsbogen Auftrags- und Funktionsanalyse
Markierungsbogen Fertigungstechnik

Auftrags- und Funktionsanalyse, Fertigungstechnik Projekt 3
(Fräsen) „CNC-gefertigtes Bauteil":
Hinweise für den Prüfling
Prüfungsaufgabenbeschreibung Auftrags- und Funktionsanalyse Teil
A und Teil B Projekt 3
Anlagen: Programmieranleitung, Werkzeugformdatei, Programmblät-
ter, Einrichteblatt
Aufgabenheft Fertigungstechnik Teil A Projekt 3
Aufgabenheft Fertigungstechnik Teil B Projekt 3
Markierungsbogen Auftrags- und Funktionsanalyse
Markierungsbogen Fertigungstechnik

Bitte beachten: Der Prüfling wählt in der Prüfung aus den Projekten 2
und 3 ein Projekt aus und bearbeitet es vollständig.
Im Prüfungsbuch sind Projekt 1, Projekt 2 und Projekt 3 abgebildet.

Bevor die Prüflinge mit der Bearbeitung der Aufgaben beginnen, sind
die Erläuterungen auf Seite 2 des jeweiligen Aufgabensatzes sorgfältig
zu lesen.

Zunächst ist zu prüfen, ob die Aufgabensätze unter *Allgemeines* die genannte Zahl von Aufgaben sowie Anlagen enthalten. Sollte dies nicht der Fall sein, ist sofort die Prüfungsaufsicht zu informieren.

Nach der Auswahl des Aufgabensatzes (Projekt 1, 2 oder 3) gilt es, den Kopf des Markierungsbogens handschriftlich auszufüllen bzw. die eingedruckten Daten zu überprüfen.

Jetzt steht einer erfolgreichen Bearbeitung nichts mehr im Wege.

6.3 Bearbeitung von gebundenen Aufgaben

Von den vorgeschlagenen fünf Antwortvarianten ist immer nur eine richtig. Werden mehrere Auswahlantworten angekreuzt, gilt die Aufgabe als nicht gelöst. Gleiches gilt, wenn kein Antwortvorschlag angekreuzt wird. Falls versehentlich ein Kreuz an die falsche Stelle gesetzt wird, so ist dieses unkenntlich zu machen und ein neues an die richtige Stelle zu setzen. Die Lösung ist in den beigefügten Markierungsbogen zu übertragen.

6.4 Ungebundene Aufgaben

Vor Beginn der Bearbeitung der ungebundenen Aufgabenhefte hat der Prüfling auf der Titelseite der Hefte und gegebenenfalls auf den Anlagen seine Prüfungsnummer und seinen Vor- und Familiennamen einzutragen. Zudem hat er die Erläuterungen auf Seite 2 der Hefte zu lesen und anzuwenden sowie seine verwendeten Tabellenbücher (mit Ausgabenummer/-datum) in dem dafür vorgesehenen Feld einzutragen.

Die Beantwortung der Aufgaben sollte in kurzen Sätzen erfolgen. Bei Aufgaben zu mathematischen Sachverhalten wird der vollständige Rechengang (Formel, Ansatz, Ergebnis, Einheit) verlangt.

Am Ende der Prüfung sind der Aufsicht alle Unterlagen zu übergeben.

7. Auswertung der Prüfung

Basis für die Auswertung der gebundenen Aufgaben ist ausschließlich der Markierungsbogen, der deshalb unbedingt die geforderten, personenbezogenen Daten enthalten muss.

Die ungebundenen Aufgaben werden vom Prüfungsausschuss individuell ausgewertet. Die PAL liefert dem Prüfungsausschuss dazu Lösungsvorschläge. Sie sind Richtlinien für die Korrektur und stellen keine Musterlösungen dar. Sie erheben keinen Anspruch auf Vollständigkeit. Die Eigenverantwortlichkeit des Prüfungsausschusses bleibt von den Lösungsvorschlägen unberührt und er hat andere oder abweichende richtige und begründete Lösungen bzw. Lösungswege entsprechend zu werten.

Zeichnungen zu den Projekten

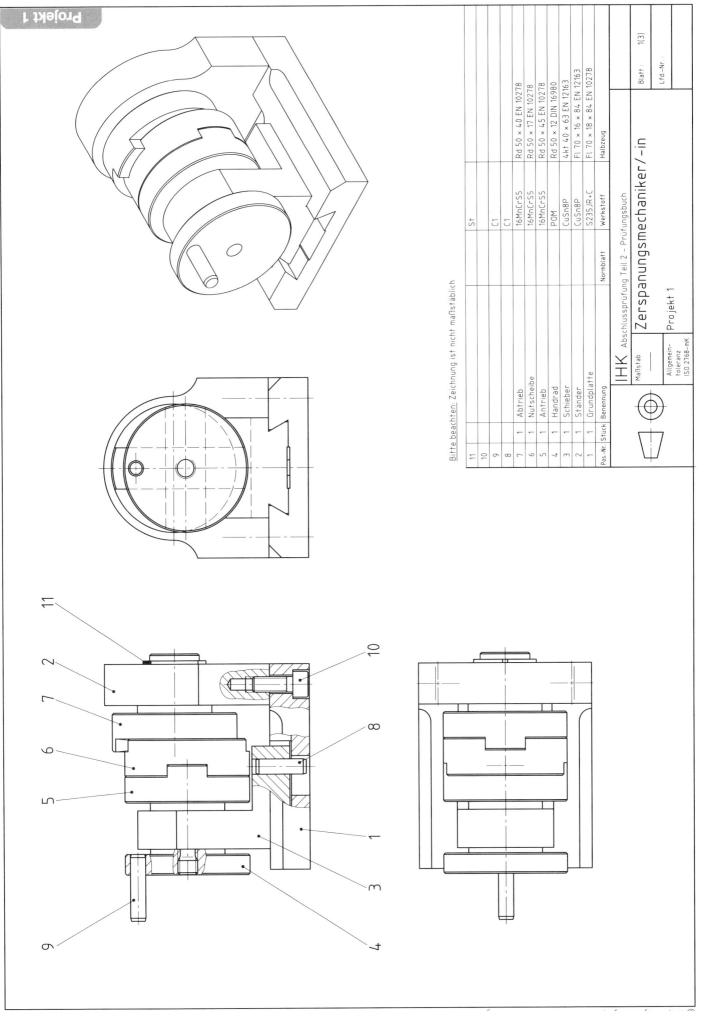

Bitte beachten: Zeichnung ist nicht maßstäblich

Pos.-Nr.	Stück	Benennung	Werkstoff	Halbzeug
11				
10				
9				
8				
7	1	Abtrieb	16MnCrS5	Rd 50 × 40 EN 10278
6	1	Nutscheibe	16MnCrS5	Rd 50 × 17 EN 10278
5	1	Antrieb	16MnCrS5	Rd 50 × 45 EN 10278
4	1	Handrad	POM	Rd 50 × 12 DIN 16980
3	1	Schieber	CuSn8P	4kt 40 × 63 EN 12163
2	1	Ständer	CuSn8P	Fl 70 × 16 × 84 EN 12163
1	1	Grundplatte	S235JR+C	Fl 70 × 18 × 84 EN 10278

St
C1
C1

IHK Abschlussprüfung Teil 2 - Prüfungsbuch

Zerspanungsmechaniker/-in

Projekt 1

Maßstab

Allgemein-
toleranz
ISO 2768-mK

Blatt: 1(3)

Lfd.-Nr.:

Normblatt

9

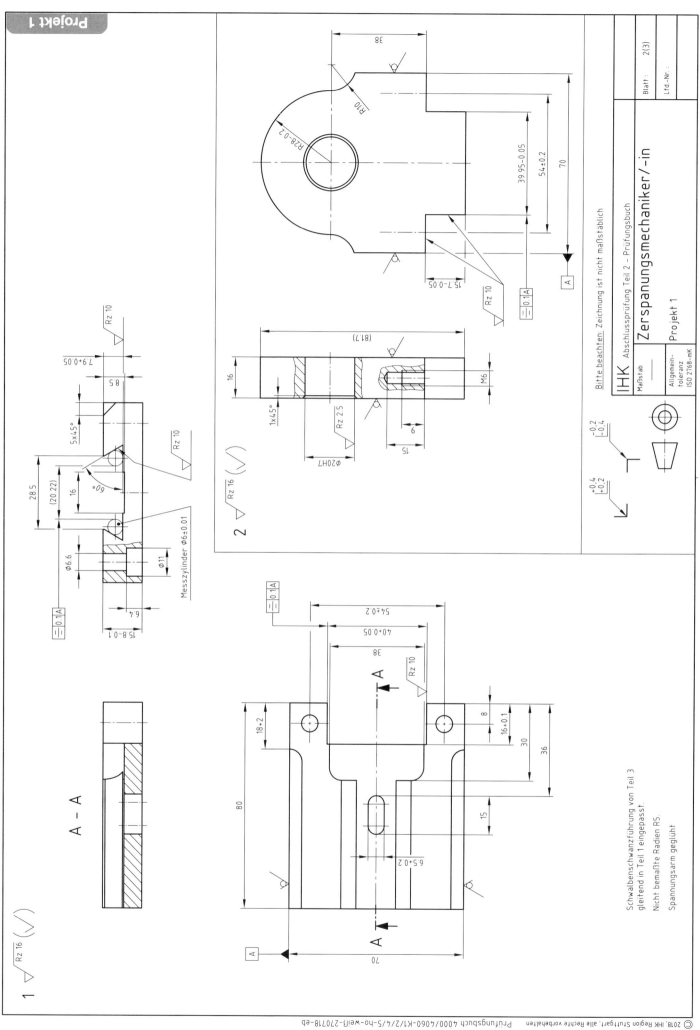

IHK Abschlussprüfung Teil 2 – Prüfungsbuch

Zerspanungsmechaniker/-in

Projekt 1

Bitte beachten: Zeichnung ist nicht maßstäblich

Maßstab

Allgemein-
toleranz
ISO 2768-mK

Blatt: 2(3)

Lfd.-Nr.:

Schwalbenschwanzführung von Teil 3
gleitend in Teil 1 eingepasst.

Nicht bemaßte Radien R5

Spannungsarm geglüht

Messzylinder ⌀6±0.01

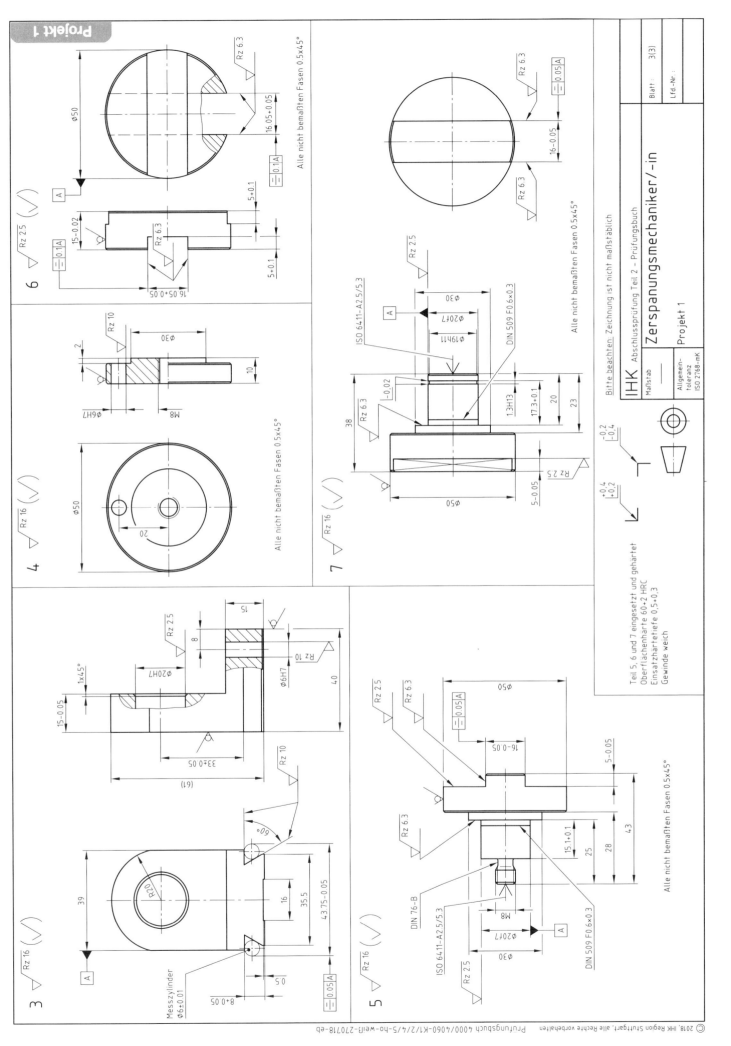

Prüfungsbuch 4000/4060-K1/2/4/5-ho-weiß-270718-eb

11

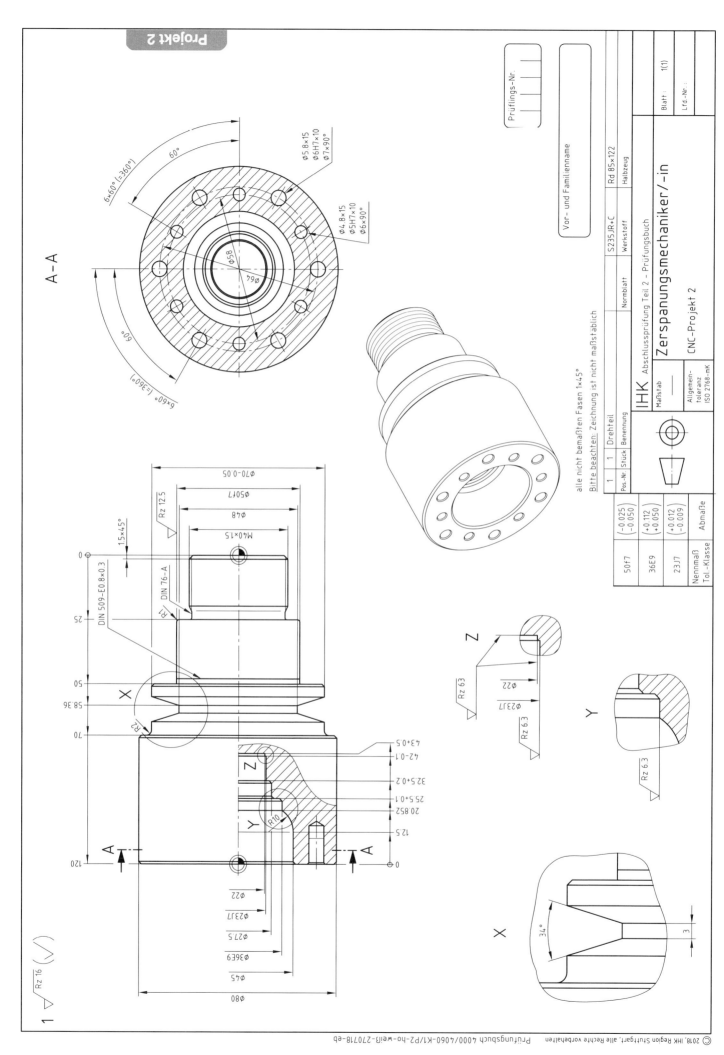

$1 \sqrt{\frac{Rz\ 16}{}} \left(\sqrt{} \right)$

WNP1
WNP2

A–A

90°
Ø9
M8
17+1
12+1
9.5-0.2
WNP1 WNP2
3
Ø0
90°
29.5
Ø38
M36×15
51
45°
6
13
16.5

80
Ø100

48.703
39.598
29.698
11.314
9.314
1.414
0
1.875
35.561
49.991
50.059

49.125
48.703
39.598
29.698
11.314
1.414
0

51.025
42.380

R9
40
R9
40°
A
A
WNP1
WNP2
R35
R42.5

10.661
0
1

34

X
R6.5
R24
40°
R10

Alle nicht bemaßten Fasen 1×45°

Bitte beachten: Zeichnung ist nicht maßstäblich

Prüflings-Nr.

Vor- und Familienname

1	1	Frästeil		11SMn30+C	Rd 100×80
Pos.-Nr.	Stück	Benennung	Normblatt	Werkstoff	Halbzeug

IHK Abschlussprüfung Teil 2 – Prüfungsbuch

Maßstab

Zerspanungsmechaniker/-in

Blatt : 1(1)

Lfd.-Nr. :

Allgemein-
toleranz
ISO 2768-mK

CNC-Projekt 3

13

Lernfeld 7 – Inbetriebnehmen steuerungstechnischer Systeme

Auftrags- und Funktionsanalyse:
Gebundene Aufgaben

Fertigungstechnik:
Gebundene Aufgaben
Ungebundene Aufgaben

Auszug aus dem Rahmenlehrplan

Lernfeld 7: Inbetriebnehmen steuerungstechnischer Systeme

Zielformulierung:

Die Schülerinnen und Schüler analysieren, programmieren und parametrieren berufsspezifische steuerungstechnische Systeme auch mithilfe von Simulationsprogrammen. Sie nehmen die steuerungstechnischen Systeme unter Beachtung der Arbeitsschutzbestimmungen in Betrieb.

Sie überprüfen anhand der technischen Dokumentation den funktionalen Ablauf der Steuerung und entwickeln unter Berücksichtigung des Stoff-, Informations- und Energieflusses Strategien zur Fehlersuche sowie zur Optimierung des steuerungstechnischen Systems.

Die Schülerinnen und Schüler ermitteln und bewerten die jeweiligen Druck- und Kräfteverhältnisse und vergleichen die Wirtschaftlichkeit und Funktionalität unterschiedlicher Gerätetechniken.

Sie diskutieren und bewerten alternative Lösungen.

Die Schülerinnen und Schüler erstellen und vervollständigen technische Dokumentationen und präsentieren ihre Ergebnisse auch digital. Dazu verwenden sie auch geeignete aktuelle Anwendungsprogramme.

Für ihre Arbeit nutzen die Schülerinnen und Schüler verschiedene Informationsmedien, auch in englischer Sprache.

Inhalte:

Technologieschema

Zuordnungsliste

Weg-Schritt-Diagramm

Schalt- und Stromlaufplan

Logikplan, Funktionstabelle

Pneumatik, Hydraulik, elektrische Ansteuerung

Steuern, Regeln

Steuerstromkreis, Arbeitsstromkreis

Logische Grundschaltungen

Signalspeicherung

Verknüpfungs- und Ablaufsteuerungen

Analoge, digitale und intelligente Sensoren und Aktoren

Normen

001

Der Auszug eines Hydraulikplans beinhaltet das Bauteil 1A. Welche Aussage über das Bauelement ist richtig?

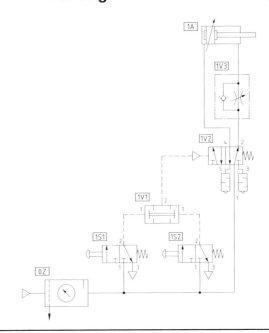

(1) Einfachwirkender Zylinder ohne Rückfeder

(2) Doppeltwirkender Zylinder mit Differenzialkolben

(3) Doppeltwirkender Zylinder mit über den ganzen Hub verstellbarer Kolbengeschwindigkeit

(4) Doppeltwirkender Zylinder mit Ringmagnet zur Steuerung von Kontakten

(5) Doppeltwirkender Zylinder mit beidseitiger einstellbarer Endlagendämpfung

002

Der Auszug eines Hydraulikplans beinhaltet das Bauteil 1V2. Wie wird das Bauteil 1V2 normgerecht bezeichnet?

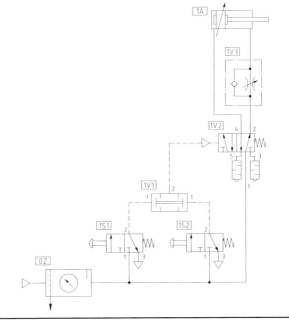

(1) Handbetätigtes 5/2-Wegeventil

(2) Druckbetätigtes 5/2-Wegeventil

(3) Mechanisch betätigtes 5/2-Sperrventil

(4) Elektrisch betätigtes 5/2-Druckventil

(5) Druckbetätigtes 5/2-Sperrventil

003

Der doppeltwirkende Zylinder der Spannvorrichtung an der Fräsmaschine wird mit einem 4/3-Wegeventil angesteuert. Welche Aussage ist richtig, wenn das Ventil in der abgebildeten Stellung steht?

(1) Der Kolben ist frei beweglich (Schwimmstellung).

(2) Der Kolben ist nicht frei beweglich.

(3) Der Kolben lässt sich nicht nach vorne ziehen.

(4) Der Kolben lässt sich nicht nach hinten bewegen.

(5) Der Kolben fährt nach vorne aus.

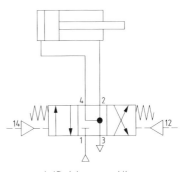

4/3-Wegeventil

Lernfeld 7 – Inbetriebnehmen steuerungstechnischer Systeme
Auftrags- und Funktionsanalyse

004

In den betrieblichen Unterlagen befindet sich das dargestellte Funktionsdiagramm. Welche Aussage dazu ist richtig?

1. In Schritt 1 fährt nur der Zylinder 1.0 aus.

2. In Schritt 1 fährt nur der Zylinder 2.0 aus.

3. In Schritt 2 fährt nur der Zylinder 2.0 ein.

4. In Schritt 2 fährt nur der Zylinder 1.0 ein.

5. In Schritt 3 fahren die Zylinder 1.0 und 2.0 ein.

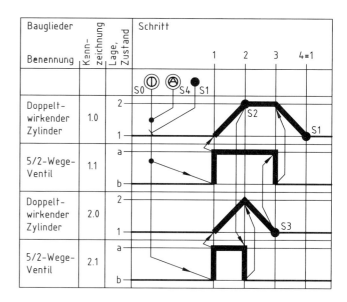

005

Welches Ventil wird zum Lösen der Werkzeugspannung eingesetzt?

1. Druckbegrenzungsventil

2. Rückschlagventil

3. 5/3-Wegeventil

4. 2/2-Wegeventil

5. 3/2-Wegeventil

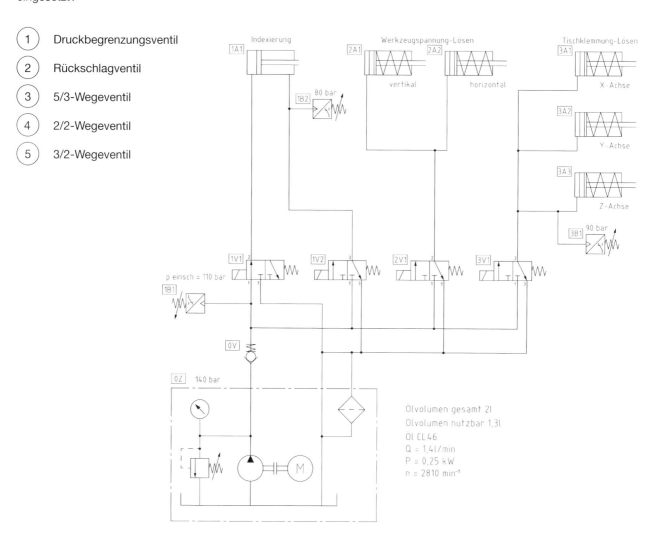

Fräsmaschine Hydraulikschaltplan

006

In den technischen Unterlagen Ihrer Werkzeugmaschine
befindet sich folgender Plan. Um welchen Plan handelt
es sich?

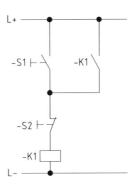

(1) Stromlaufplan

(2) Funktionsplan

(3) Kontaktplan

(4) Logikplan

(5) Ablaufplan

007

Welcher Druck p (in bar) kann durch die Hydraulikpumpe
bei richtig eingestelltem Druckbegrenzungsventil maximal
erreicht werden?

(1) $p = 80$ bar

(2) $p = 90$ bar

(3) $p = 110$ bar

(4) $p = 140$ bar

(5) $p = 340$ bar

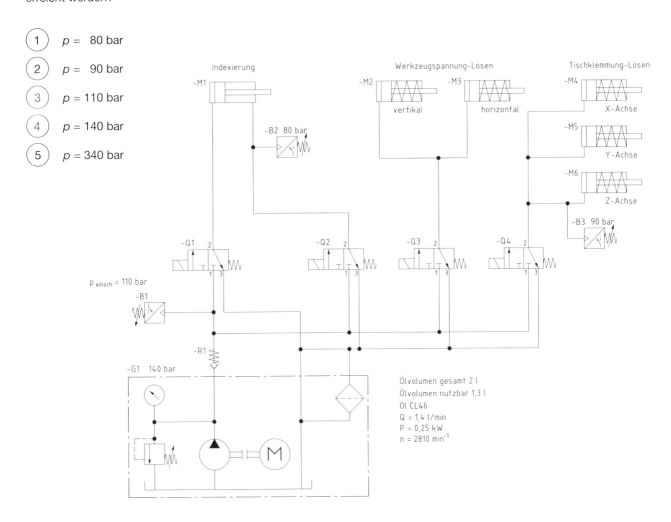

Fräsmaschine Hydraulikschaltplan

Lernfeld 7 – Inbetriebnehmen steuerungstechnischer Systeme
Fertigungstechnik

008

Bei der dargestellten Ansteuerung einer Spannvorrichtung wurden die Arbeitsleitungen zwischen dem Ventil 1V2 und dem Zylinder 1A1 vertauscht. Was geschieht, wenn die Steuerung an die Druckquelle angeschlossen wird?

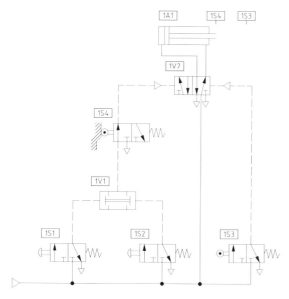

(1) Zylinder 1A1 fährt sofort aus und bleibt dann in der vorderen Endlage stehen.

(2) Zylinder 1A1 bleibt in der hinteren Endlage stehen.

(3) Zylinder 1A1 fährt aus und fährt dann wieder ein.

(4) Zylinder 1A1 fährt so lange aus und ein, bis die Ventile 1S1 und 1S2 kurz betätigt werden.

(5) Zylinder 1A1 fährt ein Stück weit aus und bleibt dann in dieser Stellung stehen.

(Schaltplan, funktionsfähig dargestellt)

009

Welches der dargestellten Schaltzeichen ist ein Druckbegrenzungsventil?

010

Unter welchem Bauteil aus der Pneumatik steht die vollständige und richtige Bezeichnung?

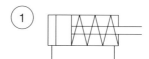

 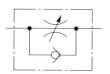

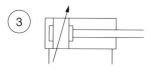

Doppeltwirkender Zylinder

Drosselrückschlagventil, einstellbar, freier Durchfluss in einer Richtung

Einfachwirkender Zylinder

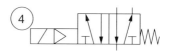

3/2-Wegeventil, Pedal betätigt, Federrückstellung

Doppeltwirkender Zylinder mit beidseitiger Endlagendämpfung

011

In den betrieblichen Unterlagen befindet sich das dargestellte Funktionsdiagramm. Welche Aussage dazu ist richtig?

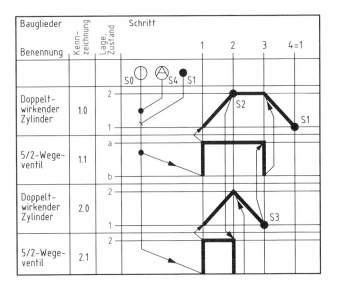

1.   In Schritt 1 fährt nur der Zylinder 1.0 aus.

2.   In Schritt 2 fährt nur der Zylinder 2.0 ein.

3.   In Schritt 2 fährt nur der Zylinder 1.0 ein.

4.   In Schritt 3 fahren Zylinder 1.0 und 2.0 ein.

5.   In Schritt 1 fährt nur der Zylinder 2.0 aus.

012

Welche Behauptung über die Kompressibilität der Luft ist richtig?

1.   Die Kompressibilität der Luft ist im Vergleich zu der des Öls sehr groß.

2.   Die Kompressibilität kann bei der Pneumatikanlage vernachlässigt werden.

3.   Die Kompressibilität erzeugt eine Abkühlung der Luft.

4.   Die Kompressibilität der Luft ist etwa gleich groß wie die des Wassers.

5.   Die Kompressibilität der Luft bewirkt das Kondensieren der Luftfeuchtigkeit.

Lernfeld 7 – Inbetriebnehmen steuerungstechnischer Systeme
Fertigungstechnik

U1

In den Betriebsunterlagen Ihrer Werkzeugmaschine befindet sich der abgebildete Schaltplan.

1. Woran erkennen Sie, dass es sich um einen Auszug aus einem Elektro-Pneumatik-Schaltplan handelt?

2. Was geschieht, wenn ein -M1 nicht mehr angesteuert wird?

3. Welche Aufgaben haben die Ventile -R1 und -R2?

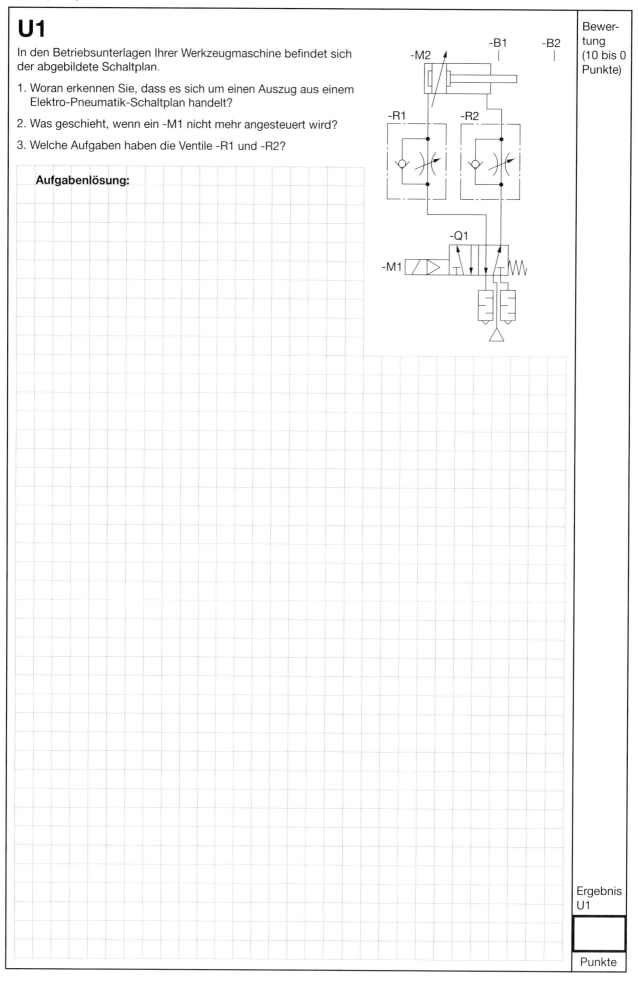

Aufgabenlösung:

U2

	Bewertung (10 bis 0 Punkte)

Der dargestellte Hydraulikschaltplan zeigt den Antrieb für die Hubbewegung des Tisches an einer Flachschleifmaschine. Die Hydraulikpumpe hat einen Volumenstrom von

$$\dot{V} = \frac{50\,\text{L}}{\text{min}}.$$

Die Flachschleifmaschine soll eine Vorschubgeschwindigkeit von $v_f = 25$ m/min erreichen.
Wie groß muss der wirksame Kolbenquerschnitt sein?

$(\dot{V} = v_f \cdot A)$

Aufgabenlösung:

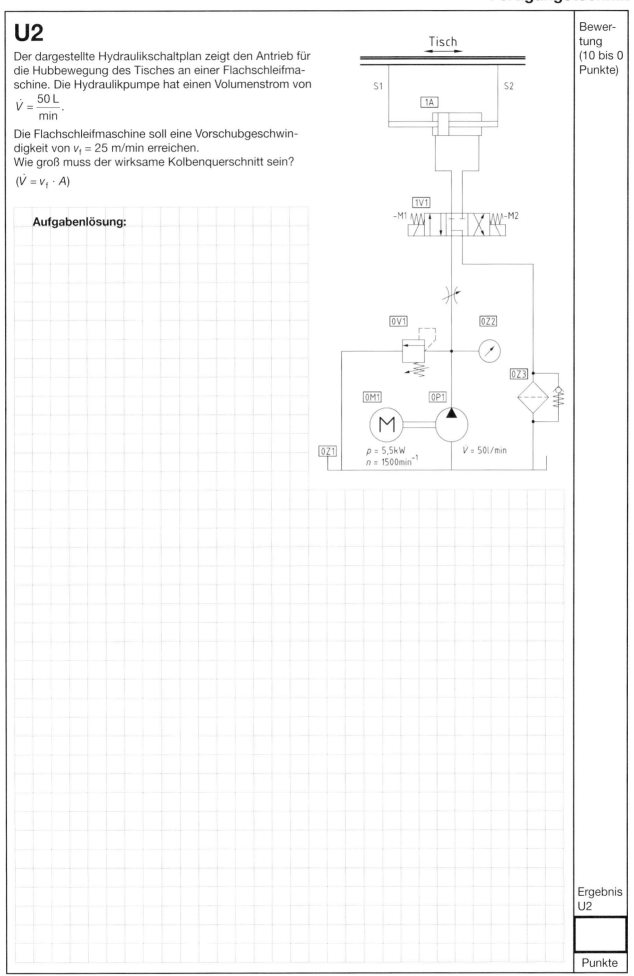

	Ergebnis U2
	Punkte

Lernfeld 8 – Programmieren und Fertigen mit numerisch gesteuerten Werkzeugmaschinen

Auftrags- und Funktionsanalyse:
Projekt 2: Drehen
Projekt 3: Fräsen

Fertigungstechnik:
Gebundene Aufgaben

Auszug aus dem Rahmenlehrplan

Zielformulierung:

Die Schülerinnen und Schüler fertigen Bauelemente auf numerisch gesteuerten Werkzeugmaschinen.

Sie analysieren und erstellen fertigungsgerechte Teilzeichnungen und entnehmen ihnen die erforderlichen Informationen für die CNC-Fertigung.

Sie ermitteln die technologischen und geometrischen Daten für die Bearbeitung und erstellen Arbeits- und Werkzeugpläne.

Sie entwickeln auf der Basis dieser Pläne rechnergestützt CNC-Programme, überprüfen und optimieren den Bearbeitungsprozess durch Simulation und führen die Datensicherung durch. Dazu nutzen sie Programmieranleitungen und Herstellerunterlagen. Die Schülerinnen und Schüler planen die Einspannung des Werkstücks und der Werkzeuge. Sie kontrollieren Sicherheitseinrichtungen und stellen deren Funktion sicher. Sie richten die Werkzeugmaschine ein und erproben unter Beachtung der Bestimmungen des Arbeits- und Umweltschutzes die CNC-Programme.

Auf Grundlage der erstellten Prüfpläne wählen die Schülerinnen und Schüler geeignete Prüfmittel aus. Sie interpretieren und dokumentieren die ermittelten Prüfergebnisse unter Verwendung aktueller Anwendungsprogramme.

Die Schülerinnen und Schüler unterscheiden hierbei zwischen technologisch und programmtechnisch bedingten Einflüssen des Fertigungsprozesses auf Maßhaltigkeit und Oberflächengüte.

Sie diskutieren und reflektieren die Auftragsabwicklung.

Die Schülerinnen und Schüler vergleichen die Wirtschaftlichkeit und die Produktqualität der CNC-Fertigung mit der konventionellen Fertigung.

Inhalte:

Arbeitsauftrag

CNC-Drehen, CNC-Fräsen

Konturpunktberechnung

Programmablaufplan

Aufbau und Merkmale von Maschinensystemen

Koordinatensysteme und Bezugspunkte

Steuerungsarten

Programmaufbau

Wegbedingungen, Zusatzfunktionen

Schneidenradiuskompensation, Bahnkorrektur

Zyklen, Unterprogrammtechnik

Fertigungsparameter

Tool-Managementsystem, Werkzeug-Voreinstellung

Identifikation von Werkzeugen

Fertigungsunterlagen

Normen

Dokumentations- und Präsentationstechnik

Prüflingsnummer

Vor- und Familienname

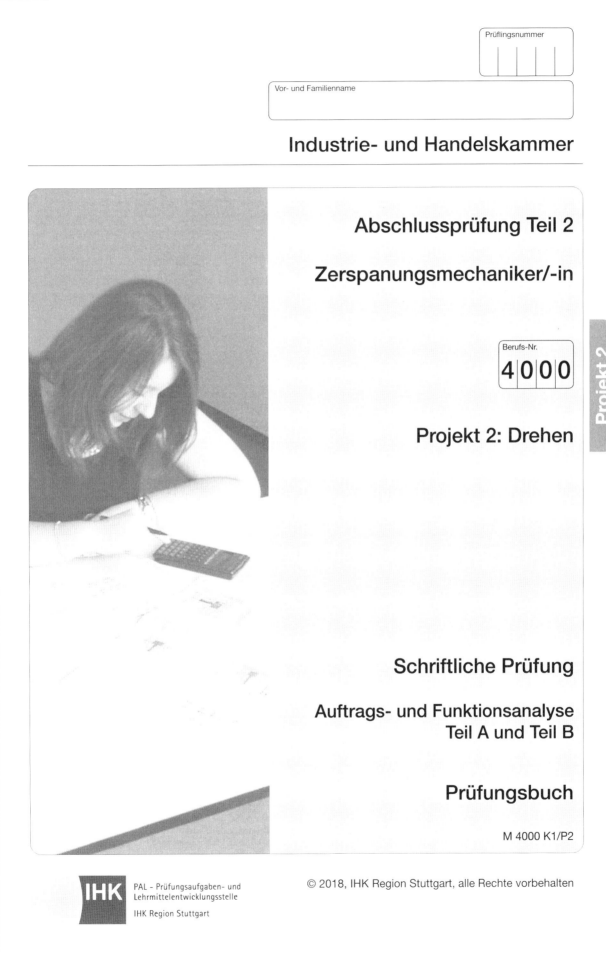

Industrie- und Handelskammer

Abschlussprüfung Teil 2

Zerspanungsmechaniker/-in

Berufs-Nr.

4 0 0 0

Projekt 2

Projekt 2: Drehen

Schriftliche Prüfung

Auftrags- und Funktionsanalyse
Teil A und Teil B

Prüfungsbuch

M 4000 K1/P2

Lernfeld 8 – Programmieren und Fertigen mit numerisch gesteuerten Werkzeugmaschinen – Auftrags- und Funktionsanalyse

IHK
Abschlussprüfung Teil 2 – Prüfungsbuch

Prüfungsaufgabenbeschreibung Projekt 2 CNC-Drehen	Zerspanungsmechaniker/-in

1. Aufgabenbeschreibung für das Projekt „Drehen"

Das auf der Zeichnung Blatt 1(1) dargestellte Werkstück soll in einer größeren Stückzahl auf einer CNC-Drehmaschine gefertigt werden. Das erforderliche Programm für die Innen- bzw. Außenbearbeitung ist auf den beiliegenden Programmblättern unvollständig vorgegeben. Das Programm ist zu ergänzen und zu optimieren. Außerdem ist das Einrichteblatt zu ergänzen.

2. Vorgabezeit: 105 min

3. Erlaubte Hilfsmittel: Tabellenbuch, Formelsammlung und nicht programmierter, netzunabhängiger Taschenrechner ohne Kommunikationsmöglichkeit mit Dritten

4. Zusatzinformationen zur CNC-Drehmaschine

– Für die Steuerung der CNC-Drehmaschine gilt die beiliegende Programmieranleitung. Sie enthält alle für die Lösung der Aufgabe erforderlichen Angaben.
– Die CNC-Drehmaschine besitzt X-, Y-, Z-, B- und C-Achsen/Reitstock/Revolverpositionen 16 (angetrieben) und einen automatischen Werkzeugwechsler.
– Der Werkzeugträger befindet sich hinter der Drehmitte (+ X hinten).
– Der Werkzeugwechselpunkt wird mit G 14 H 0 angegeben. Bei der Innenbearbeitung wird der Werkzeugwechselpunkt mit G 14 H 2 angefahren. Bei Bearbeitung auf der Mantelfläche (z. B. Nuten fräsen oder Einstichen) wird der Werkzeugwechselpunkt mit G 14 H 1 angefahren.
– Die Drehmeißel sind an der dem Spannmittel zugewandten Schneidkante vermessen.
– Bei den Abspanzyklen G 81 und G 82 ist die maximale Schnitttiefe unter D einzutragen.
– Beim Gewindezyklus G 31 und Gewindebohrzyklus G 84 ist der Startpunkt des Gewindes 3 × Gewindesteigung P. Zu programmierende Gewindelänge: Gesamte Gewindelänge (einschließlich Freistich) – 0,5 mm.
– Für das Konturdrehen des Werkstücks ist zu beachten:
   – Aufmaß beim Drehen der Planfläche 0,1 mm für das Fertigdrehen
   – Aufmaß im Durchmesser 1 mm über Nennmaß
   – Aufmaß in den Längen 0,1 mm
   – Beim Fertigdrehen des Längenmaßes ist die Planfläche von innen nach außen zu drehen.
   – Bei Toleranzen ist von Toleranzmitte auszugehen.
   – Der Anfahrabstand beträgt Z = 2 mm.
   – Bei der Programmierung des Feinkonturvorschubs E im Technologiesatz werden beim Vor- und Fertigdrehen die Fasen, Radien, Schrägen, Freistiche usw. mit dem Vorschubwert E xx gefertigt.
   – Bei den Bearbeitungszyklen ist die Endposition gleich der Startposition.

5. Arbeitshinweise

– Arbeiten Sie sich sorgfältig in die Zeichnung des zu fertigenden Werkstücks ein.

– Nehmen Sie das Einrichteblatt zur Hand und überlegen Sie, wie die Herstellung des Drehteils fachgerecht erfolgen könnte. Dazu sollten Sie auch die Programmblätter heranziehen, die Ihnen zeigen, welche Arbeitsfolgen der Programmierer vorgesehen hat.

– Ergänzen Sie im Einrichteblatt die grau unterlegten Felder, beginnend vom Prüfen des Halbzeugs bis zum Ausspannen des fertigen Werkstücks.

– Wählen Sie aus der Werkzeugformdatei die Werkzeuge aus, die bei der Fertigung eingesetzt werden. Tragen Sie die Werkzeugnummern an der richtigen Stelle des Einrichteblatts ein.

– Arbeiten Sie das gegebene Programm Satz für Satz durch und ergänzen Sie die Felder des Hauptprogramms, die grau unterlegt sind. Folgende Sätze des Programms, bei denen die Satznummern mit breiten Volllinien hervorgehoben sind, sind vollständig zu erstellen. In diesen Sätzen des Programms können die Vorschubwerte „F" und Zusatzfunktionen „M" zum Teil vorgegeben sein.

2   M 4000   K1/P2 -ho-weiß-131217

Programm: % 114

Satz:
N 15	(Blatt 1 von 5)
N 26 bis N 33	(Blatt 2 von 5)
N 35	(Blatt 2 von 5)
N 40	(Blatt 2 von 5)
N 49	(Blatt 2 von 5)
N 87 bis N 89	(Blatt 4 von 5)

– Verwenden Sie für die Satzbefehle die beiliegende Programmieranleitung für die PAL-CNC-Drehmaschine. Die fehlenden technologischen Daten entnehmen Sie der Werkzeugformdatei; sofern erforderlich, berechnen Sie die Drehzahlen.

– Die Wörter sind immer mit Adressbuchstaben und Zahlenwert in das Programmblatt einzutragen. Sind die Adress-buchstaben vorgegeben, ist nur ein Zahlenwert einzutragen.

– Ordnen Sie, wenn im Hauptprogramm verlangt, das Unterprogramm den Programmsätzen zu. Ergänzen Sie die Felder des Unterprogramms, wenn diese grau unterlegt sind. Sind in dem Arbeitsblatt für das Unterprogramm weder graue Felder noch Eintragungen, so ist das Unterprogramm vollständig zu schreiben.

– Tragen Sie in die Aufgabenzeichnung, in das Einrichteblatt und in die Programmblätter Ihren Namen, Ihre Prüflings-nummer sowie das Datum ein und übergeben Sie diese Unterlagen der Prüfungsaufsicht.

Projekt 2

Programmieranleitung PAL-CNC-Drehmaschine

1. Wegbedingungen

Code	Bedeutung
G0	Verfahren im Eilgang
G40	Abwahl der Schneidenradiuskompensation SRK
G41/G42	Anwahl der Schneidenradiuskompensation SRK
G50	Aufheben von inkrementellen Nullpunkt-Verschiebungen und Drehungen
G53	Alle Nullpunktverschiebungen und Drehungen aufheben
G54–G57	Einstellbare absolute Nullpunkte
G59	Inkrementelle Nullpunktverschiebung kartesisch und Drehung
G80	Abschluss einer Bearbeitungs-Konturbeschreibung
G90	Absolutmaßangabe einschalten
G91	Kettenmaßangabe einschalten
G92	Drehzahlbegrenzung
G94	Vorschub in Millimeter pro Minute
G95	Vorschub in Millimeter pro Umdrehung
G96	Konstante Schnittgeschwindigkeit
G97	Konstante Drehzahl (min^{-1})

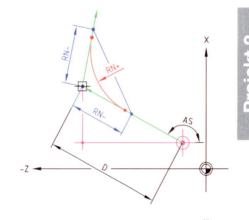

G1 Linearinterpolation im Arbeitsgang

X / Z	Koordinateneingabe (gesteuert durch G90/G91)
XA / ZA	Absolutmaße
XI / ZI	Inkrementalmaße
RN+	Verrundungsradius zum nächsten Konturelement
RN-	Fasenbreite zum nächsten Konturelement
D	Länge der Verfahrstrecke
AS	Anstiegswinkel der Verfahrstrecke
E	Feinkonturvorschub auf Übergangselementen

G2 Kreisinterpolation im Uhrzeigersinn

X / Z	Koordinateneingabe (gesteuert durch G90/G91)
XA / ZA	Absolutmaße
XI / ZI	Inkrementalmaße
I / IA	X-Mittelpunktkoordinate
K / KA	Z-Mittelpunktkoordinate
R	Radius
AO	Öffnungswinkel
RN+	Verrundungsradius zum nächsten Konturelement
RN-	Fasenbreite zum nächsten Konturelement
E	Feinkonturvorschub auf Übergangselementen

G3 Kreisinterpolation entgegen dem Uhrzeigersinn

X / Z	Koordinateneingabe (gesteuert durch G90/G91)
XA / ZA	Absolutmaße
XI / ZI	Inkrementalmaße
I / IA	X-Mittelpunktkoordinate
K / KA	Z-Mittelpunktkoordinate
R	Radius
AO	Öffnungswinkel
RN+	Verrundungsradius zum nächsten Konturelement
RN-	Fasenbreite zum nächsten Konturelement
E	Feinkonturvorschub auf Übergangselementen

Projekt 2

M 4000   K1/P2 -ho-weiß-211117

-1-(11)

Kopieren und jede Form der Vervielfältigung oder Reproduktion nicht gestattet.

31

G22 Unterprogrammaufruf

L   Nummer des Unterprogramms
H   Anzahl der Wiederholungen

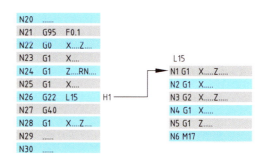

G23 Programmteilwiederholung

N   Startsatznummer
N   Endsatznummer
H   Anzahl der Wiederholungen

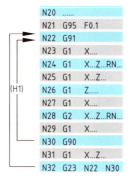

G81 Längsschruppzyklus

D   Zustellung
AX   Aufmaß in X-Richtung
AZ   Aufmaß in Z-Richtung
H1   Nur schruppen, 1 x 45 Grad abheben
H2   Stufenweise auswinkeln entlang der Kontur
H3   Wie H1 mit zusätzlichem Konturschnitt am Ende
H24   Schruppen mit H2 und anschließendes Schlichten

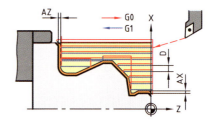

G82 Planschruppzyklus

D   Zustellung
AX   Aufmaß in X-Richtung
AZ   Aufmaß in Z-Richtung
H1   Nur schruppen, 1 x 45 Grad abheben
H2   Stufenweise auswinkeln entlang der Kontur
H3   Wie H1 mit zusätzlichem Konturschnitt am Ende
H24   Schruppen mit H2 und anschließendes Schlichten

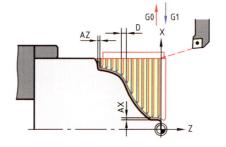

G84 Bohrzyklus

ZA   Tiefe der Bohrung absolut
ZI   Tiefe der Bohrung inkremental
DA   Anbohrtiefe
D   Zustelltiefe
DR   Reduzierwert der Zustelltiefe
DM   Mindestzustellung ohne Vorzeichen
U   Verweilzeit am Bohrgrund
V   Sicherheitsabstand
VB   Sicherheitsabstand vor Bohrgrund

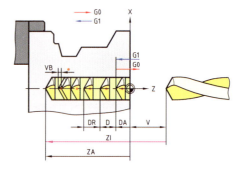

G85 Freistichzyklus

XA / ZA	Freistichposition, Absolutmaß
XI / ZI	Freistichposition, Inkrementalmaß
I	Freistichtiefe für DIN 76
K	Freistichbreite für DIN 76
H1	DIN 76
H2	DIN 509 E
H3	DIN 509 F
SX	Bearbeitungszugabe (Schleifaufmaß)
E	Eintauchvorschub

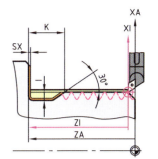

G86 Radialer Stechzyklus

XA / ZA	Einstichsetzposition, Absolutmaß
XI / ZI	Einstichsetzposition, Inkrementalmaß
ET	Durchmesser absolut
EB	Breite des Einstichs
	EB positiv: Einstich in Richtung Z+ v. d. Einstichposition
	EB negativ: Einstich in Richtung Z- v. d. Einstichposition
D	Zustelltiefe
RO	Verrundung (+) oder Fase (-) der oberen Ecken
RU	Verrundung (+) oder Fase (-) der unteren Ecken
AK	Konturparalleles Aufmaß
V	Sicherheitsabstand über der Einstichöffnung (Überfahrung im Vorschub)
H14	Schruppen und anschließendes Schlichten (gleiches Werkzeug)
EP	Setzpunktfestlegung
	EP1: bei Einstichöffnung EP2: am Einstichgrund
AE	Flankenwinkel des Einstichs
AS	Flankenwinkel des Einstichs

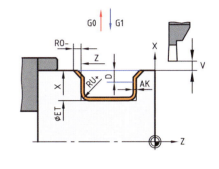

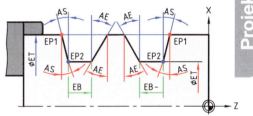

G88 Axialer Stechzyklus

XA / ZA	Einstichsetzposition, Absolutmaß
XI / ZI	Einstichsetzposition, Inkrementalmaß
ET	Stechgrund oder Einstichöffnung in Z-Achse
EB	Breite des Einstichs
	EB positiv:
	Einstich in Richtung X+ v. d. Einstichposition
	EB negativ:
	Einstich in Richtung X- v. d. Einstichposition
D	Zustelltiefe
RO	Verrundung (+) oder Fase (-) der oberen Ecken
RU	Verrundung (+) oder Fase (-) der unteren Ecken
AK	Konturparalleles Aufmaß
V	Sicherheitsabstand über der Einstichöffnung (Überfahrung im Vorschub)
H14	Schruppen und anschließendes Schlichten (gleiches Werkzeug)
EP	Setzpunktfestlegung
	EP1: bei Einstichöffnung EP2: am Einstichgrund
AE	Flankenwinkel des Einstichs
AS	Flankenwinkel des Einstichs

G31 Gewindezyklus

XA / ZA	Gewindeendpunkt, Absolutmaß
XI / ZI	Gewindeendpunkt, Inkrementalmaß
ZS	Gewindestartpunkt absolut in Z
XS	Gewindestartpunkt absolut in X
D	Gewindetiefe
F	Steigung in Richtung Z-Achse
Q	Zahl der Schnitte
O	Anzahl der Leerdurchläufe
H14	Zustellart: Versatz R/L wechselweise

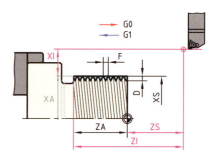

G14 Werkzeugwechselpunkt (WWP) anfahren

H0	Schräg (diagonal) wegfahren
H1	Erst in X-Achse, anschließend in Z-Achse wegfahren
H2	Erst in Z-Achse, anschließend in X-Achse wegfahren

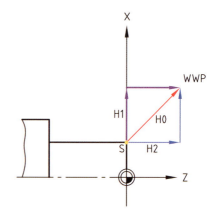

2. Zusatzfunktionen

M0	Programmierter Halt
M3	Spindel dreht im Uhrzeigersinn (CW)
M4	Spindel dreht im Gegenuhrzeigersinn (CCW)
M5	Spindel ausschalten
M8	Kühlschmiermittel Ein
M9	Kühlschmiermittel Aus
M17	Unterprogrammende
M30	Programmende mit Rücksetzung auf Programmanfang
M60	Konstanter Vorschub

T   Werkzeugnummer im Magazin

TC	Korrekturwertspeichernummer
TR	Inkrementelle Veränderung des Werkzeugradiuswerts
TL	Inkrementelle Veränderung der Werkzeuglänge
TX	Inkrementelle Veränderung des X-Korrekturwerts im angewählten Korrekturwertspeicher
TZ	Inkrementelle Veränderung des Z-Korrekturwerts im angewählten Korrekturwertspeicher für konturparallele Aufmaße

Einschaltzustand beim Start eines CNC-Programms

G18, G90, G53, G71, G1, G97, G95, G40   M5, M9, M60   F0.0   E0.0   S0

G17 Stirnseitenbearbeitungsebene

HS   Hauptspindelbearbeitung
GSU   Gegenspindelbearbeitung mit Drehung des XYZ-Koordinatensystems um 180° um die X-Achse

G18 Drehebene

HS   Hauptspindelbearbeitung
GS   Gegenspindelbearbeitung
GSU   Gegenspindelbearbeitung mit Drehung des XYZ-Koordinatensystems um 180° um die X-Achse
DRA   Für die Adresse X hängt die Einheit Radius- oder Durchmessermaß von G90/G91 ab:
     G90: X im Durchmessermaß   G91: X im Radiusmaß

G19 Mantelflächen-/Sehnenflächenbearbeitungsebene

B   Neigungswinkel der Sehnenfläche bezogen auf die positive Z-Achse
C   ohne Adresswert kennzeichnet das direkte Programmieren der C-Achse
C   mit Adresswert, legt den C-Achswert fest, auf welchem diese Achse festgehalten wird
X   der Adresswert gibt den Durchmesser an, für den die abgewickelte Mantelfläche erzeugt wird
Y   ohne Adresswert kennzeichnet das Vorhandensein einer Y-Achse

G30 Umspannen/Gegenspindelübernahme

Q1   Umspannen des Werkstücks auf der Hauptspindel
Q2   Gegenspindel nur positionieren und spannen
Q3   Gegenspindel positionieren, spannen und Gegenspindelübernahme
DE   Einspannposition der Spannmittelvorderkante zum aktuellen
     ungedrehten Werkstückkoordinatensystem der Hauptspindel
DA   Auszugslänge
H0   Auszug des Werkstückes bei stehender Spindel
DM   Abstand Spannmittelvorderkante zum Gegenspindelbezugspunkt
U   Verweilzeit nach dem Schließen der Gegenspindelspannung
E   Vorschub der Gegenspindelpositionierung
M63   Einspannrichtung Hauptspindel von außen und Gegenspindel von außen

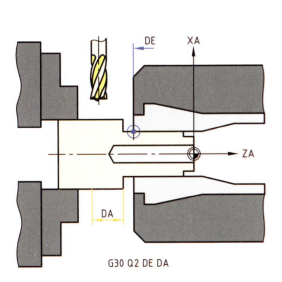

G30 Q2 DE DA

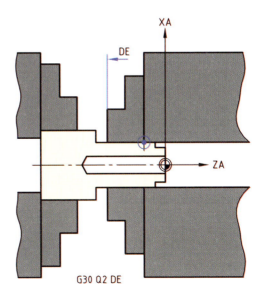

G30 Q2 DE

Projekt 2

G17 Stirnseitenbearbeitung XY:

An-/Abfahrbewegungen

G 45   Lineares tangentiales Anfahren an einer Kontur
G 46   Lineares tangentiales Abfahren von einer Kontur
G 47   Tangentiales Anfahren an eine Kontur im Viertelkreis
G 48   Tangentiales Abfahren von einer Kontur im Viertelkreis

G11   Linearinterpolation mit Polarkoordinaten

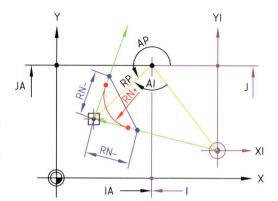

RP   Polarradius
AP   Polarwinkel bezogen auf die positive 1. Geometrieachse (X in G17)
AI   Inkrementeller Polarwinkel bezogen auf den Polarwinkel der aktuellen Werkzeugposition. Diese Adresse ist nur erlaubt, wenn der Pol von der aktuellen Werkzeugposition verschieden ist
I   inkrementelle Koordinateneingabe zur aktuellen Werkzeug-position
IA   X-Polkoordinate absolut in Werkstückkoordinaten
J   inkrementelle Koordinateneingabe zur aktuellen Werkzeug-position
JA   Y-Polkoordinate absolut in Werkstückkoordinaten
RN+   Verrundungsradius zum nächsten Konturelement
RN-   Fasenbreite zum nächsten Konturelement

G81   Bohrzyklus

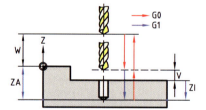

ZA   Tiefe absolut in der Zustellachse
ZI   Inkrementell ab Materialoberfläche in der Zustellachse
V   Abstand Sicherheitsebene v. d. Materialoberfläche
W   Höhe der Rückzugsebene absolut in Werkstück-koordinaten

G82   Tiefbohrzyklus mit Spanbruch

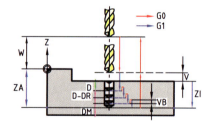

ZA   Tiefe absolut in der Zustellachse
ZI   Inkrementell ab Materialoberfläche in der Zustellachse
D   Zustelltiefe
V   Abstand Sicherheitsebene v. d. Materialoberfläche
VB   Rückzugsabstand vom Bohrgrund
E   Anbohrvorschub
W   Höhe der Rückzugsebene absolut in Werkstück-koordinaten

G84   Gewindebohrzyklus

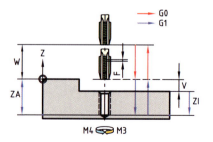

ZA   Tiefe absolut in der Zustellachse
ZI   Inkrementell ab Materialoberfläche in der Zustellachse
F   Gewindesteigung
M   Drehrichtung
V   Abstand Sicherheitsebene v. d. Materialoberfläche
W   Höhe der Rückzugsebene absolut in Werkstück-koordinaten

G17 Stirnseitenbearbeitung XY:

G85 Reibzyklus

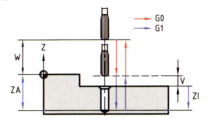

ZA	Tiefe absolut in der Zustellachse
ZI	Inkrementell ab Materialoberfläche in der Zustellachse
V	Abstand Sicherheitsebene v. d. Materialoberfläche
E	Rückzugsvorschub (mm/min)
W	Höhe der Rückzugsebene absolut in Werkstück-koordinaten

G72 Rechtecktaschenfräszyklus

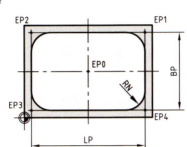
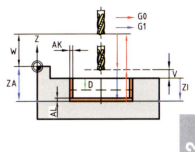

ZA	Tiefe absolut in der Zustellachse
ZI	Inkrementell ab Material-oberfläche in der Zustellachse
LP	Länge der Tasche
BP	Breite der Tasche
D	Zustelltiefe
V	Abstand Sicherheitsebene v. d. Materialoberfläche
RN	Eckenradius
AK	Aufmaß auf die Berandung
AL	Aufmaß auf dem Taschen-boden
EP	Setzpunktfestlegung für den Taschenzyklus
E	Vorschub beim Eintauchen
H1	Schruppen
H4	Schlichten (Abfräsen d. Aufmaßes, zuerst Rand dann Boden)
H14	Schruppen und anschließendes Schlichten (gleiches Werkzeug)
W	Höhe der Rückzugsebene absolut in Werkstückkoordinaten

G73 Kreistaschen- und Zapfenfräszyklus

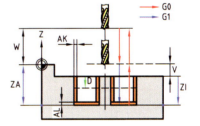

ZA	Tiefe absolut in der Zustellachse
ZI	Inkrementell ab Materialoberfläche in der Zustellachse
R	Radius der Kreistasche
D	Zustelltiefe
V	Abstand Sicherheitsebene v. d. Materialoberfläche
RZ	Radius des optionalen Zapfens
AK	Aufmaß der Berandung
AL	Aufmaß auf dem Taschenboden
E	Vorschub beim Eintauchen
H1	Schruppen
H4	Schlichten (Abfräsen d. Aufmaßes, zuerst Rand dann Boden)
H14	Schruppen und anschließendes Schlichten (gleiches Werkzeug)
W	Höhe der Rückzugsebene absolut in Werkstückkoordinaten

G74 Nutenfräszyklus

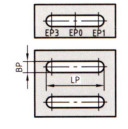
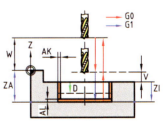

ZA	Tiefe absolut in der Zustellachse
ZI	Inkrementell ab Materialoberfläche in der Zustellachse
LP	Länge der Nut
BP	Breite der Nut
D	Zustelltiefe
V	Abstand Sicherheitsebene v. d. Material-oberfläche
EP	Setzpunktfestlegung
AK	Aufmaß der Berandung
AL	Aufmaß auf dem Taschenboden
E	Vorschub beim Eintauchen
H1	Schruppen
H4	Schlichten (Abfräsen d. Aufmaße in einem Arbeitsgang)
H14	Schruppen und anschließendes Schlichten (gleiches Werkzeug)
W	Höhe der Rückzugsebene absolut in Werkstückkoordinaten

Projekt 2

G17 Stirnseitenbearbeitung XY:

G75 Kreisbogennut-Fräszyklus

ZA	Tiefe absolut in der Zustellachse
ZI	Inkrementell ab Materialoberfläche in der Zustellachse
BP	Breite der Nut
RP	Radius der Nut
AN	Polarer Startwinkel
AO	Polarer Öffnungswinkel
AP	Polarer Endwinkel des Nutenkreismittelpunkts
D	Zustelltiefe
V	Abstand Sicherheitsebene v. d. Materialoberfläche
EP	Setzpunktfestlegung
AK	Aufmaß der Berandung
AL	Aufmaß auf dem Nutboden
E	Vorschub beim Eintauchen
H1	Schruppen
H4	Schlichten (Abfräsen d. Aufmaße in einem Arbeitsgang)
H14	Schruppen und anschließendes Schlichten (gleiches Werkzeug)
W	Höhe der Rückzugsebene absolut in Werkstückkoordinaten

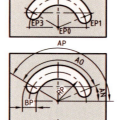
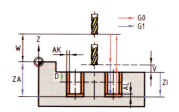

G76 Mehrfachzyklus auf einer Geraden (Lochreihe)

AS	Winkel der Zyklusaufrufrichtung
AR	Drehwinkel
D	Abstand der Zyklusaufrufe
O	Anzahl der Zyklusaufrufe
X/XA/XI	X-Koordinate des ersten Punktes
Y/YA/YI	Y-Koordinate des ersten Punktes
Z/ZA/ZI	Materialoberfläche in der Zustellachse

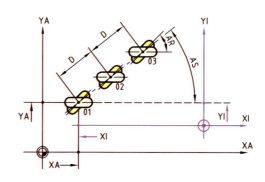

G77 Mehrfachzyklusaufruf auf einem Teilkreis (Lochkreis)

R	Radius des Lochkreises
AN	Polarer Winkel der ersten Zyklusaufrufposition
AI	Inkrementwinkel
AP	Polarer Winkel der letzten Zyklusaufrufposition
AR	Drehwinkel
Q1	Orientierung der zu bearbeitenden Zyklusgeometrie
O	Anzahl der Objekte
I/IA	X-Mittelpunktkoordinate
J/JA	Y-Mittelpunktkoordinate
Z/ZA/ZI	Materialoberfläche in der Zustellachse
H	Rückfahrposition
H1	Sicherheitsebene wird zwischen zwei Positionen angefahren und Rückzugsebene nach der letzten Position
H3	Es wird wie bei H1 angefahren, jedoch wird die nächste Position nicht linear, sondern im Teilkreis angefahren

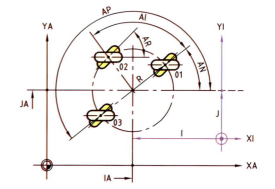

G79 Zyklusaufruf an einem Punkt (kartesische Koordinaten)

AR	Drehwinkel
X/XI/XA	X-Koordinate des ersten Punkts
Y/YI/YA	Y-Koordinate des ersten Punkts
Z/ZI/ZA	Koordinate der Materialoberfläche in der Zustellachse Z
W	Höhe der Rückzugsebene absolut in Werkstückkoordinaten

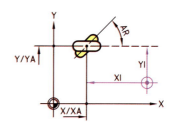

Einschaltzustand beim Start eines CNC-Programms

G18, G90, G53, G71, G1, G97, G95, G40	M5, M9, M60	F0.0 E0.0 S0

G19 Mantel-/Sehnenflächenbearbeitung YZ:

G81   Bohrzyklus

XA	Tiefe absolut in der Zustellachse
XI	Inkrementell ab Materialoberfläche in der Zustellachse
V	Abstand Sicherheitsebene v. d. Materialoberfläche
W	Höhe der Rückzugsebene absolut in Werkstück-koordinaten

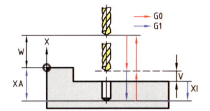

G82   Tiefbohrzyklus mit Spanbruch

XA	Tiefe absolut in der Zustellachse
XI	Inkrementell ab Materialoberfläche in der Zustellachse
D	Zustelltiefe
V	Abstand Sicherheitsebene v. d. Materialoberfläche
VB	Rückzugsabstand vom Bohrgrund
E	Anbohrvorschub
W	Höhe der Rückzugsebene absolut in Werkstück-koordinaten

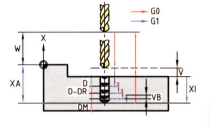

G84   Gewindebohrzyklus

XA	Tiefe absolut in der Zustellachse
XI	Inkrementell ab Materialoberfläche in der Zustellachse
F	Gewindesteigung
M	Drehrichtung
V	Abstand Sicherheitsebene v. d. Materialoberfläche
W	Höhe der Rückzugsebene absolut in Werkstück-koordinaten

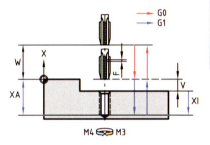

G85   Reibzyklus

XA	Tiefe absolut in der Zustellachse
XI	Inkrementell ab Materialoberfläche in der Zustellachse
V	Abstand Sicherheitsebene v. d. Materialoberfläche
E	Rückzugsvorschub (mm/min)
W	Höhe der Rückzugsebene absolut in Werkstück-koordinaten

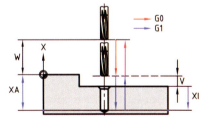

Projekt 2

Lernfeld 8 – Programmieren und Fertigen mit numerisch gesteuerten Werkzeugmaschinen – Auftrags- und Funktionsanalyse

G19 Mantel-/Sehnenflächenbearbeitung YZ:

G72 Rechtecktaschenfräszyklus

XA	Tiefe absolut in der Zustellachse
XI	Inkrementell ab Materialoberfläche in der Zustellachse
LP	Länge der Tasche
BP	Breite der Tasche
D	Zustelltiefe
V	Abstand Sicherheitsebene v. d. Materialoberfläche
RN	Eckenradius
AK	Aufmaß auf die Berandung
AL	Aufmaß auf dem Taschenboden
EP	Setzpunktfestlegung für den Taschenzyklus
E	Vorschub beim Eintauchen
H1	Schruppen
H4	Schlichten (Abfräsen d. Aufmaßes, zuerst Rand dann Boden)
H14	Schruppen und anschließendes Schlichten (gleiches Werkzeug)
W	Höhe der Rückzugsebene absolut in Werkstückkoordinaten

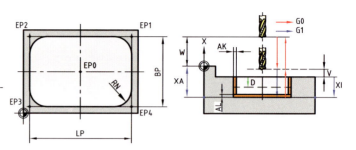

G73 Kreistaschen- und Zapfenfräszyklus

XA	Tiefe absolut in der Zustellachse
XI	Inkrementell ab Materialoberfläche in der Zustellachse
R	Radius der Kreistasche
D	Zustelltiefe
V	Abstand Sicherheitsebene v. d. Materialoberfläche
RZ	Radius des optionalen Zapfens
AK	Aufmaß der Berandung
AL	Aufmaß auf dem Taschenboden
E	Vorschub beim Eintauchen
H1	Schruppen
H4	Schlichten (Abfräsen d. Aufmaßes, zuerst Rand dann Boden)
H14	Schruppen und anschließendes Schlichten (gleiches Werkzeug)
W	Höhe der Rückzugsebene absolut in Werkstückkoordinaten

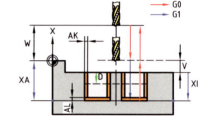

G74 Nutenfräszyklus

XA	Tiefe absolut in der Zustellachse
XI	Inkrementell ab Materialoberfläche in der Zustellachse
LP	Länge der Nut
BP	Breite der Nut
D	Zustelltiefe
V	Abstand Sicherheitsebene v. d. Materialoberfläche
EP	Setzpunktfestlegung
AK	Aufmaß der Berandung
AL	Aufmaß auf dem Taschenboden
E	Vorschub beim Eintauchen
H1	Schruppen
H4	Schlichten (Abfräsen d. Aufmaße in einem Arbeitsgang)
H14	Schruppen und anschließendes Schlichten (gleiches Werkzeug)
W	Höhe der Rückzugsebene absolut in Werkstückkoordinaten

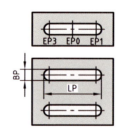
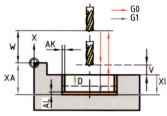

G19 Mantel-/Sehnenflächenbearbeitung YZ:

G75 Kreisbogennut-Fräszyklus

XA	Tiefe absolut in der Zustellachse
XI	Inkrementell ab Materialoberfläche in der Zustellachse
BP	Breite der Nut
RP	Radius der Nut
AN	Polarer Startwinkel
AO	Polarer Öffnungswinkel
AP	Polarer Endwinkel des Nutenkreismittelpunkts
D	Zustelltiefe
V	Abstand Sicherheitsebene v. d. Materialoberfläche
EP	Setzpunktfestlegung
AK	Aufmaß der Berandung
AL	Aufmaß auf dem Nutboden
E	Vorschub beim Eintauchen
H1	Schruppen
H4	Schlichten (Abfräsen d. Aufmaße in einem Arbeitsgang)
H14	Schruppen und anschließendes Schlichten (gleiches Werkzeug)
W	Höhe der Rückzugsebene absolut in Werkstückkoordinaten

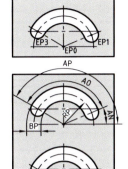
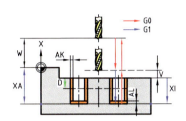

G76 Mehrfachzyklus auf einer Geraden (Lochreihe)

AS	Winkel der Zyklusaufrufrichtung
AR	Drehwinkel
D	Abstand der Zyklusaufrufe
O	Anzahl der Zyklusaufrufe
Z/ZA/ZI	Z-Koordinate des ersten Punkts
Y/YA/YI	Y-Koordinate des ersten Punkts
X/XA/XI	Koordinate der Materialoberfläche in der Zustellachse

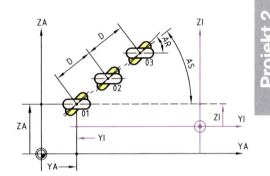

G77 Mehrfachzyklus auf einem Teilkreis (Lochkreis)

R	Radius des Lochkreises
AN	Polarer Winkel der ersten Zyklusaufrufposition
AI	Inkrementwinkel
AP	Polarer Winkel der letzten Zyklusaufrufposition
AR	Drehwinkel
O	Anzahl der Objekte
Q1	Orientierung der zu bearbeitenden Zyklusgeometrie
J/JA	Y-Mittelpunktkoordinate
K/KA	Z-Mittelpunktkoordinate
X/XI/XA	Koordinate der Materialoberfläche in der Zustellachse

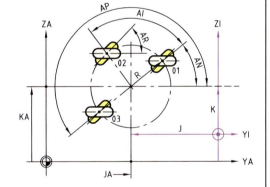

G79 Zyklusaufruf an einem Punkt (kartesische Koordinaten)

AR	Drehwinkel
Y/YA/YI	Y-Koordinate des Bearbeitungspunkts
Z/ZA/ZI	Z-Koordinate des Bearbeitungspunkts
X/XA/XI	Koordinate der Materialoberfläche in der Zustellachse X
W	Höhe der Rückzugsebene absolut in Werkstückkoordinaten

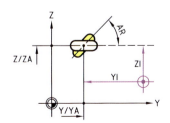

Einschaltzustand beim Start eines CNC-Programms

G18, G90, G53, G71, G1, G97, G95, G40   M5, M9, M60   F0.0   E0.0   S0

Projekt 2

IHK

Abschlussprüfung Teil 2 – Prüfungsbuch

Werkzeugformdatei Projekt 2 – CNC-Drehen	Zerspanungsmechaniker/-in

Werkstück: Drehteil	Werkstoff: S235JR+C	Programm-Nr.: % 114
Zeichnung: 1(1)	Halbzeug: ⌀ 85 × 122	Datum:

Werkzeuge für Außenbearbeitung

	Technologische Daten							
Werkzeug-Nr.	T 1	T 3	T 5	T 7	T 8	T 9	T 10	T 11
Schneidenradius	0,8 mm	0,8 mm	0,8 mm	0,8 mm	–	0,4 mm	0,4 mm	0,2 mm
Schnittgeschwindigkeit	200 m/min	200 m/min	220 m/min	220 m/min	100 m/min	240 m/min	240 m/min	80 m/min
Schnitttiefe a_p = max.	2,5 mm	2,5 mm	2 mm	2 mm	0,15 mm	0,5 mm	0,5 mm	–
Schneidstoff	P 10	P 10	P 10	P 10	P 10	P 10	P 10	P 10
Vorschub je Umdrehung	0,3/0,1 mm	0,3/0,1 mm	0,2/0,1 mm	0,2/0,1 mm	Stg. 1,5 mm	0,2/0,1 mm	0,2/0,1 mm	0,15/0,05 mm

Werkzeuge für Innenbearbeitung

	Technologische Daten							
Werkzeug-Nr.	T 2	T 4	T 6					
Durchmesser (D min)	22 mm	20 mm	20 mm					
Schneidenradius	–	0,8 mm	0,4 mm					
Schnittgeschwindigkeit	50 m/min	180 m/min	240 m/min					
Schnitttiefe a_p = max.	–	1,5 mm	0,5 mm					
Schneidstoff	P 10	P 10	P 10					
Vorschub je Umdrehung	0,18 mm	0,2/0,1 mm	0,1/0,05 mm					

angetriebene Werkzeuge

	Technologische Daten							
Werkzeug-Nr.	T 12	T 13	T 14	T 15	T 16			
Ebene	G 17	G 17	G 17	G 17	G 17			
Durchmesser	10 mm	4,8 mm	5H7	5,8 mm	6H7			
Schnittgeschwindigkeit	40 m/min	30 m/min	10 m/min	30 m/min	10 m/min			
Schnitttiefe a_p = max.	–	–	–	–	–			
Anzahl der Zähne	–	–	–	–	–			
Vorschub pro Zahn	–	–	–	–	–			
Vorschub	0,07 mm	0,07 mm	80 mm/min	0,07 mm	80 mm/min			
Schneidstoff	HSS	HSS	HSS	HSS	HSS			

Projekt 2

% 114 — CNC-Ergänzung

Satz-Nr. N	Wegbedingung G	Koordinaten X/XA/XI	Y/YA/YI	Z/ZA/ZI	Zusätzliche Befehle mit Adressen	Schaltfunktion M	Je Eintragung 10 oder 0 Punkte
1	G 54						
2	G 92				S 4000		
3	G 14				H 0		
4	G 96 G 95				T 1 S 200 F 0.3 E 0.1	M 4	
5	G 0	X 86		Z 0.1		M 8	
6	G 1	X 20					
7				Z 2			
8	G 0	X 85			D AX 0.5 AZ 0.1		
9	G 81	X 77					
10	G 0			Z 0			
11	G 1	X 80			RN -1		
12							
13				Z -55			
14		X 86					
15							
16	G 14				H 0	M 9	
17				Z 3	T 2 S F 0.18		
18	G 0	X 0				M 8	
19	G 84				U 1		
20	G 14				H 2		
21	G 96 G 95				T 4 S 180 F 0.2 E 0.1	M 9	
22	G 0	X 22		Z 2		M 4	
23	G 81				D 1.5 AX -0.5 AZ 0.1	M 8	
24	G 0	X 48					
25	G 1			Z 0			

IHK – Abschlussprüfung Teil 2
Prüfungsbuch: Projekt 2 – CNC-Drehen

Programmblatt Blatt **1** von **5**

Vor- und Familienname:

Beruf: **Zerspanungsmechaniker/-in**

Prüfingsnummer:

Datum:

Ergebnis Prüfungsstück: CNC-Programm

Summe der Zwischenergebnisse

Dieses Ergebnis bitte in das Feld **U1** des **grau-weißen** Markierungsbogens eintragen!

geteilt durch 4,8

Ergebnis

Zwischenergebnis

Datum:

Prüfungsausschuss:

Projekt 2

M 4000 K1/P2 -ho-weiß-131217

Kopieren und jede Form der Vervielfältigung oder Reproduktion nicht gestattet.

43

% 114 CNC-Ergänzung

Satz-Nr. N	Wegbedingung G	X/XA/XI	Y/YA/YI	Z/ZA/ZI	Zusätzliche Befehle mit Adressen				Schaltfunktion M	Je Eintragung 10 oder 0 Punkte
26					RN					
27										
28					R					
29					RN					
30					RN					
31					RN					
32										
33										
34		X 21								
35										
36	G 14				H 2				M 9	
37	G 96 G 95				T 6	S 240	F 0.1	E 0.05	M 4	
38	G 0	X 48		Z 2					M 8	
39	G 41 G 1			Z 0						
40					N					
41	G 40					N				
42	G 14				H 2				M 9	
43	G 96 G 95				T 9	S 240	F 0.2	E 0.1	M 4	
44	G 0	X 45		Z 2					M 8	
45	G 42 G 1			Z 0						
46	G 23				N 12	N 14				
47	G 40									
48	G 14				H 0				M 9	
49					; Umschalten Stirnseitenbearbeitung					
50	G 97 G 94				T 12	S 1270	F 80		M 3	

IHK – Abschlussprüfung Teil 2

Prüfungsbuch: Projekt 2 – CNC-Drehen

Programmblatt   Blatt **2** von **5**

Vor- und Familienname:

Beruf: **Zerspanungsmechaniker/-in**

Prüfungsnummer:

Datum:

Ergebnis Prüfungsstück: CNC-Programm

Summe der Zwischenergebnisse

geteilt durch

Ergebnis

Zwischenergebnis

Datum:

Prüfungsausschuss:

Projekt 2

M 4000 K1/P2 -ho-weiß-070415

% 114 **CNC-Ergänzung**

Satz-Nr. N	Wegbedingung G		Koordinaten X/XA/XI	Y/YA/YI	Z/ZA/ZI	Zusätzliche Befehle mit Adressen						Schaltfunktion M	Je Eintragung 10 oder 0 Punkte
51	G 81					V 2						M 8	
52	G 77	G 94				R	AN 0	AI 60	O	IA 0	JA 0		
53	G 81					V 2							
54	G 77	G 94				R	AN 90	AI 60	O	IA 0	JA 0		
55	G 14					H 2						M 9	
56	G 97	G 94				T 13	S 1990	F 135				M 3	
57	G 81				ZA -16.5	V 2						M 8	
58	G 23					N 54	N 54						
59	G 14					H 2						M 9	
60	G 97	G 94				T 14	S 630	F 80				M 3	
61	G 85				ZA -11	V 2						M 8	
62	G 23					N 54	N 54						
63	G 14					H 2						M 9	
64	G 97	G 94				T 15	S 1640	F 115				M 3	
65	G 81				ZA -16.7	V 2						M 8	
66	G 23					N 52	N 52						
67	G 14					H 2						M 9	
68	G 97	G 94				T 16	S 530	F 80				M 3	
69	G 85				ZA -11	V 2						M 8	
70	G 23					N 52	N 52						
71	G 14					H 2						M 9	
72	G 18												
73						; Zweite Seite Übernahme Gegenspindel							
74	G 30					Q 3	DE -35	H 0	DM 146	U 1	E 50	M 63	
75	G 18					DRA	GSU						

Ergebnis Prüfungsstück: CNC-Programm

Summe der Zwischenergebnisse — Zwischenergebnis

geteilt durch — Datum:

Ergebnis — Prüfungsausschuss:

Projekt 2

IHK – Abschlussprüfung Teil 2

Prüfungsbuch: Projekt 2 – CNC-Drehen

Vor- und Familienname:

Beruf: **Zerspanungsmechaniker/-in**

Prüflingsnummer:

Datum:

Programmblatt Blatt **3** von **5**

Kopieren und jede Form der Vervielfältigung oder Reproduktion nicht gestattet.

45

CNC-Ergänzung

% 114

Satz-Nr. N	Wegbedingung G	X/XA/XI	Y/YA/YI	Z/ZA/ZI	Zusätzliche Befehle mit Adressen	Schaltfunktion M	Je Eintragung 10 oder 0 Punkte
76	G 59			ZA 120			
77	G 96 G 95				T 3 S 200 F 0.3 E 0.1	M 3	
78	G 0	X 86		Z 0.1		M 8	
79	G 1	X -1.6					
80				Z 2			
81	G 14				H 0	M 9	
82	G 96 G 95				T 7 S 220 F 0.2 E 0.1	M 3	
83	G 0	X 85		Z 2		M 8	
84	G 81				D 2 AX 0.5 AZ 0.1		
85	G 0	X 36		Z 0			
86	G 1				RN		
87					I K H		
88					RN		
89							
90	G 85	XA 49.962		ZA -50	H 2		
91	G 1	X 69.975		Z -70	RN -1		
92					RN 2		
93		X 80		Z -72	RN -1		
94		X 81					
95							
96	G 80				H 0	M 9	
97	G 14					M 3	
98	G 96 G 95				T 10 S 240 F 0.2 E 0.1	M 8	
99	G 0	X 0		Z 2			
100	G 42 G 1			Z 0			

IHK – Abschlussprüfung Teil 2

Prüfungsbuch: Projekt 2 – CNC-Drehen

Programmblatt Blatt **4** von **5**

Vor- und Familienname:

Beruf: **Zerspanungsmechaniker/-in**

Prüfungsnummer:

Datum:

Ergebnis Prüfungsstück: CNC-Programm

Summe der Zwischenergebnisse — Zwischenergebnis

geteilt durch — Datum:

Ergebnis — Prüfungsausschuss:

Projekt 2

M 4000 K1/P2 -ho-weiß-211114

% 114 — CNC-Ergänzung

Satz-Nr. N	Wegbedingung G	X/XA/XI	Y/YA/YI	Z/ZA/ZI	Zusätzliche Befehle mit Adressen	Schaltfunktion M	Je Eintragung 10 oder 0 Punkte
101	G 23				N 87 N 95		
102	G 40						
103	G 14				H 0	M 9	
104	G 96 G 95				T 11 S 80 F 0.15 E 0.05	M 3	
105	G 0	X 72		Z -60		M 8	
106	G 86	XA 48		ZA -58.36	ET EB AS 17 AE 17 AK 0.1 EP H 14		
107	G 14				H 1	M 9	
108	G 97				T 8 S 790	M 3	
109	G 0	X 40		Z 4.5		M 8	
110	G 31	XA 40		ZA -24.5	F 1.5 D 0.92 XS 40 ZS 4.5 Q 7 O 1 H 14		
111	G 14				H 0	M 9	
112						M 30	

IHK – Abschlussprüfung Teil 2
Prüfungsbuch: Projekt 2 – CNC-Drehen

Programmblatt Blatt **5** von **5**

Vor- und Familienname: _____

Beruf: **Zerspanungsmechaniker/-in**

Prüflingsnummer: _____

Datum: _____

Ergebnis Prüfungsstück: CNC-Programm _____

Summe der Zwischenergebnisse _____

geteilt durch _____

Ergebnis _____

Zwischenergebnis

Datum: _____

Prüfungsausschuss: _____

Projekt 2

M 4000 K1/P2 -ho-weiß-070415

Kopieren und jede Form der Vervielfältigung oder Reproduktion nicht gestattet.

47

Lernfeld 8 – Programmieren und Fertigen mit numerisch gesteuerten Werkzeugmaschinen – Auftrags- und Funktionsanalyse

IHK
Abschlussprüfung Teil 2 – Winter 2015/16

Einrichteblatt
Projekt 2 – CNC-Drehen

Vor- und Familienname:
Prüflingsnummer:

Zerspanungsmechaniker/-in

Werkstück: Drehteil	Werkstoff: S235JR+C	Programm-Nr.: % 114
Zeichnung: 1(1)	Halbzeug: ⌀ 85 × 122	Datum:

Spannskizze 1   Spannskizze 2

Einspanntiefe 35 mm   Aufmaß 1 mm   Einspanntiefe 35 mm   Aufmaß 1 mm

Nr.	Arbeitsfolge	Werkzeug-Nr.	Bemerkung
1	Prüfen der Rohmaße		
2	Spannen des Werkstücks		Spannskizze 1
3	Festlegen des Werkstück-Nullpunkts		
4	Querplandrehen der Länge 121,1 mm und Vordrehen der Außenkontur	T 1	mit Aufmaß
5		T 2	
6		T 4	mit Aufmaß
7		T 6	
8		T 9	
9	Zentrieren für ⌀ 6H7	T 12	
10		T 12	
11		T 13	
12		T 14	
13		T 15	
14		T 16	
15	Umspannen des Werkstücks auf die Gegenspindel		Spannskizze 2
16	Querplandrehen der Länge 120,1 mm		
17	Vordrehen der Außenkontur		mit Aufmaß
18	Fertigdrehen der Länge 120 mm und der Außenkontur		
19	Quereinstechdrehen der Nut		
20	Gewindedrehen M40 × 1,5		
21	Qualitätskontrolle		
22	Ausspannen des Werkstücks		

Bewertung 10 bis 0 Punkte

Ergebnis

Dieses Ergebnis bitte in das Feld **U2**
des **grau-weißen** Markierungsbogens
eintragen!

Projekt 2

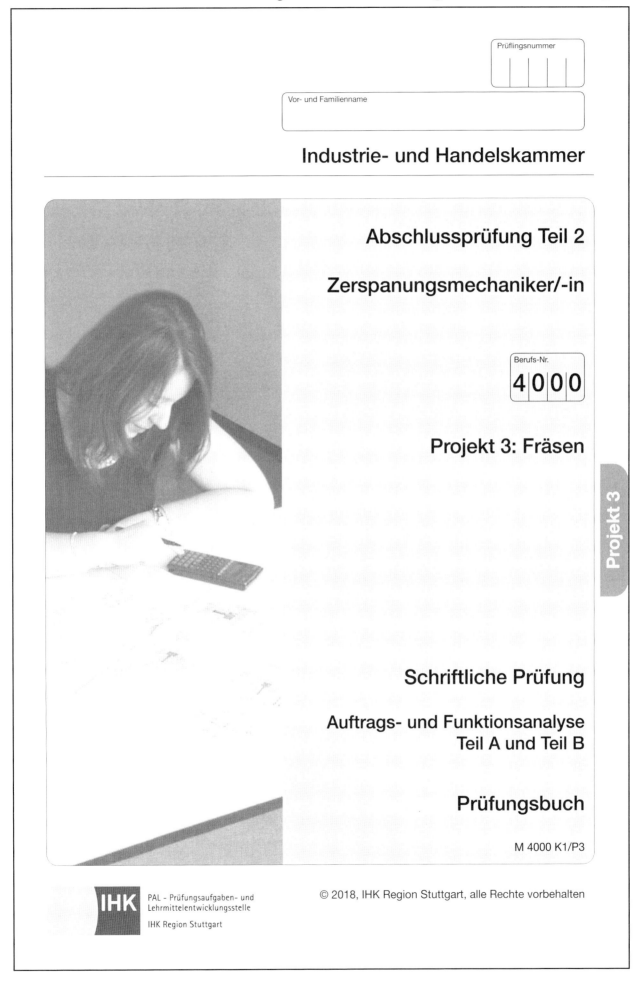

Prüflingsnummer

Vor- und Familienname

Industrie- und Handelskammer

Abschlussprüfung Teil 2

Zerspanungsmechaniker/-in

Berufs-Nr.

4 0 0 0

Projekt 3: Fräsen

Projekt 3

Schriftliche Prüfung

Auftrags- und Funktionsanalyse
Teil A und Teil B

Prüfungsbuch

M 4000 K1/P3

IHK PAL - Prüfungsaufgaben- und Lehrmittelentwicklungsstelle

IHK Region Stuttgart

Lernfeld 8 – Programmieren und Fertigen mit numerisch gesteuerten Werkzeugmaschinen – Auftrags- und Funktionsanalyse

IHK
Abschlussprüfung Teil 2 – Prüfungsbuch

Prüfungsaufgabenbeschreibung Projekt 3 CNC-Fräsen	Zerspanungsmechaniker/-in

1. Aufgabenbeschreibung für das Projekt „Fräsen"

Das auf der Zeichnung Blatt 1(1) dargestellte Werkstück soll in einer größeren Stückzahl auf einer CNC-Fräsmaschine gefertigt werden. Das dafür erforderliche Programm ist auf den beiliegenden Programmblättern unvollständig vorgegeben. Dieses Programm ist zu ergänzen. Außerdem ist das Einrichteblatt zu ergänzen.

2. Vorgabezeit: 105 min

3. Erlaubte Hilfsmittel: Tabellenbuch, Formelsammlung und nicht programmierter, netzunabhängiger Taschenrechner ohne Kommunikationsmöglichkeiten mit Dritten

4. Zusatzinformationen zur CNC-Fräsmaschine

– Für die Steuerung der CNC-Fräsmaschine gilt die beiliegende Programmieranleitung. Sie enthält alle für die Lösung der Aufgabe erforderlichen Angaben.

– Die CNC-Fräsmaschine arbeitet als Senkrechtfräsmaschine mit den Grundachsen X, Y, Z und den Schwenkachsen B und C. Die Ebenenauswahl G 17 braucht deshalb nicht im Programm angegeben zu werden.

– Der Werkzeugwechselpunkt wird mit Positionierlogik angefahren.

– Das Werkstück ist im Gleichlauf zu fräsen.

– Gewindezyklus G 84: Bei Durchgangsbohrungen beträgt der Überlauf des Gewindebohrers $3 \times P$. Bei Gewinde-Grundlochbohrungen richtet sich die Kernlochbohrung nach DIN 76. Bohrtiefe des Gewindebohrers = nutzbare Gewindelänge $Z + 3 \times$ Gewindesteigung P.

– Für das Konturfräsen des Werkstücks ist zu beachten:
Bei Aufmaßen sind an der Berandung 0,5 mm, am Grund 0,1 mm zu berücksichtigen.
Bei Toleranzen ist von der Toleranzmitte auszugehen.

– Der Sicherheitsabstand V bei den Bearbeitungszyklen wird mit 2 mm programmiert.

– Das Ein- und Ausspannen des Werkstücks erfolgt am Programmende.

5. Arbeitshinweise

– Arbeiten Sie sich sorgfältig in die Zeichnung des zu fertigenden Werkstücks ein.

– Nehmen Sie das Einrichteblatt zur Hand und überlegen Sie, wie die Herstellung des Frästeils fachgerecht erfolgen könnte. Dazu sollten Sie auch die Programmblätter heranziehen, die Ihnen zeigen, welche Arbeitsfolgen der Programmierer vorgesehen hat.

– Ergänzen Sie im Einrichteblatt die grau unterlegten Felder, beginnend vom Prüfen des Halbzeugs bis zum Ausspannen des fertigen Werkstücks.

– Wählen Sie aus der Werkzeugformdatei die Werkzeuge aus, die bei der Fertigung eingesetzt werden. Tragen Sie die Werkzeugnummern an der richtigen Stelle des Einrichteblatts ein.

– Verwenden Sie für die Satzbefehle die beiliegende Programmieranleitung für die PAL-CNC-Fräsmaschine. Die fehlenden technologischen Daten entnehmen Sie der Werkzeugformdatei, sofern erforderlich, berechnen Sie die Drehzahlen.

– Arbeiten Sie das gegebene Programm Satz für Satz durch und ergänzen Sie die Felder des Hauptprogramms, die grau unterlegt sind. Folgende Sätze des Programms, bei denen die Satznummern mit breiten Volllinien hervorgehoben sind, sind vollständig zu erstellen. In diesen Sätzen des Programms können die Vorschubwerte „F" und Zusatzfunktionen „M" zum Teil vorgegeben sein.

Programm % 14 CNC-Ergänzung

Satz:	N 3	Blatt 1 von 4
	N 33 bis N 36	Blatt 2 von 4
	N 42 und N 43	Blatt 2 von 4
Satz	N 48	Blatt 2 von 4

– Die Wörter sind immer mit Adressbuchstaben und Zahlenwert in das Programmblatt einzutragen. Sind die Adressbuchstaben vorgegeben, ist nur der Zahlenwert einzutragen.

– Ordnen Sie, wenn im Hauptprogramm verlangt, das Unterprogramm den Programmsätzen zu. Ergänzen Sie die Felder des Unterprogramms, wenn diese grau unterlegt sind. Sind in dem Arbeitsblatt für das Unterprogramm weder graue Felder noch Eintragungen, so ist das Unterprogramm vollständig zu schreiben.

– Tragen Sie in die Aufgabenzeichnung, in das Einrichteblatt und die Programmblätter Ihren Namen, Ihre Prüflingsnummer sowie das Datum ein und übergeben Sie diese Unterlagen der Prüfungsaufsicht.

M 4000   K1/P3 -ho-weiß-131217

3

Projekt 3

Kopieren und jede Form der Vervielfältigung oder Reproduktion nicht gestattet.

51

Programmieranleitung PAL-CNC-Fräsmaschine

1. Programmierebene

Code   Bedeutung

G17   WM Ebenenanwahl mit maschinenfesten Raumwinkeln

AM   Drehwinkel um die X-Achse des Maschinenkoordinatensystems
BM   Drehwinkel um die Y-Achse des Maschinenkoordinatensystems

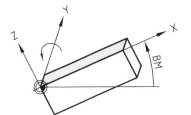

G16   Inkrementelle Drehung der aktuellen Bearbeitungsebene

AR   Drehung um die X-Achse des aktuellen Werkstückkoordinatensystems
BR   Drehung um die Y-Achse des aktuellen Werkstückkoordinatensystems
CR   Drehung um die Z-Achse des aktuellen Werkstückkoordinatensystems

Eine Bearbeitungsebene kann mehrfach inkrementell mit G16 gedreht werden.
Ein erneuter G16-Befehl setzt auf der aktuellen Bearbeitungsebene auf.

2. Wegbedingungen

Code	Bedeutung
G0	Verfahren im Eilgang
G40	Abwahl der Fräserradiuskorrektur
G41/G42	Anwahl der Fräserradiuskorrektur
G45	Lineares tangentiales Anfahren an einer Kontur
G46	Lineares tangentiales Abfahren von einer Kontur
G47	Tangentiales Anfahren an eine Kontur im Viertelkreis
G48	Tangentiales Abfahren von einer Kontur im Viertelkreis
G50	Aufheben von inkrementellen Nullpunktverschiebungen und Drehungen
G53	Alle Nullpunktverschiebungen und Drehungen aufheben
G54–G57	Einstellbare absolute Nullpunkte
G59	Inkrementelle Nullpunktverschiebung kartesisch und Drehung
G90	Absolutmaßangabe einschalten
G91	Kettenmaßangabe einschalten
G94	Vorschub in Millimeter pro Minute
G95	Vorschub in Millimeter pro Umdrehung
G97	Konstante Drehzahl (min $^{-1}$)

G1   Linearinterpolation im Arbeitsgang

X / Y / Z	Koordinateneingabe (gesteuert durch G90/G91)
XA / YA / ZA	Absolutmaße
XI / YI / ZI	Inkrementalmaße
RN+	Verrundungsradius zum nächsten Konturelement
RN-	Fasenbreite zum nächsten Konturelement
D	Länge der Verfahrstrecke
AS	Anstiegswinkel der Verfahrstrecke

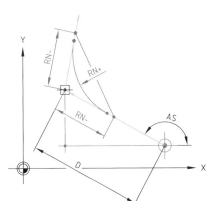

M 4000   K1/P3 -ho-weiß-211117   -1-(8)

Lernfeld 8 – Programmieren und Fertigen mit numerisch gesteuerten Werkzeugmaschinen – Auftrags- und Funktionsanalyse

G2   Kreisinterpolation im Uhrzeigersinn

X / Y / Z	Koordinateneingabe (gesteuert durch G90/G91)
XA / YA / ZA	Absolutmaße
XI / YI / ZI	Inkrementalmaße
I / IA	X-Mittelpunktkoordinate
J / JA	Y-Mittelpunktkoordinate
R	Radius
AO	Öffnungswinkel
RN+	Verrundungsradius zum nächsten Konturelement
RN-	Fasenbreite zum nächsten Konturelement

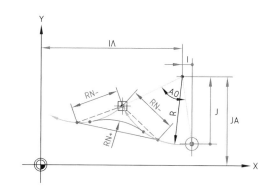

G3   Kreisinterpolation entgegen dem Uhrzeigersinn

X / Y / Z	Koordinateneingabe (gesteuert durch G90/G91)
XA / YA / ZA	Absolutmaße
XI / YI / ZI	Inkrementalmaße
I / IA	X-Mittelpunktkoordinate
J / JA	Y-Mittelpunktkoordinate
R	Radius
AO	Öffnungswinkel
RN+	Verrundungsradius zum nächsten Konturelement
RN-	Fasenbreite zum nächsten Konturelement

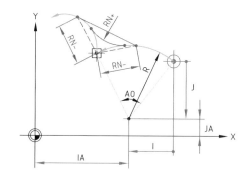

G10   Verfahren mit Eilgang in Polarkoordinaten

RP	Polarradius
AP	Polarwinkel bezogen auf die positive 1. Geometrieachse (X in G17)
AI	Inkrementeller Polarwinkel bezogen auf den Polarwinkel der aktuellen Werkzeugposition. Diese Adresse ist nur erlaubt, wenn der Pol von der aktuellen Werkzeugposition verschieden ist.
I	inkrementelle Koordinateneingabe zur aktuellen Werkzeugposition
IA	X-Polkoordinate absolut in Werkstückkoordinaten
J	inkrementelle Koordinateneingabe zur aktuellen Werkzeugposition
JA	Y-Polkoordinate absolut in Werkstückkoordinaten

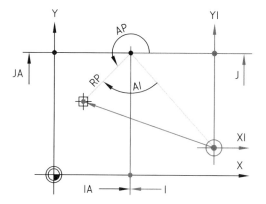

G11   Linearinterpolation mit Polarkoordinaten

RP	Polarradius
AP	Polarwinkel bezogen auf die positive 1. Geometrieachse (X in G17)
AI	Inkrementeller Polarwinkel bezogen auf den Polarwinkel der aktuellen Werkzeugposition. Diese Adresse ist nur erlaubt, wenn der Pol von der aktuellen Werkzeugposition verschieden ist.
I	inkrementelle Koordinateneingabe zur aktuellen Werkzeugposition
IA	X-Polkoordinate absolut in Werkstückkoordinaten
J	inkrementelle Koordinateneingabe zur aktuellen Werkzeugposition
JA	Y-Polkoordinate absolut in Werkstückkoordinaten
RN+	Verrundungsradius zum nächsten Konturelement
RN-	Fasenbreite zum nächsten Konturelement

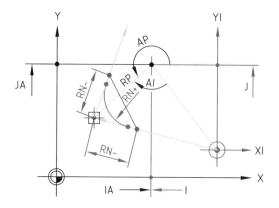

-2-(8)   M 4000   K1/P3 -ho-weiß-131217   Programmieranleitung für PAL-CNC-Fräsmaschine

G12 Kreisinterpolation im Uhrzeigersinn mit Polarkoordinaten

AP	Polarwinkel bezogen auf die positive 1. Geometrieachse (X in G17)
AI	Inkrementeller Polarwinkel bezogen auf den Polarwinkel der aktuellen Werkzeugposition. Diese Adresse ist nur erlaubt, wenn der Pol von der aktuellen Werkzeugposition verschieden ist.
I	inkrementelle Koordinateneingabe zur aktuellen Werkzeugposition
IA	X-Polkoordinate absolut in Werkstückkoordinaten
J	inkrementelle Koordinateneingabe zur aktuellen Werkzeugposition
JA	Y-Polkoordinate absolut in Werkstückkoordinaten
RN+	Verrundungsradius zum nächsten Konturelement
RN-	Fasenbreite zum nächsten Konturelement

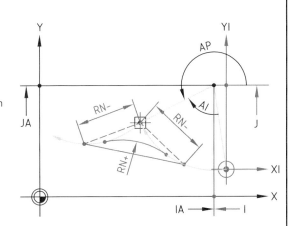

G13 Kreisinterpolation entgegen dem Uhrzeigersinn mit Polarkoordinaten

AP	Polarwinkel bezogen auf die positive 1. Geometrieachse (X in G17)
AI	Inkrementeller Polarwinkel bezogen auf den Polarwinkel der aktuellen Werkzeugposition. Diese Adresse ist nur erlaubt, wenn der Pol von der aktuellen Werkzeugposition verschieden ist.
I	inkrementelle Koordinateneingabe zur aktuellen Werkzeugposition
IA	X-Polkoordinate absolut in Werkstückkoordinaten
J	inkrementelle Koordinateneingabe zur aktuellen Werkzeugposition
JA	Y-Polkoordinate absolut in Werkstückkoordinaten
RN+	Verrundungsradius zum nächsten Konturelement
RN-	Fasenbreite zum nächsten Konturelement

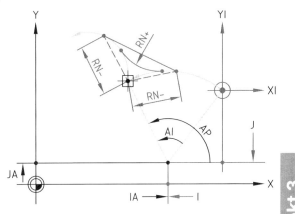

3. Bearbeitungszyklen

G72 Rechtecktaschenfräszyklus

ZA	Tiefe absolut
ZI	Inkrementell ab Materialoberfläche
LP	Länge der Tasche
BP	Breite der Tasche
D	Zustelltiefe
V	Abstand Sicherheitsebene v. d. Materialoberfläche
RN	Eckenradius
AK	Aufmaß auf die Berandung
AL	Aufmaß auf dem Taschenboden
EP	Setzpunktfestlegung für den Taschenzyklus
E	Vorschub beim Eintauchen
H1	Schruppen
H4	Schlichten (Abfräsen d. Aufmaßes, zuerst Rand, dann Boden)
H14	Schruppen und anschließendes Schlichten (gleiches Werkzeug)
W	Höhe der Rückzugsebene absolut in Werkstückkoordinaten

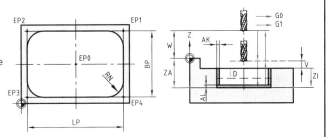

Projekt 3

G73 Kreistaschen- und Zapfenfräszyklus

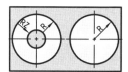
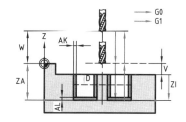

ZA	Tiefe absolut
ZI	Inkrementell ab Materialoberfläche
R	Radius der Kreistasche
D	Zustelltiefe
V	Abstand Sicherheitsebene v. d. Materialoberfläche
RZ	Radius des optionalen Zapfens
AK	Aufmaß der Berandung
AL	Aufmaß auf dem Taschenboden
E	Vorschub beim Eintauchen
H1	Schruppen
H4	Schlichten (Abfräsen d. Aufmaßes, zuerst Rand, dann Boden)
H14	Schruppen und anschließendes Schlichten (gleiches Werkzeug)
W	Höhe der Rückzugsebene absolut in Werkstückkoordinaten

G74 Nutenfräszyklus

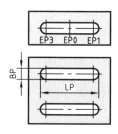
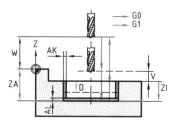

ZA	Tiefe absolut
ZI	Inkrementell ab Materialoberfläche
LP	Länge der Nut
BP	Breite der Nut
D	Zustelltiefe
V	Abstand Sicherheitsebene v. d. Materialoberfläche
EP	Setzpunktfestlegung
AK	Aufmaß der Berandung
AL	Aufmaß auf dem Taschenboden
E	Vorschub beim Eintauchen
H1	Schruppen
H4	Schlichten (Abfräsen d. Aufmaße in einem Arbeitsgang)
H14	Schruppen und anschließendes Schlichten (gleiches Werkzeug)
W	Höhe der Rückzugsebene absolut in Werkstückkoordinaten

G75 Kreisbogennut-Fräszyklus

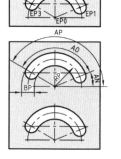
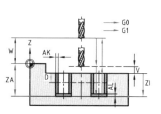

ZA	Tiefe absolut
ZI	Inkrementell ab Materialoberfläche
BP	Breite der Nut
RP	Radius der Nut
AN	Polarer Startwinkel
AO	Polarer Öffnungswinkel
AP	Polarer Endwinkel des Nutkreismittelpunktes
D	Zustelltiefe
V	Abstand Sicherheitsebene v. d. Materialoberfläche
EP	Setzpunktfestlegung
AK	Aufmaß der Berandung
AL	Aufmaß auf dem Nutboden
E	Vorschub beim Eintauchen
H1	Schruppen
H4	Schlichten (Abfräsen d. Aufmaße in einem Arbeitsgang)
H14	Schruppen und anschließendes Schlichten (gleiches Werkzeug)
W	Höhe der Rückzugsebene absolut in Werkstückkoordinaten

G81 Bohrzyklus

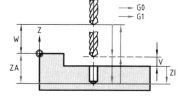

ZA	Tiefe absolut
ZI	Inkrementell ab Materialoberfläche
V	Abstand Sicherheitsebene v. d. Materialoberfläche
W	Höhe der Rückzugsebene absolut in Werkstückkoordinaten

G82 Tiefbohrzyklus mit Spanbruch

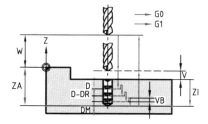

ZA	Tiefe absolut
ZI	Inkrementell ab Materialoberfläche
D	Zustelltiefe
V	Abstand Sicherheitsebene v. d. Materialoberfläche
E	Anbohrvorschub
W	Höhe der Rückzugsebene absolut in Werkstückkoordinaten

-4-(8)   M 4000   K1/P3 -ho-weiß-131217   Programmieranleitung für PAL-CNC-Fräsmaschine

56   Kopieren und jede Form der Vervielfältigung oder Reproduktion nicht gestattet.

G84   Gewindebohrzyklus

ZA	Tiefe absolut
ZI	Inkrementell ab Materialoberfläche
F	Gewindesteigung (mm/U)
M	Drehrichtung
V	Abstand Sicherheitsebene v. d. Materialoberfläche
W	Höhe der Rückzugsebene absolut in Werkstück-koordinaten

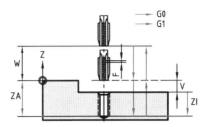

G85   Reibzyklus

ZA	Tiefe absolut
ZI	Inkrementell ab Materialoberfläche
V	Abstand Sicherheitsebene v. d. Materialoberfläche
E	Rückzugsvorschub (mm/min)
W	Höhe der Rückzugsebene absolut in Werkstückkoordinaten

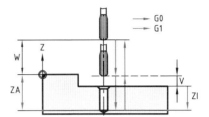

G88   Innengewindefräszyklus

ZA	Tiefe absolut
ZI	Inkrementell ab Materialoberfläche
DN	Nenndurchmesser des Innengewindes
D	Gewindesteigung (Zustellung pro Helixumdrehung):
D+	Bearbeitung von oben nach unten
D–	Bearbeitung von unten nach oben
Q	Gewinderillenzahl des Werkzeugs
BG	Bewegungsrichtung des Fräsers:
BG2	Bearbeitungsrichtung im Uhrzeiger-sinn
BG3	Bearbeitungsrichtung entgegen dem Uhrzeigersinn
V	Sicherheitsebene von der Material-oberfläche aus
W	Höhe der Rückzugsebene absolut in Werkstückkoordinaten

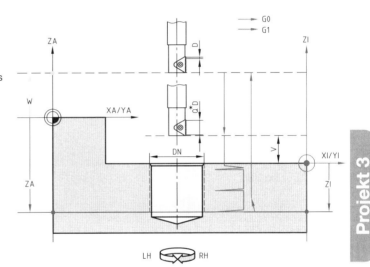

Projekt 3

G22   Unterprogrammaufruf

L	Nummer des Unterprogramms
H	Anzahl der Wiederholungen

```
N20   ......
N21   G95   F0.1
N22   G0    X...Y...Z...
N23   G1    X....                        L15
N24   G1    Z...RN....          ►N1 G1   X.....Y.....
N25   G1    X....                 N2 G1  X.....
N26   G22   L15       H1──┘       N3 G2  X.....Y.....
N27   G40                         N4 G1  X.....
N28   G1    X....Y....            N5 G1  Z.....
N29   ......                      N6 M17
N30   ......
```

G23   Programmteilwiederholung

N	Startsatznummer
N	Endsatznummer
H	Anzahl der Wiederholungen

```
      N20   ......
      N21   G95   F0.1
   ►  N22   G91
   │  N23   G1    X....
   │  N24   G1    X..Y..RN...
   │  N25   G1    X...Y...
   │  N26   G1    Y.....
   │  N27   G1    X....
   │  N28   G2    X...Y...R...
   │  N29   G1    X....
   │  N30   G90
   │  N31   G1    X...Y...Z...
   └─ N32   G23   N22  N30  H1
```

Programmieranleitung für PAL-CNC-Fräsmaschine   M 4000   K1/P3 -ho-weiß-131217   -5-(8)

Lernfeld 8 – Programmieren und Fertigen mit numerisch gesteuerten Werkzeugmaschinen – Auftrags- und Funktionsanalyse

G66	Spiegeln an der X- und/oder Y- Achse – Spiegelung aufheben
X	Spiegeln an der X- Achse, X ohne Adresswert
Y	Spiegeln an der Y- Achse, Y ohne Adresswert
	Keine Adresse: Die Spiegelungen werden aufgehoben

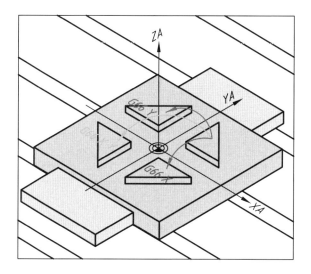

G76	Mehrfachzyklusaufruf auf einer Geraden (Lochreihe)
AS	Winkel der Zyklusaufrufpunktrichtung
AR	Drehwinkel
D	Abstand der Zyklusaufrufpunkte
O	Anzahl der Zyklusaufrufpunkte
X/Y/Z	Koordinateneingabe (gesteuert durch G90/G91)
XA/YA/ZA	Absolutmaße
XI/YI/ZI	Inkrementalmaße zur aktuellen Werkzeugposition

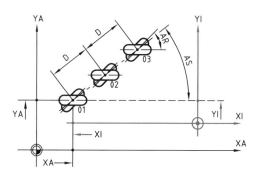

G77	Mehrfachzyklusaufruf auf einem Teilkreis (Lochkreis)
R	Radius des Lochkreises
AN	Polarer Winkel der ersten Zyklusaufrufposition
AI	Inkrementwinkel
AP	Polarer Winkel der letzten Zyklusaufrufposition
AR	Drehwinkel
O	Anzahl der Objekte
I / IA	X-Mittelpunktkoordinate
J / JA	Y-Mittelpunktkoordinate
Z	Koordinateneingabe (gesteuert durch G90/G91)
ZA	Absolutmaß
ZI	Inkrementalmaß zur aktuellen Werkzeugposition
H	Rückfahrposition
H1	Sicherheitsebene wird zwischen zwei Positionen angefahren und Rückzugsebene nach der letzten Position
H3	Es wird wie bei H1 angefahren, jedoch wird die nächste Position nicht linear, sondern im Teilkreis angefahren

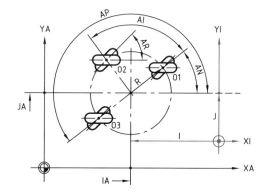

G78	Zyklusaufruf an einem Punkt (Polarkoordinaten)
I/IA	X-Koordinate des Polarzentrums
J/JA	Y-Koordinate des Polarzentrums
RP	Polarradius
AP	Polarwinkel
Z/ZA/ZI	Materialoberfläche in der Zustellachse

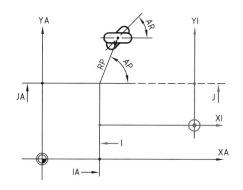

G79   **Zyklusaufruf an einem Punkt (kartesische Koordinaten)**

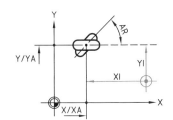

AR	Drehwinkel
X / Y / Z	Koordinateneingabe (gesteuert durch G90/G91)
XA / YA / ZA	Absolutmaße
XI / YI / ZI	Inkrementalmaße zur aktuellen Werkzeugposition

G34   **Eröffnung des Konturtaschenzyklus**

ZA	Tiefe absolut
ZI	Inkrementell ab Materialoberfläche
AK	Aufmaß der Berandung
AL	Aufmaß Boden

G35   **Schrupptechnologie des Konturtaschenzyklus**

T	Werkzeugnummer
D	Maximale Zustelltiefe ab Materialoberfläche
S	Drehzahl / Schnittgeschwindigkeit
F	Vorschub beim Fräsen
E	Vorschub beim Eintauchen

G37   **Schlichttechnologie des Konturtaschenzyklus**

T	Werkzeugnummer
D	Maximale Zustelltiefe ab Materialoberfläche
S	Drehzahl / Schnittgeschwindigkeit
F	Vorschub beim Fräsen
E	Vorschub beim Eintauchen
H4	Schlichten (Abfräsen des Aufmaßes, zuerst Rand dann Boden)

G38   **Konturbeschreibung des Konturtaschenzyklus**

H1	Tasche
H2	Insel
H3	Tasche in Insel

G80   **Abschluss einer G38 – Taschen-/Insel-Konturbeschreibung**

G39   **Konturtaschenzyklusaufruf**

ZA	Tiefe absolut
ZI	Inkrementell ab Materialoberfläche
V	Abstand Sicherheitsebene von der Materialoberfläche

Projekt 3

4. Zusatzfunktionen

M0	Programmierter Halt
M3	Spindel dreht im Uhrzeigersinn (CW)
M4	Spindel dreht im Gegenuhrzeigersinn (CCW)
M5	Spindel ausschalten
M6	Werkzeugwechsel
M8	Kühlschmiermittel Ein
M9	Kühlschmiermittel Aus
M13	Spindeldrehung rechts und Kühlmittel ein
M14	Spindeldrehung links und Kühlmittel ein
M15	Spindel aus, Kühlmittel aus
M17	Unterprogrammende
M30	Programmende mit Rücksetzung auf Programmanfang
M60	Konstanter Vorschub

T   Werkzeugnummer im Magazin

TC	Korrekturwertspeichernummer
TR	Inkrementelle Veränderung des Werkzeugradiuswerts
TL	Inkrementelle Veränderung der Werkzeuglänge

Die aktuellen Adresswerte von TC, TR und TL werden bei einem Werkzeugwechsel oder bei der Programmierung einer Korrekturwertspeichernummer auf die Werte der Voreinstellung zurückgesetzt, falls sie nicht zusammen mit T oder TC neu programmiert werden.

Einschaltzustand beim Start eines CNC-Programms

G17, G90, G53, G71, G40, G1, G97, G94   M5, M9, M60   F0.0   E0.0   S0

IHK

Abschlussprüfung Teil 2 – Prüfungsbuch

**Werkzeugformdatei
Projekt 3 – CNC-Fräsen**

Zerspanungsmechaniker/-in

Werkstück: Frästeil	Werkstoff: 11SMn30+C	Programm-Nr.: % 14
Zeichnung: 1(1)	Halbzeug: ⌀ 100 × 80	Datum:

Technologische Daten

Werkzeug-Nr.	T 1	T 2	T 3	T 4	T 5	T 6	T 7	T 8
Werkzeugdurchmesser	12 mm	10 mm	63 mm	63 mm	25 mm	25 mm	16 mm	16 mm
Schnittgeschwindigkeit	30 m/min	140 m/min	35 m/min	35 m/min	35 m/min	35 m/min	120 m/min	120 m/min
Schnitttiefe a_p = max.	–	–	10 mm	10 mm	20 mm	20 mm	10 mm	10 mm
Schneidstoff	HSS	VHM	HSS	HSS	HSS	HSS	VHM	VHM
Anzahl der Schneiden	–	4	8	8	5	5	4	4
Vorschubgeschwindigkeit	120 mm/min	530 mm/min	170 mm/min	130 mm/min	220 mm/min	150 mm/min	760 mm/min	470 mm/min

Stirnschneiden ohne Zentrumschnitt (T3, T4)
Stirnschneiden mit Zentrumschnitt (T7, T8)

Technologische Daten

Werkzeug-Nr.	T 9	T 10	T 11	T 12	T 13	T 14	T 15	T 16
Werkzeugdurchmesser	12 mm	12 mm	17 mm	17 mm	9,8 mm	10 H7	6,8 mm	M8
Schnittgeschwindigkeit	120 m/min	120 m/min	120 m/min	120 m/min	30 m/min	15 m/min	30 m/min	10 m/min
Schnitttiefe a_p = max.	6 mm	6 mm	–	–	–	–	–	–
Schneidstoff	VHM	VHM	VHM	VHM	HSS	HSS	HSS	HSS
Anzahl der Schneiden	4	4	8 (P = 2 mm)	8 (P = 1,5 mm)	–	–	–	–
Vorschubgeschwindigkeit	1010 mm/min	630 mm/min	220 mm/min	220 mm/min	95 mm/min	140 mm/min	140 mm/min	140 mm/min

Stirnschneiden mit Zentrumschnitt (T9, T10)
Anschnitt 1 mm (T14)
Stg: 1,25 mm (T16)

Projekt 3

CNC-Ergänzung

% 14

Satz-Nr. N	Wegbedingung G	X/XA/XI	Y/YA/YI	Z/ZA/ZI	Zusätzliche Befehle mit Adressen					Schaltfunktion M	Je Eintragung 10 oder 0 Punkte
1	G 54										
2					T 3	TR 0.5	TL 0.1	S 170	F170	M 13	
3					AM 45						
4	G 17										
5	G 0	X -83	Y -33	Z 35							
6	G 1	X 83		Z 24							
7		X 83									
8				Z 15							
9		X -83		Z 6							
10											
11		X 83									
12	G 22			Z 80	L 14						
13	G 0										
14	G 17										
15	G 50										
16	G 0	X 0	Y -43	Z 2							
17	G 1			Z -5.05							
18			Y 0								
19											
20				Z 2	T 7	TR 0.5	TL 0.1	S 2380	F 760	M 13	
21	G 0	X 13	Y -20	Z 2							
22	G 1			Z -5.05							
23	G 41 G 1	X 24.749	Y -24.749								
24	G 3	X -24.749	Y -24.749		R -35						
25	G 40 G 1	X -13	Y -20								

IHK – Abschlussprüfung Teil 2
Prüfungsbuch: Projekt 3 – CNC-Fräsen

Programmblatt Blatt **1** von **4**

Vor- und Familienname:

Beruf: **Zerspanungsmechaniker/-in**

Prüflingsnummer:

Datum:

Ergebnis Prüfungsstück: CNC-Programm

Summe der Zwischenergebnisse

Dieses Ergebnis bitte in das Feld **U1** des **grau-weißen** Markierungsbogens eintragen!

geteilt durch 4,4

Zwischenergebnis

Datum:
Prüfungsausschuss:
Ergebnis

Projekt 3

% 14 — CNC-Ergänzung

Satz-Nr. N	Wegbedingung G		Koordinaten X/XA/XI	Y/YA/YI	Z/ZA/ZI	Zusätzliche Befehle mit Adressen	Schaltfunktion M	Je Eintragung 10 oder 0 Punkte
26	G 0		X -39	Y 47	Z 2			
27	G 1				Z -9.4			
28			X -23	Y 31				
29			X -31	Y 23				
30			X -47	Y 39				
31	G 0		X -58	Y 25				
32	G 41	G 45	X -48.703	Y 11.314		D 7		
33						RN		
34						RN		
35						RN		
36						RN		
37				Y 48.703				
38	G 40	G 46				D 7		
39	G 0		X -8	Y 62	Z 2			
40	G 1				Z -3			
41			X -9.314	Y 49.125		D 7		
42						R	RN	
43						R	RN	
44	G 3		X 50.059	Y 10.661		R 24	RN 6.5	
45	G 3		X 49.991	Y -1		R 10		
46						D 7		
47						T 9	S 3180	F 1010	M 13	
48						AM 45		
49	G 17							
50	G 73				ZA -16.5	R 17.19	D 5.5	V 2	AK 0.5	AL 0.1	E 100		

IHK – Abschlussprüfung Teil 2
Prüfungsbuch: Projekt 3 – CNC-Fräsen

Programmblatt Blatt **2** von **4**

Vor- und Familienname:

Beruf: **Zerspanungsmechaniker/-in**

Prüflingsnummer:
Datum:

Ergebnis Prüfungsstück: CNC-Programm
Summe der Zwischenergebnisse

Zwischenergebnis
geteilt durch Datum:
Ergebnis Prüfungsausschuss:

Projekt 3

M 4000   K1/P3 -ho-weiß-220714

Lernfeld 8 – Programmieren und Fertigen mit numerisch gesteuerten Werkzeugmaschinen – Auftrags- und Funktionsanalyse

CNC-Ergänzung % 14

Satz-Nr. N	Wegbedingung G	X/XA/XI	Y/YA/YI	Z/ZA/ZI	Zusätzliche Befehle mit Adressen							Schaltfunktion M	Je Eintragung 10 oder 0 Punkte
51	G 79	X 0	Y -29.5	Z 0.1									
52					T 10	S 3180	F 630					M 13	
53	G 73			ZA -16.5	R 17.19	D 5.5	V 2	AK 0.5	AL 0.1	E 100	H 4		
54	G 23				N 51	N 51							
55					T 2	TR 4	S	F				M 13	
56	G 0	X 8	Y -29.5	Z 2									
57	G 1			Z -4									
58	G 41 G 47	X 19	Y -29.5		R 5								
59		X 19	Y -29.5		I	J							
60	G 40 G 48				R 5								
61					T 12	S 2240	F 220					M 13	
62				ZA -13	DN 36	D -1.5	Q 10	V 2	BG				
63	G 23				N 51	N 51							
64					T 4	S 170	F 130					M 13	
65	G 0	X 0	Y -97	Z 8									
66	G 1			Z 6									
67			Y -70										
68	G 22				L 14	N 18							
69	G 23				N 13								
70					T 8	S 2380	F 470					M 13	
71	G 23				N 21	N 46							
72					T 1	S 790	F 120					M 13	
73				ZA -4.5	V 2								
74	G 77			Z 0	R	AN	AI	O	IA	JA			
75					T 15	S 1400	F 140					M 13	

IHK – Abschlussprüfung Teil 2

Prüfungsbuch: Projekt 3 – CNC-Fräsen

Programmblatt — Blatt **3** von **4**

Vor- und Familienname:

Beruf: **Zerspanungsmechaniker/-in**

Prüflingsnummer: Datum:

Ergebnis Prüfungsstück: CNC-Programm

Summe der Zwischenergebnisse

geteilt durch

Ergebnis

Zwischenergebnis Datum:

Prüfungsausschuss:

Projekt 3

M 4000   K1/P3 -ho-weiß-220714

% 14   L 14   CNC-Ergänzung

Satz-Nr. N	Wegbedingung G	Koordinaten X/XA/XI	Y/YA/YI	Z/ZA/ZI		Zusätzliche Befehle mit Adressen		Schaltfunktion M	Je Eintragung 10 oder 0 Punkte
76	G 82			ZA -19.6	D 3	V 2			
77	G 23				N 74	N 74			
78					T 16	S 390		M 8	
79				ZA -16.25	F	V 2		M 3	
80	G 23				N 74	N 74			
81					T 0			M 30	
L 14									
1	G 0	X -51	Y -90	Z 8					
2	G 1			Z 0					
3	G 41 G 1	X -17	Y -65						
4			Y -51						
5		X 17							
6			Y -65						
7	G 40 G 1	X 51	Y -90					M 17	
8									

Vor- und Familienname: _____

Prüflingsnummer: _____
Datum: _____

Beruf: **Zerspanungsmechaniker/-in**

Ergebnis Prüfungsstück: CNC-Programm

Summe der Zwischenergebnisse ☐
geteilt durch ☐
Ergebnis

Zwischenergebnis
Datum: _____
Prüfungs-ausschuss: _____

IHK – Abschlussprüfung Teil 2
Prüfungsbuch: Projekt 3 – **CNC-Fräsen**

Programmblatt   Blatt **4** von **4**

Projekt 3

M 4000   K1/P3 -ho-weiß-131217

Kopieren und jede Form der Vervielfältigung oder Reproduktion nicht gestattet.

65

IHK
Abschlussprüfung Teil 2 – Prüfungsbuch

Einrichteblatt
Projekt 3 – CNC-Fräsen

Vor- und Familienname:

Prüflingsnummer:

Zerspanungsmechaniker/-in

Werkstück: Frästeil	Werkstoff: 11SMn30+C	Programm-Nr.: % 14
Zeichnung: 1(1)	Rohmaße: ∅ 100 × 80	Datum:

Spannskizze

Das Teil ist auf der Senkrechtfräsmaschine im Gleichlauf zu fräsen.

Nr.	Arbeitsfolge	Werkzeug-Nr.	Bemerkung
1	Prüfen der Rohmaße		
2	Spannen des Werkstücks		
3	Festlegen des Werkstück-Nullpunkts		
4	Vorfräsen der Schräge 45°	T 3	
5	Vorfräsen des Absatzes an der Schräge 6 mm tief	T 3	L 14
6	Vorfräsen der Mitte für Kreisbogenkontur 5 mm tief	T 3	
7	Vorfräsen des Durchmessers für Kreisbogenkontur 5 mm tief	T 7	
8			
9			
10			
11			
12			
13			
14	Fertigfräsen des Absatzes an der Schräge 6 mm tief		L 14
15	Fertigfräsen der Mitte für Kreisbogenkontur 5 mm tief		
16	Fertigfräsen des Durchmessers für Kreisbogenkontur 5 mm tief		
17			
18			
19			
20			
21			
22	Qualitätskontrolle		
23	Ausspannen des Werkstücks		
24	Entgraten des Werkstücks		

Bewertung 10 bis 0 Punkte

Ergebnis

Dieses Ergebnis bitte in das Feld **U2** des **grau-weißen** Markierungsbogens eintragen!

Projekt 3

Lernfeld 8 – Programmieren und Fertigen mit numerisch gesteuerten Werkzeugmaschinen – Fertigungstechnik

013

Bei der Fertigung eines Gewindes M40 × 1 wird mit einer Drehzahl von $n = 1\,000$ min^{-1} gearbeitet. Welche Vorschubgeschwindigkeit v_f (in mm/min) wird dabei erreicht?

1. $v_f = 100$ mm/min
2. $v_f = 250$ mm/min
3. $v_f = 500$ mm/min
4. $v_f = 750$ mm/min
5. $v_f = 1\,000$ mm/min

Nebenrechnung Aufgabe 013:

014

Am Drehteil sind Schrägen und Radien zu fertigen. Welche Steuerungsart muss dafür an der CNC-Drehmaschine vorhanden sein?

1. Bahnsteuerung
2. Punktsteuerung
3. Streckensteuerung
4. Geradensteuerung
5. Schrägsteuerung

015

Die Zeichnung des Drehteils enthält tolerierte Maße. Warum ist das Programmieren der Toleranzmitte sinnvoll?

1. Um einfacher programmieren zu können
2. Um das Istmaß in der Toleranz zu fertigen
3. Damit die Oberflächengüte verbessert wird
4. Weil Maschinenleistung eingespart werden kann
5. Um die Werkzeugkosten gering zu halten

016

Welche der angeführten Aussagen über den Werkstücknullpunkt ist richtig?

1. Der Werkstücknullpunkt kann nicht verschoben werden.
2. Bei Absolutbemaßung beziehen sich alle Maßangaben auf den Werkstücknullpunkt.
3. Jedes Programm startet stets vom Werkstücknullpunkt aus.
4. Bei Inkrementalbemaßung beziehen sich alle Maßangaben auf den Werkstücknullpunkt.
5. Maschinennullpunkt und Werkstücknullpunkt fallen immer zusammen.

017

Welches der dargestellten Symbole ist für CNC-Maschinen als Referenzpunkt festgelegt?

1.
2.
3.
4.
5.

Kopieren und jede Form der Vervielfältigung oder Reproduktion nicht gestattet.

67

Lernfeld 8 – Programmieren und Fertigen mit numerisch gesteuerten Werkzeugmaschinen – Fertigungstechnik

018

Warum wurde die Außenkontur des Frästeils im Uhrzeigersinn programmiert?

1. Weil es die Programmierung vereinfacht

2. Weil damit die vorgegebene Bedingung G 41 – Gleichlauffräsen – eingehalten wird

3. Weil damit der Fräser rechts von der Kontur liegt

4. Weil dadurch die Maßhaltigkeit verbessert wird

5. Weil dadurch das Programm kürzer wird

019

Bei der Drehebenenanwahl mit G 17 werden gleichzeitig die Achsen, die im Einsatz sind, definiert. Welche Achse ist hierbei für die Tiefenzustellung zu programmieren?

1. X-Achse

2. Y-Achse

3. Z-Achse

4. A-Achse

5. B-Achse

Lernfeld 9 – Herstellen von Bauelementen durch Feinbearbeitungsverfahren

Auftrags- und Funktionsanalyse:
Gebundene Aufgaben
Ungebundene Aufgaben

Fertigungstechnik:
Gebundene Aufgaben
Ungebundene Aufgaben

Auszug aus dem Rahmenlehrplan

Lernfeld 9: Herstellen von Bauelementen durch Feinbearbeitungsverfahren

3. Ausbildungsjahr
Zeitrichtwert: 80 Stunden

Zielformulierung:

Die Schülerinnen und Schüler bearbeiten Bauelemente durch Feinbearbeitungsverfahren unter Beachtung der Unfallverhütungsvorschriften. Dazu analysieren sie Teil- und Gesamtzeichnungen und leiten daraus die besonderen Anforderungen spezieller Funktionsflächen hinsichtlich ihrer mechanischen und optischen Eigenschaften sowie der Maß- und Formgenauigkeit ab.

Die Schülerinnen und Schüler definieren produktbezogene Prüfmerkmale, erstellen unter Verwendung aktueller Anwendungsprogramme Prüfpläne, ordnen Prüfmittel zu und wählen produktbezogene Prüfverfahren aus.

Sie ermitteln die Fertigungsparameter für das ausgewählte Bearbeitungsverfahren unter Berücksichtigung der Werkstoff- und Werkzeugeigenschaften und der verwendeten Hilfsstoffe.

Auf Grundlage der verfahrens- und werkzeugabhängigen Wirkprinzipien bewerten die Schülerinnen und Schüler die technologischen, qualitativen und wirtschaftlichen Auswirkungen des ausgewählten Bearbeitungsverfahrens.

Sie beachten bei der Prüfung geltende Prüfvorschriften und vervollständigen Prüfprotokolle in Datenbanken.

Die Schülerinnen und Schüler führen einen Soll-Ist-Vergleich mit den im Prüfplan definierten Merkmalsgrenzwerten durch, interpretieren mögliche Ursachen für Abweichungen und optimieren die Fertigungsparameter.

Sie präsentieren die Arbeitsergebnisse.

Inhalte:

Spanen mit geometrisch unbestimmten Schneiden

Schleifen, Honen, Läppen

Kühlschmierung, Trockenschliff

Werkzeugspezifikationen

Abtragsleistung

Digitale Messmittel

Prüfstrategien

Oberflächengüte

Rauigkeitsmessung

ISO-Toleranzen

Form-, Lagetoleranzen

Hauptnutzungszeit

Wirtschaftliche Kennziffern

Arbeits- und Umweltschutz

020

Zum Außenrundschleifen des Durchmessers 20f7 des Antriebs (Pos.-Nr. 5) und des Abtriebs (Pos.-Nr. 7) ist eine geeignete Schleifscheibe auszuwählen.

1. Schleifscheibe ISO 603-1
   1A-380 × 20 × 127 –D/F10 T 10 M-100

2. Schleifscheibe ISO 603-1
   1A-380 × 20 × 127 –A/F80 K 5 V-35

3. Schleifscheibe ISO 603-1
   1A-380 × 20 × 127 –C/F4 A 1 V-35

4. Schleifscheibe ISO 603-1
   1A-380 × 20 × 127 –A/F400 D 5 V-80

5. Schleifscheibe ISO 603-1
   1A-380 × 20 × 127 –D/F50 Z 5 B-80

021

Die Durchmesser 20f7 des Antriebs (Pos.-Nr. 5) und des Abtriebs (Pos.-Nr. 7) sollen mit einer Schleifscheibe $\varnothing$ 380 mm und einer Schnittgeschwindigkeit von v_c = 35 m/s außenrundgeschliffen werden. Wie groß muss die Spindeldrehzahl n_s (in min^{-1}) sein?

1. $n_s = 1\,583\ min^{-1}$

2. $n_s = 1\,759\ min^{-1}$

3. $n_s = 1\,784\ min^{-1}$

4. $n_s = 2\,021\ min^{-1}$

5. $n_s = 2\,153\ min^{-1}$

Nebenrechnung Aufgabe 021:

022

Die Grundplatte (Pos.-Nr. 1) soll mit einem Planmesserkopf $\varnothing$ 100 mm auf Bauteilhöhe gefräst werden. Welches Fräsverfahren wählen Sie aus?

1. Gegenlauffräsen, weil das Werkstück auf die Unterlage gedrückt wird

2. Gleichlauffräsen, weil das Werkstück auf die Unterlage gedrückt wird

3. Gegenlauffräsen, weil die geforderte Oberflächenqualität leichter erreicht wird

4. Gleichlauffräsen, weil die Anschnittbedingungen günstiger sind

5. Mittiges Stirnfräsen (Neutralfräsen), weil geringere Schnittkraftschwankungen auftreten

023

Der Antrieb (Pos.-Nr. 5) und der Abtrieb (Pos.-Nr. 7) sollen mithilfe des Drehmeißelhalters DIN 4984 PDJNR 3225 M 16 gefertigt werden. Wählen Sie für diesen Klemmhalter die geeignete Wendeschneidplatte aus.

1. Schneidplatte DIN 4968 DCMA 16 03 04 T – K20

2. Schneidplatte DIN 4968 CDMA 16 03 04 T – P01

3. Schneidplatte DIN 4968 CCMR 16 03 12 F – K20

4. Schneidplatte DIN 4968 ECMR 16 03 04 E – K20

5. Schneidplatte DIN 4968 DNMM 16 03 04 T – P20

Lernfeld 9 – Herstellen von Bauelementen durch Feinbearbeitungsverfahren
Auftrags- und Funktionsanalyse

024

Am Drehteil ist ein Innengewinde M60×1,5 zu fertigen. Welche Profilplatte ist für ein sauberes und lehrenhaltiges Gewinde am besten geeignet?

1. Eine Teilprofilplatte mit 60°-Flankenwinkel

2. Eine Vollprofilplatte mit 55°-Flankenwinkel

3. Eine Vollprofilplatte mit 60°-Flankenwinkel

4. Eine Teilprofilplatte mit 55°-Flankenwinkel

5. Eine Teilprofilplatte mit 30°-Flankenwinkel

025

Die Grundplatte (Pos.-Nr. 1) hat eine in Klammer gesetzte Oberflächenangabe. Welche Bedeutung hat das Symbol in der Klammer?

1. Das Werkstück muss auf den Rauheitswert Rz 10 fein bearbeitet werden.

2. Beinhaltet den in der Zeichnung angegebenen Rauheitswert von Rz 16.

3. Der Rauheitswert Rz 16 darf nicht überschritten werden.

4. Weitere Oberflächenangaben zu Rz in der Zeichnung.

5. Eine Unterschreitung des Rauheitswerts Rz 16 ist zulässig.

026

An der Schwalbenschwanzführung der Grundplatte (Pos.-Nr. 1) ist folgende Angabe eingetragen: Welche Aussage ist richtig?

1. Die Mittelebene der Schwalbenschwanzführung muss zwischen zwei parallelen Ebenen vom Abstand t = 0,1 mm liegen, die symmetrisch zur Bezugsebene A angeordnet sind.

2. Die Fläche der Schwalbenschwanzführung muss zwischen zwei parallelen Ebenen vom Abstand t = 0,1 mm liegen.

3. Die Achse der Schwalbenschwanzführung muss zwischen zwei parallelen Ebenen mit einem radialen Abstand t = 0,1 mm liegen, die parallel zur Bezugsgeraden A sind.

4. Die Achse der Schwalbenschwanzführung muss rechtwinklig zur Bezugsebene A liegen.

5. Die Fläche der Schwalbenschwanzführung muss zwischen zwei parallelen Ebenen vom Abstand t = 0,1 mm symmetrisch zum theoretisch genauen Ort der Bezugsebene A liegen.

027

Welchen der angeführten Winkelfräser planen Sie zur Fertigung der Schwalbenschwanznut in der Prismenführung (Pos.-Nr. 1)?

1. Fräser DIN 1833-C60×32-HSS

2. Fräser DIN 1833-D45×20-HSS

3. Fräser DIN 1833-C45×32-HSS

4. Fräser DIN 1833-H45×20-HSS

5. Fräser DIN 1833-F60×40-HSS

028

Es ist ohne Messgeräte zu prüfen, ob die Oberflächenbeschaffenheit Rz ≤ 16 μm an der Grundplatte (Pos.-Nr. 1) erreicht wurde. Welches ist das geeignete subjektive Prüfverfahren?

1. Vergleichen mit Oberflächenmustern

2. Fühlhebelmessgerät

3. Bügelmessschraube

4. Tastschrittgerät

5. Vorschubgerät mit Bezugsebenen-Tastsystem

029

Bei der Fertigung Ihrer Frästeile verwenden Sie einen Kühlschmierstoff. Dieser kann bei Kontakt mit der Haut Ekzeme und Allergien hervorrufen. Wie können Sie sich zweckmäßig beim Reinigen einer Kühlschmierstoffanlage schützen?

(1) Regelmäßiges Händewaschen ist ausreichend.

(2) Sie tragen Einmalhandschuhe und vermeiden Hautkontakt mit dem Kühlschmierstoff.

(3) Es genügt, wenn Sie sich die Hände mit einer Kosmetikcreme einreiben.

(4) Man schützt sich durch das Tragen von Schweißerhandschuhen.

(5) Der Kühlschmierstoff wird vor der Reinigung verdünnt.

030

Im Betrieb ist ein Hautschutzplan für die Arbeit mit Kühlschmierstoffen vorhanden. Welche Aussage ist zutreffend?

	Hautschutz vor der Arbeit	Hautreinigung	Hautpflege
(1)	Handschuhe tragen	Nicht erforderlich	Nicht erforderlich
(2)	Hautschutzcreme verwenden	Hautreinigungsmittel verwenden	Hautpflegemittel verwenden
(3)	Hautschutzcreme verwenden	Hautreinigungsmittel verwenden	Nicht erforderlich
(4)	Hautschutzcreme verwenden	Nicht erforderlich	Hautpflegemittel verwenden
(5)	Nicht erforderlich	Hautreinigungsmittel verwenden	Hautpflegemittel verwenden

031

Nachfolgend sind verschiedene Tätigkeiten für den Umgang mit Maschinen aufgeführt. Welche Tätigkeit gehört *nicht* zur Wartung?

(1) Reinigen

(2) Schmieren

(3) Justieren

(4) Ölstände kontrollieren

(5) Austauschen von defekten Bauteilen

032

Um die Einsatzfähigkeit einer Werkzeugmaschine zu gewährleisten, ist eine Instandhaltung erforderlich. Was wird unter der vorbeugenden Instandhaltung verstanden?

(1) Nach Auftreten eines Schadens wird das beschädigte Bauteil ausgetauscht.

(2) Verschleißteile werden im regelmäßigen Rhythmus ausgewechselt.

(3) Werkzeuge werden in regelmäßigen Abständen ausgewechselt.

(4) Die Schmierstoffe werden in regelmäßigen Abständen erneuert.

(5) Die Maschine wird nach bestimmter Zeit verschrottet.

Kopieren und jede Form der Vervielfältigung oder Reproduktion nicht gestattet.

73

Lernfeld 9 – Herstellen von Bauelementen durch Feinbearbeitungsverfahren
Auftrags- und Funktionsanalyse

U3

In der Sammelzeichnung (Blatt 2(3)) ist das abgebildete Sinnbild dargestellt.
Welche Bedeutung hat das Sinnbild für die Fertigung der Bauteile?

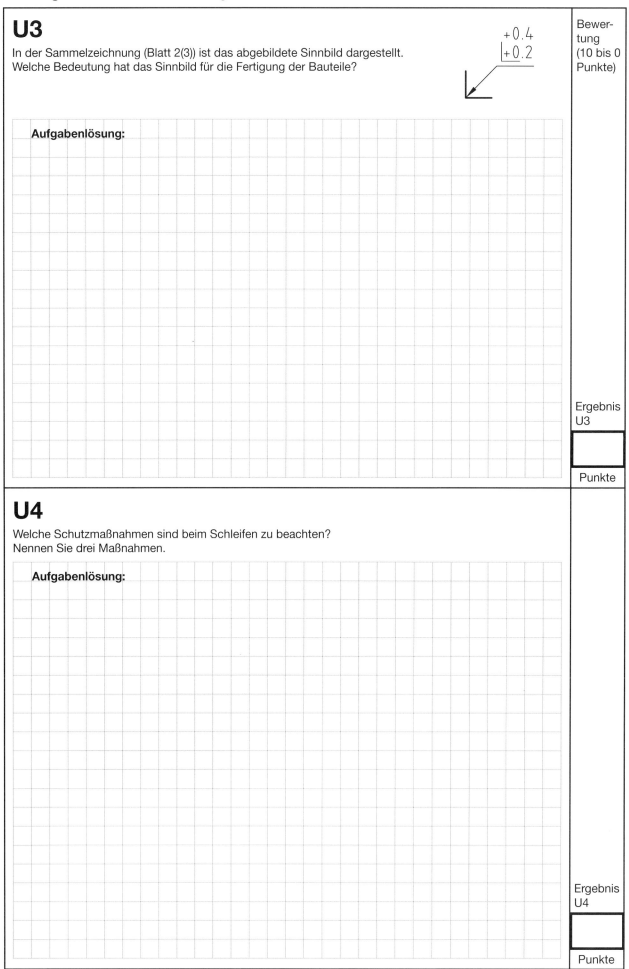

Aufgabenlösung:

Ergebnis
U3

Punkte

U4

Welche Schutzmaßnahmen sind beim Schleifen zu beachten?
Nennen Sie drei Maßnahmen.

Aufgabenlösung:

Ergebnis
U4

Punkte

U5

Die Vorderansicht des Frästeils (Pos.-Nr. 1, Blatt 2(3)) ist im Schnitt A–A gezeichnet.
Nennen Sie zwei Vorteile dieser Darstellungsart.

Aufgabenlösung:

Bewer-
tung
(10 bis 0
Punkte)

Ergebnis
U5

Punkte

U6

Es wird ein Schleifkörper 1 A-300×16×127-A/F 80 J 5 V-35 verwendet.
Was bedeuten die einzelnen Angaben?

Aufgabenlösung:

1   =

A   =

300 =

16   =

127 =

A   =

F 80 =

J   =

5   =

V   =

35   =

Ergebnis
U6

Punkte

Lernfeld 9 – Herstellen von Bauelementen durch Feinbearbeitungsverfahren
Fertigungstechnik

033

In der Bezeichnung einer Hartmetallwendeschneidplatte wird durch einen Buchstaben die Beschaffenheit der Schneidkante beschrieben. Welcher Buchstabe steht für die Bezeichnung einer scharfkantigen Schneidkante?

1. A
2. B
3. C
4. D
5. F

034

Die zur Fertigung der Baugruppe eingesetzten Spiralbohrer sind aus dem Werkstoff HS 6-5-2-5. Um welchen der genannten Schneidwerkstoffe handelt es sich?

1. Hartmetall Sorte S
2. Schnellarbeitsstahl
3. Vergüteter Baustahl
4. Schneidkeramik Sorte S
5. Hartmetall Sorte HS

035

Bei der Zerspanungsarbeit treten an der Hartmetallplatte Kammrisse auf. Was kann die Ursache für diese Beschädigung sein?

1. Einsatz von Kühlmitteln
2. Kontinuierlicher Schnitt
3. Rasch aufeinanderfolgende Temperaturwechsel
4. Geringe Schnittkraft
5. Kleiner Vorschub

036

Welche Eigenschaft besitzen alle Schneidstoffe?

1. Schneidstoffe besitzen eine niedrige Warmhärte.
2. Schneidstoffe sind in erhöhtem Maße temperaturunempfindlich.
3. Schneidstoffe sind weitgehend unempfindlich gegenüber Verschleiß.
4. Schneidstoffe besitzen keine hohe Biegefestigkeit.
5. Schneidstoffe besitzen keine hohe Zähigkeit.

037

Sie spannen zur Fertigung Ihrer Schleifteile eine neue Schleifscheibe auf. Welcher der genannten Werkstoffe darf nach den Unfallverhütungsvorschriften bei der mit 1 gekennzeichneten Zwischenlage verwendet werden?

1. Federbandstahl
2. Kupfer
3. Messing
4. Aluminium
5. Elastische Zwischenlagen, z. B. Pappscheiben

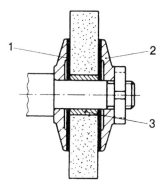

038

Schleifmittel sind nach ISO 525 genormt, z. B. ISO 525 – 250 × 25 × 78-A/F 46 L 4. Mit welcher Kennziffer ist das Gefüge der Schleifscheibe angegeben?

1. 4

2. 25

3. 46

4. 78

5. 250

039

Beim Flachschleifen müssen Sie einige technologische Daten bestimmen. In welcher Einheit wird beim Schleifen die Schnittgeschwindigkeit v_c angegeben?

1. km/h

2. m/min

3. mm

4. mm/s

5. m/s

Lernfeld 9 – Herstellen von Bauelementen durch Feinbearbeitungsverfahren
Fertigungstechnik

U7

Berechnen Sie mit den folgenden Daten die Hauptnutzungszeit t_h (in min) für das Fräsen der Grundplatte (Pos.-Nr. 1).

Schnittgeschwindigkeit $v_c = 300$ m/min
Vorschub je Zahn $f_z = 0,15$ mm
Fräserkopf $d = 100$ mm
Zähnezahl $z = 7$
Vorschubweg $L = 184$ mm

Aufgabenlösung:

Ergebnis U7

Punkte

U8

Nennen Sie drei negative Auswirkungen für den Zerspanungsvorgang, wenn die zulässige Temperatur an einer HSS-Werkzeugschneide überschritten wird.

Aufgabenlösung:

Ergebnis U8

Punkte

U9

Ihnen stehen zur Fertigung der Drehteile fünf Drehmaschinen zur Verfügung.
Welche Angaben kann man den Maschinenkarten entnehmen? Nennen Sie drei Angaben.

Aufgabenlösung:

Ergebnis
U9

Punkte

U10

In regelmäßigen Abständen müssen die Werkzeugmaschinen einer Instandhaltung und Wartung unterzogen werden.
Geben Sie drei Regeln an, die bei der Wartung zu beachten sind.

Aufgabenlösung:

Ergebnis
U10

Punkte

Lernfeld 10 – Optimieren des Fertigungsprozesses

Auftrags- und Funktionsanalyse:
Gebundene Aufgaben
Ungebundene Aufgaben

Fertigungstechnik:
Gebundene Aufgaben
Ungebundene Aufgaben

Auszug aus dem Rahmenlehrplan

Lernfeld 10: Optimieren des Fertigungsprozesses

3. Ausbildungsjahr
Zeitrichtwert: 100 Stunden

Zielformulierung:

Die Schülerinnen und Schüler gestalten, beurteilen und optimieren den Fertigungsprozess auch unter Berücksichtigung wirtschaftlicher Kenngrößen.

Die Schülerinnen und Schüler informieren sich unter ökonomischen und ökologischen Gesichtspunkten über alternative Fertigungsverfahren. Sie planen für eine Fertigungsaufgabe Bearbeitungsstrategien und legen die Fertigungsparameter unter Berücksichtigung des Werkzeugs, der Zusammensetzung des Werkstoffs und dessen Anlieferungszustandes fest. Dazu nutzen sie unterschiedliche Informationsmedien.

Die Schülerinnen und Schüler bewerten den Werkzeugverschleiß durch quantitative Kennwerte. Dabei nutzen sie aktuelle Diagnosesysteme. Die Schülerinnen und Schüler überwachen und analysieren die Auswirkungen des Werkzeugverschleißes auf die Qualität und die Wirtschaftlichkeit des Zerspanungsvorgangs. Sie stellen den Zusammenhang zwischen Verschleißort, -art und -ursache her. Sie optimieren den Werkzeugeinsatz und entwickeln Strategien zur Verschleißminderung.

Die Schülerinnen und Schüler analysieren unterschiedliche Maschinenbauformen und Antriebskonzepte, berechnen fertigungsbezogene Leistungsdaten und beurteilen die Verwendungsmöglichkeiten und Wirtschaftlichkeit der Maschinen. Sie untersuchen die Einflüsse von Maschinen- und Fertigungsparametern auf die Qualität und die Wirtschaftlichkeit des Bearbeitungsprozesses. Sie erfassen Messdaten auch in digitaler Form, werten diese mithilfe von Anwendungssoftware aus und präsentieren die Ergebnisse.

Inhalte:

Fertigungstechnische Entwicklungstrends

Härte- und Glühverfahren

Verschleißkenngrößen

Werkzeugüberwachungssysteme

Condition-Monitoring

Vorausschauende Instandhaltung

Tool-Managementsystem

Schneidstoffe, Beschichtungen

Kühlschmiermitteleinsatz

Maschinenkonzepte

Leistungsfähigkeit von Steuerungen

ERP-Systeme und MES

Maschinenleistung

Hauptnutzungszeit, Rüst- und Nebenzeit

Kalkulation

Maschinen- und Prozessfähigkeitsuntersuchung

040

Der Antrieb (Pos.-Nr. 5), die Nutscheibe (Pos.-Nr. 6) und der Abtrieb (Pos.-Nr. 7) werden gehärtet. Welche Eigenschaft erhält der Stahl durch das vorgesehene Einsatzhärten?

1. Hohe Festigkeit

2. Hohe Dehnbarkeit

3. Harter Kern, weiche Randschicht

4. Durchgehärtet

5. Zäher Kern, harte Randschicht

041

Die Härte der Randschicht der gehärteten Bauteile wird mit 60+2 HRC angegeben. Wie wird diese Härte ermittelt?

1. Aus der Rücksprunghöhe einer Stahlkugel

2. Aus dem Diagonalmaß eines Pyramideneindrucks

3. Aus dem Eindruckdurchmesser einer Stahlkugel

4. Aus der Rissbreite einer Diamantspitze von 90°

5. Aus der Eindringtiefe eines Diamantkegels von 120°

042

Für die Fräsbearbeitung der Grundplatte (Pos.- Nr. 1) wird eine Schneidplatte eingesetzt, die vom Hersteller mit der Bezeichnung HT angegeben wird. Welche Bedeutung hat diese Kennzeichnung?

1. Unbeschichtetes Hartmetall aus Titancarbid, Titannitrid oder beiden

2. Hochleistungsschnellarbeitsstahl mit Legierungselementen

3. Schneidkeramik, vorwiegend aus Aluminiumoxid

4. Unbeschichtetes Hartmetall aus Wolframcarbid

5. Beschichtetes Hartmetall mit Titankarbonnitrid

043

Der Abtrieb (Pos.-Nr. 7) soll nach Zeichnung eine Oberflächenhärte von 60+2 HRC haben. Welche Aussage beinhaltet die Angabe HRC?

1. Härteprüfung nach Brinell

2. Härteprüfung nach Rockwell

3. Härteprüfung nach Rockwell, Verfahren C

4. Universalhärteprüfung

5. Härteprüfung nach Vickers

044

Der Außendurchmesser wird von 40 mm auf 20,5 mm vorgedreht. Die Schnitttiefe soll maximal 4 mm, die Drehlänge für einen Schnitt 69 mm, die Drehzahl $n = 1\,500$ min^{-1} und der Vorschub $f = 0,3$ mm betragen. Ermitteln Sie die Hauptnutzungszeit.

1. $t_h = 0,15$ min

2. $t_h = 0,31$ min

3. $t_h = 0,46$ mm

4. $t_h = 0,61$ min

5. $t_h = 0,77$ min

Nebenrechnung Aufgabe 044:

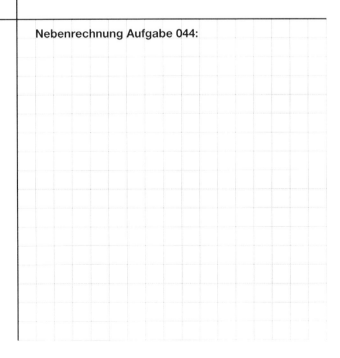

Lernfeld 10 – Optimieren des Fertigungsprozesses
Auftrags- und Funktionsanalyse

045

Die Drehzahl $n_1 = 1440$ min^{-1} des Drehmaschinen-Motors wird über ein zweistufiges Getriebe im Gesamt-übersetzungsverhältnis $i_{ges} = 9:2$ übertragen. Welche Enddrehzahl n_4 (in min^{-1}) liegt an?

① $n_4 = 160$ min^{-1}

② $n_4 = 320$ min^{-1}

③ $n_4 = 480$ min^{-1}

④ $n_4 = 720$ min^{-1}

⑤ $n_4 = 1440$ min^{-1}

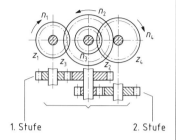

1. Stufe   2. Stufe

046

Aus dem Typenschild des Drehstrommotors für die Senkrecht-Fräsmaschine können die Leistungsdaten (s. Bild) entnommen werden. Wie groß ist bei einer Dreiecksschaltung die Wirkleistung P (in kW)?

① $P = 6,7$ kW

② $P = 10,0$ kW

③ $P = 17,1$ kW

④ $P = 20,0$ kW

⑤ $P = 29,5$ kW

047

Der Motor der Fräsmaschine gibt bei einer Drehzahl von $n = 1420$ min^{-1} eine Leistung von $P = 4,5$ kW ab. Wie groß ist das abgegebene Drehmoment M (in N m)?

① $M = 0,5$ N m

② $M = 1,0$ N m

③ $M = 3,03$ N m

④ $M = 30,3$ N m

⑤ $M = 60,6$ N m

048

Der Drehstrommotor im Hauptantrieb der Fräsmaschine hat die folgenden Kenndaten:

Wirkleistung: $P = 9$ kW
Leistungsfaktor: $\cos \varphi = 0,87$
Leiterspannung: $U = 400$ V

Welche Stromstärke I (in A) fließt pro Leiter?

1. $I = 10$ A

2. $I = 13$ A

3. $I = 15$ A

4. $I = 20$ A

5. $I = 26$ A

Nebenrechnung Aufgabe 048:

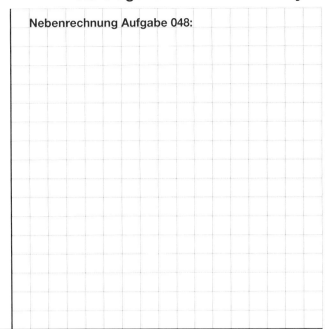

049

Die eingesetzte Flachschleifmaschine wird durch einen doppeltwirkenden Hydraulikzylinder angetrieben. Welche Tischvorschubgeschwindigkeit v (in m/min) wird erreicht, wenn der eingestellte Volumenstrom $\dot{V} = Q = 8,3$ L/min beträgt und eine wirksame Kolbenfläche von $A = 5,8$ cm^2 vorhanden ist?

1. $v = 1,43$ m/min

2. $v = 6,2$ m/min

3. $v = 14,31$ m/min

4. $v = 62$ m/min

5. $v = 143,1$ m/min

Nebenrechnung Aufgabe 049:

050

Der Antrieb (Pos.-Nr. 5) und der Abtrieb (Pos.-Nr. 7) werden mit einer Schnittgeschwindigkeit $v_c = 200$ m/min vorgedreht. Berechnen Sie die Schnittleistung P_c (in kW) bei einer Schnittkraft $F_c = 3\,365$ N.

1. $P_c = 6,2$ kW

2. $P_c = 11,2$ kW

3. $P_c = 18,6$ kW

4. $P_c = 112$ kW

5. $P_c = 673$ kW

Nebenrechnung Aufgabe 050:

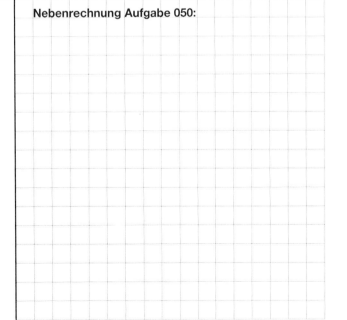

U11

Bei der Drehbearbeitung des Abtriebs (Pos.-Nr. 7) stehen Wendeschneidplatten mit eingepressten Spanbrechern zur Auswahl.
Nennen Sie die Vorzüge und die Notwendigkeit für den Einsatz dieser Wendeschneidplatten.

Bewertung
(10 bis 0 Punkte)

Aufgabenlösung:

Ergebnis U11

Punkte

U12

Für die einzusetzenden Schleifmaschinen müssen Sie die optimalen Schleifscheiben auswählen.
Geben Sie zwei Einflussfaktoren (Kriterien) für diese Auswahl an.

Aufgabenlösung:

Ergebnis U12

Punkte

U13

| | Bewer-tung (10 bis 0 Punkte) |

Das Handrad (Pos.-Nr. 4) muss spanend durch Drehen, Bohren, Reiben und Gewindebohren gefertigt werden.

1. Zu welcher Kunststoffart gehört der technische Kunststoff POM?

2. Nennen Sie drei Arbeitsregeln, die bei der spanenden Bearbeitung dieses Werkstoffs berücksichtigt werden müssen.

Aufgabenlösung:

Ergebnis U13

Punkte

U14

Für die Fertigung der Nut 16 in der Grundplatte (Pos.-Nr. 1) stehen ein geeigneter Schaft- sowie ein Scheibenfräser für die Fertigung zur Verfügung.
Welche Art der Fertigung (Waagerechtfräsen/Senkrechtfräsen) ist am wirtschaftlichsten?
Begründen Sie Ihre Antwort.

Aufgabenlösung:

Ergebnis U14

Punkte

U15

Die Nutscheibe (Pos.-Nr. 6) wird aus dem Werkstoff 16MnCrS5 gefertigt.

1. Entschlüsseln Sie die Werkstoffbezeichnung.

2. Erklären Sie die notwenige Wärmebehandlung „Einsatzhärten".

Aufgabenlösung:

Ergebnis U15

Punkte

Lernfeld 10 – Optimieren des Fertigungsprozesses
Fertigungstechnik

051

Ein wesentliches Merkmal von CNC-Maschinen ist der Kugelgewindetrieb. Weshalb werden die Kugeln einer Kugelumlaufspindel gegeneinander verspannt?

1. Um eine gleichmäßige Schmierung zu garantieren

2. Um das Verschleißverhalten günstig zu beeinflussen

3. Um eine Selbsthemmung bei Ausfall des Antriebs zu erhalten

4. Um Spielfreiheit bei gleichzeitiger Leichtgängigkeit zu gewährleisten

5. Um den Stick-Slip-Effekt zu erhöhen

052

Beim Vordrehen des Antriebs (Pos.-Nr. 5) soll die Bearbeitung optimiert werden. Welche Vorgehensweise ist richtig?

1. Größtmöglicher Vorschub, größtmögliche Schnitttiefe, optimale Schnittgeschwindigkeit

2. Kleinstmöglicher Vorschub, kleinstmögliche Schnitttiefe, niedrige Schnittgeschwindigkeit

3. Größtmöglicher Vorschub, kleinstmögliche Schnitttiefe, hohe Schnittgeschwindigkeit

4. Kleinstmöglicher Vorschub, größtmögliche Schnitttiefe, geringe Schnittgeschwindigkeit

5. Größtmöglicher Vorschub, mittlere Schnitttiefe, mittlere Schnittgeschwindigkeit

053

An der vorhandenen Drehmaschine muss ein defektes Zahnrad ersetzt werden. Für die Herstellung des Zahnrads müssen der Kopfkreisdurchmesser d_a (in mm) sowie der Fußkreisdurchmesser d_f (in mm) ermittelt werden.
$z = 36$, $m = 3$, $c = 0,167 \cdot m$

1. $d_a = 112$ mm; $d_f = 101$ mm

2. $d_a = 114$ mm; $d_f = 101$ mm

3. $d_a = 102$ mm; $d_f = 114$ mm

4. $d_a = 106$ mm; $d_f = 108$ mm

5. $d_a = 116$ mm; $d_f = 101$ mm

Nebenrechnung Aufgabe 053:

054

Beim Drehen von Antrieb (Pos.-Nr. 5) und Abtrieb (Pos.-Nr. 7) können sich entsprechend den gewählten Zerspanungsbedingungen verschiedene Spanformen entwickeln. Welches ist die günstigste Spanform?

1. Bandspäne

2. Wirrspäne

3. Spanbruchstücke

4. Schraubenbruchspäne

5. Schraubenspäne

055

Beim Fräsen der Nuten an der Nutscheibe (Pos.-Nr. 6) kommt es zur Bildung von Aufbauschneiden. Welche Maßnahme führt zur Vermeidung der Aufbauschneide?

1. Schnittgeschwindigkeit erhöhen

2. Vorschub pro Zahn verringern

3. Spanwinkel verändern

4. Unbeschichtete HM-Sorte wählen

5. Größere Zahnteilung wählen

056

Für das sichere Arbeiten an den Werkzeugmaschinen werden diese mit Motorschutzschaltern ausgerüstet. Welche Aussage ist richtig?

1. Motorschutzschalter an Werkzeugmaschinen schützen vor zu großer Berührungsspannung.

2. Motorschutzschalter an Werkzeugmaschinen schützen die Motoren vor Überlastung.

3. Motorschutzschalter an Werkzeugmaschinen schützen das Stromnetz vor Überlastung.

4. Motorschutzschalter an Werkzeugmaschinen schützen die angetriebenen Werkzeuge vor Überlastung.

5. Motorschutzschalter an Werkzeugmaschinen schützen die Motoren vor zu hoher Spannung.

057

In regelmäßigen Zeitabständen ist der Zustand des Kühlschmierstoffs in den Werkzeugmaschinen zu überprüfen. Welche Messungen sind durchzuführen?

1. Nitritwert, pH-Wert, KSS-Konzentration und Nitratgehalt

2. Füllhöhe und pH-Wert

3. Geruch, Füllhöhe, pH-Wert und Temperatur

4. Temperatur, Füllhöhe und Konzentration

5. Konzentration, Geruch und Temperatur

Kopieren und jede Form der Vervielfältigung oder Reproduktion nicht gestattet.

89

Lernfeld 10 – Optimieren des Fertigungsprozesses
Fertigungstechnik

U16

Die Ihnen zur Verfügung stehende Drehmaschine hat eine Motorleistung von $P_1 = 12$ kW.

Sie beabsichtigen bei den Dreharbeiten an dem Antrieb (Pos.-Nr. 5) beim Vordrehen mit folgenden Schnittwerten zu spanen:

Schnittgeschwindigkeit $v_c = 70$ m/min

Vorschub $f = 0{,}5$ mm

Schnitttiefe $a_p = 5$ mm

Einstellwinkel von $\varkappa = 60°$

Wirkungsgrad von $\eta = 0{,}75$

Spezifische Schnittkraft $k_c = 2\,500$ N/mm^2

Ermitteln Sie, ob sich bei den gegebenen technologischen Werten die Vordreharbeiten an dieser Drehmaschine verwirklichen lassen.

Aufgabenlösung:

Ergebnis U16

Punkte

U17

Der Antrieb (Pos.-Nr. 5) wird mit einem Drehmeißel mit einem Eckenradius von $r = 0{,}8$ mm geschlichtet. Berechnen Sie, wie groß der maximale Vorschub f gewählt werden darf.

Aufgabenlösung:

Ergebnis U17

Punkte

U18

Nennen Sie vier Einflussfaktoren für eine optimale Schleifkörperauswahl.

Bewertung (10 bis 0 Punkte)

Aufgabenlösung:

Ergebnis U18

Punkte

U19

Bei der spanenden Fertigung einiger Bauteile werden Kühlschmierstoffe verwendet.
Geben Sie drei positive Einflussgrößen des Kühlschmierstoffeinsatzes an.

Aufgabenlösung:

Ergebnis U19

Punkte

Lernfeld 11 – Planen und Organisieren rechnergestützter Fertigung

Auftrags- und Funktionsanalyse:
Gebundene Aufgaben
Ungebundene Aufgaben

Fertigungstechnik:
Gebundene Aufgaben
Ungebundene Aufgaben

Auszug aus dem Rahmenlehrplan

Lernfeld 11: Planen und Organisieren rechnergestützter Fertigung

3. Ausbildungsjahr
Zeitrichtwert: 100 Stunden

Zielformulierung:

Die Schülerinnen und Schüler bereiten auftragsbezogen einen rechnergestützten Fertigungsprozess vor, organisieren und überwachen, auch unter Anwendung eines MES, den Fertigungsablauf. Dabei berücksichtigen sie die Anforderungen rechnergestützter Fertigung.

Die Schülerinnen und Schüler erstellen CNC-Programme für die Fertigung von Werkstücken mit komplexen Geometrien und nutzen dazu auch grafische Programmiersysteme und CAD-CAM-Systeme.

Sie simulieren, ändern, optimieren, speichern und übertragen die erstellten Programme und testen den Programmablauf.

Sie ermitteln bei der Werkzeugvoreinstellung die Werkzeugkorrekturdaten. Die Schülerinnen und Schüler planen die Belegung des Werkzeugsmagazins der Maschine und bereiten den Werkzeugeinsatz vor. Sie nutzen die Vorteile eines Tool-Managementsystems und digitaler Werkzeugdatenbanken.

Die Schülerinnen und Schüler integrieren programmierbare Handhabungs- und Fertigungssysteme in den Herstellungsablauf. Dazu nutzen sie Programmieranleitungen und Herstellerunterlagen.

Die Schülerinnen und Schüler bewerten unter qualitativen Vorgaben das Arbeitsergebnis und sichern die Prozessfähigkeit. Dazu nutzen sie auch rechnergestützte Qualitätsmanagementsysteme.

Sie dokumentieren und präsentieren Lösungs- und Arbeitsergebnisse in auftragsbezogenen, digitalen Unterlagen. Die Schülerinnen und Schüler entwickeln und diskutieren im Team alternative Vorschläge und bewerten diese.

Inhalte:

Programmstruktur

Parameterprogrammierung

Grafische Konturbeschreibung

Werkzeug-Datenbank

ERP-Systeme und MES

Werkzeugkodierung

Flexible Fertigungssysteme

Vernetzung und mobile Kommunikation

Optische und elektronische Identifikationssysteme

Stoff-, Energie- und Informationsfluss

Zuführ- und Handhabungssysteme

Handhabungsfunktionen

Industrieroboter

Palettensysteme

Sicherheitsanforderungen an Produktionseinrichtungen

058

Mit Achsantrieben durch Kugelumlaufspindeln können Eilganggeschwindigkeiten bis 40 m/min erreicht werden. Welcher aktuelle direkte Achsantrieb erreicht Eilganggeschwindigkeiten bis 100 m/min?

1. Linearer Pneumatik-Antrieb

2. Linearer Hydraulik-Antrieb

3. Linearmotor-Antrieb

4. Linearer Zahnstangen-Antrieb

5. Linearer Trapezgewindespindel-Antrieb

059

Welches Wegmesssystem wird in der Abbildung dargestellt?

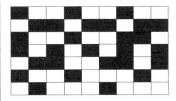

1. Ein direktes inkrementales Wegmesssystem

2. Ein indirektes inkrementales Wegmesssystem

3. Ein direktes analoges Wegmesssystem

4. Ein direktes absolutes Wegmesssystem

5. Ein indirektes absolutes Wegmesssystem

060

Welcher Schneidwerkstoff wird bei Schaftfräsern zum HSC-Fräsen eingesetzt?

1. Vollhartmetall TiAlNi-beschichtet

2. Hochleistungsschnellarbeitsstahl HSS

3. Hochleistungsschnellarbeitsstahl Ti-beschichtet

4. Werkzeugstahl

5. Vollschneidkeramik

061

Die Bohrung ⌀ 30 mm wird mit einem Wendeplattenbohrer hergestellt. Welche Kühlmittelzufuhr eignet sich am besten?

1. Innere Kühlmittelzufuhr

2. Äußere Kühlmittelzufuhr

3. Keine Kühlmittelzufuhr

4. Minimalmengenschmierung

5. Handschmierung

062

Welche Art von Fertigungsanlage würden Sie bei sehr hohen Stückzahlen und fertigungsähnlichen Werkstücken wählen?

1. CNC-Maschine

2. Bearbeitungszentrum

3. Flexible Fertigungszelle

4. Universal-CNC-Fräsmaschine

5. Flexible Fertigungsstraße

063

Welche Sicherheitsmaßnahme schützt den Maschinenbediener an einer modernen CNC-Drehmaschine?

1. Teleskopabdeckungen

2. Zwei Handschalter

3. Sicherheitsschalter an der Schiebetür

4. Futterabdeckung

5. Eingebaute Überwachungskamera

064

Wie viele Hauptachsen besitzt ein Gelenkroboter?

(1) Eine Hauptachse

(2) Zwei Hauptachsen

(3) Drei Hauptachsen

(4) Vier Hauptachsen

(5) Fünf Hauptachsen

065

Zur Herstellung des Abtriebs (Pos.-Nr. 7) auf einer CNC-Maschine müssen die Werkzeuge vermessen werden. Welchen wesentlichen Nachteil hat eine Werkzeug-Voreinstellung an der Maschine gegenüber einer externen Werkzeug-Voreinstellung?

(1) Werkzeugmaße können direkt in die Maschinensteuerung eingegeben werden.

(2) Geringe Genauigkeit.

(3) Sie lässt sich nur an CNC-Fräsmaschinen anwenden.

(4) Lange Rüstzeiten bei hohen Maschinen-Stillstandzeiten.

(5) Die optische Einrichtung ist nicht mit dem Wegmess-System der Maschine gekoppelt.

U20

Bewer-
tung
(10 bis 0
Punkte)

Ordnen Sie die Arbeitsschritte in die richtige Reihenfolge:
1 Simulieren und Korrigieren des Programms
2 Qualitätskontrolle
3 Arbeitsplan festlegen
4 Archivierung des Programms
5 Zerspanen des Drehteils
6 Programmieren des Programms
7 Werkzeuge bestimmen und vermessen
8 Optimieren des Programms

Aufgabenlösung:

Ergebnis
U20

Punkte

U21

Sie richten die CNC-Drehmaschine für das vorhandene Programm ein.
Nennen Sie drei Bezugspunkte, die Sie als Maschinenbediener (Programmierer) festlegen.

Aufgabenlösung:

Ergebnis
U21

Punkte

U22

Die Verminderung von Temperatureinflüssen am Bearbeitungszentrum ist für die Wiederholgenauigkeit
des Fertigungsprozesses mitentscheidend.
Nennen Sie vier konstruktive bzw. sonstige Maßnahmen, die zu dieser beitragen.

Aufgabenlösung:

Ergebnis
U22

Punkte

066

Auf welchen Bezugspunkt bezieht man sich, wenn man die Drehwerkzeuge mit einem externen Voreinstellgerät vermisst?

1. Den Werkstücknullpunkt

2. Den Maschinennullpunkt

3. Den Referenzpunkt

4. Den Werkzeugwechselpunkt

5. Den Werkzeugkoordinatennullpunkt (Werkzeugträgerbezugspunkt)

067

Bei einem Industrieroboter werden verschiedene Bewegungen ausgeführt. Welche Bewegung wird mit dem Buchstaben „R" bezeichnet?

1. R = Rotatorische Bewegung

2. R = Translatorische Bewegung

3. R = Analogbewegung

4. R = Digitalbewegung

5. R = Direkte Bewegung

068

Welche Angaben sind zur Programmierung eines Werkstückpunkts mit Polarkoordinaten notwendig?

1. Pol, Radius und Winkel

2. Pol und Winkel

3. Pol und Radius

4. Endpunktkoordinaten und Radius

5. Endpunktkoordinaten und Winkel

069

Welche Aussage über einen Mehrzahn-Wendeplatten-Gewindefräser zum Zirkulargewindefräsen trifft zu?

1. Es können Rechts-, Innen- und Außengewinde unterschiedlicher Steigung und Nenndurchmesser gefräst werden.

2. Es können Rechts- und Linksgewinde eines Nenndurchmessers mit unterschiedlicher Steigung gefräst werden.

3. Es können nur Innen-Rechtsgewinde gleicher Steigung mit unterschiedlichen Nenndurchmessern gefräst werden.

4. Es können nur Außen-Rechtsgewinde mit gleicher Steigung und unterschiedlichen Nenndurchmessern gefräst werden.

5. Es können Rechts- und Links-, Innen- und Außengewinde mit gleicher Steigung und unterschiedlichen Nenndurchmessern gefräst werden.

070

In einem CNC-Drehprogramm beziehen sich alle Koordinaten auf den Werkstücknullpunkt. Wie nennt man diese Art der Programmierung?

1. Geometrische Programmierung

2. Direkte Programmierung

3. Inkrementale Programmierung

4. Indirekte Programmierung

5. Absolute Programmierung

071

Welche Werkzeugaufnahmen werden standardmäßig bei CNC-Drehmaschinen verwendet?

1. SK 40

2. SK 50

3. VDI 30

4. Schnellwechselhalter

5. DIN 4711

U23

Im Satz N 4 wird der Werkstückzylinder mit dem Befehl AM 45 mit 45° um die X-Achse gedreht. Um mit G 0 in der Z-Achse die sichere Anfahrhöhe festlegen zu können, muss rechnerisch das Istmaß der Zylinderkante „Z" ermittelt werden.
Berechnen Sie Z.

Aufgabenlösung:

Bewertung
(10 bis 0 Punkte)

Ergebnis
U23

Punkte

U24

Sie müssen das Drehteil an einer anderen CNC-Drehmaschine fertigen als geplant.
Welche Informationen sind für Sie als Bediener wichtig, um zu entscheiden, welche Maschine Sie benutzen können? Geben Sie vier Informationen an, die Sie für die Wahl der Maschine benötigen.

Aufgabenlösung:

Ergebnis
U24

Punkte

Lernfeld 11 – Planen und Organisieren rechnergestützter Fertigung
Fertigungstechnik

U25

Durch ihre Einsatzvorteile verdrängen CNC-Fräsmaschinen konventionelle Fräsmaschinen in vielen Fertigungsbereichen.
Geben Sie drei Einsatzvorteile von CNC-Fräsmaschinen an.

Aufgabenlösung:

Ergebnis
U25

Punkte

U26

Bei der PAL-Programmierung wird der Konturtaschenzyklus angewandt.
Geben Sie drei Vorteile dieser Programmiertechnik an.

Aufgabenlösung:

Ergebnis
U26

Punkte

Lernfeld 12 – Vorbereiten und Durchführen eines Einzelfertigungsauftrages

Auftrags- und Funktionsanalyse:
Gebundene Aufgaben
Ungebundene Aufgaben

Fertigungstechnik:
Gebundene Aufgaben
Ungebundene Aufgaben

Auszug aus dem Rahmenlehrplan

Lernfeld 12: Vorbereiten und Durchführen eines Einzelfertigungsauftrages

4. Ausbildungsjahr
Zeitrichtwert: 60 Stunden

Zielformulierung:

Die Schülerinnen und Schüler planen eigenverantwortlich die Durchführung eines Einzelfertigungsauftrags. Dazu analysieren sie die Auftragsunterlagen und legen unter Berücksichtigung der geometrischen und qualitativen Vorgaben des zu fertigenden Bauteils die Bearbeitungsstrategie auch unter Verwendung von Datenmanagementsystemen fest.

Sie ermitteln oder überprüfen und optimieren die Fertigungsparameter. Unter Berücksichtigung der Werkstückgeometrie und der auftretenden Kräfte wählen die Schülerinnen und Schüler geeignete Spannsysteme aus und bewerten sie nach Funktionsweise, Verwendungsmöglichkeiten und Handhabbarkeit. Dazu nutzen sie digitale Informationsmedien. Die Schülerinnen und Schüler wählen Werkzeuge und Spannmittel aus und stellen die erforderlichen Prüfmittel bereit. Sie konzipieren unter fertigungstechnischen, ökologischen und gesundheitlichen Aspekten eine effektive Kühlschmierung. Sie erstellen und präsentieren die Fertigungsunterlagen und diskutieren unter ökonomischen und qualitativen Gesichtspunkten alternative Lösungsmöglichkeiten. Die Schülerinnen und Schüler wählen zur Realisierung des Materialflusses Anschlagmittel und Hebezeuge aus und beurteilen deren Betriebssicherheit.

Die Schülerinnen und Schüler richten die Maschine ein und achten auf Kollisionsgefahren im Arbeitsraum.

Sie führen die Bearbeitung des Werkstücks unter Beachtung der Arbeitssicherheitsvorschriften durch und prüfen die qualitativen Merkmale des fertigen Bauelements.

Die Schülerinnen und Schüler dokumentieren die Fertigungs- und Prüfdaten in geeigneten Protokollen und führen eine kundenorientierte Übergabe des Fertigteils und der Fertigungsunterlagen durch.

Sie führen die in ihrem Verantwortungsbereich liegenden Instandhaltungsmaßnahmen nach betrieblichen Vorgaben durch.

Inhalte:

Auftragsanalyse

Arbeitsplatzorganisation

CAD/CAM/CAQ-Technik

Fertigungsunterlagen

Werkzeugspannsysteme

Werkstückspannsysteme

Spann- und Zerspanungskräfte

Interne und externe Kühlschmierstoffzufuhr

Mehrachsenbearbeitung

Bezugspunkte

Materialfluss, Hebezeuge

Betriebliche Organisationsstrukturen

Produkthaftung

Kunden-Lieferanten-Beziehung

Sicherheitsvorschriften

Fertigungskosten

Digitale Messmittel

072

Bestimmen Sie die Lage des Maschinennullpunkts an der skizzierten CNC-Drehmaschine.

1. A
2. B
3. C
4. D
5. E

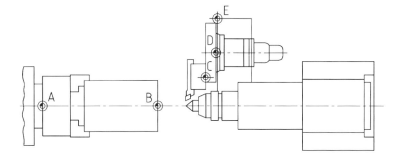

073

An einer CNC-Drehmaschine wird nach dem Einschalten der Referenzpunkt angefahren. Worauf beziehen sich nach dem Programmstart die X- und Z-Werte des aktuellen Programms?

1. Auf die Korrekturwerte des Leitwerkzeugs

2. Auf den Maschinennullpunkt

3. Die X- und Z-Position kann erst nach dem Null-punktsetzen angezeigt werden

4. Auf den Werkzeugträgerbezugspunkt

5. Auf den zuletzt aktiven Werkstücknullpunkt

074

Welche Aussage über Werkzeugspannsysteme für CNC-Maschinen mit hoher Spindeldrehzahl ist richtig?

1. Werkzeugspannsysteme an CNC-Maschinen besitzen eine hohe Wuchtgüte.

2. Werkzeugspannsysteme an CNC-Maschinen besitzen eine hohe Spanngüte.

3. Werkzeugspannsysteme an CNC-Maschinen besitzen eine hohe Unwucht.

4. Werkzeugspannsysteme an CNC-Maschinen besitzen eine hohe Fliehkraft.

5. Werkzeugspannsysteme an CNC-Maschinen besitzen eine hohe Spankraft.

075

Welche Werkzeugaufnahmen werden bevorzugt für höhere Spindeldrehzahlen eingesetzt?

1. SK-Aufnahmen

2. HSK-Aufnahmen

3. WSK-Aufnahmen

4. KS-Aufnahmen

5. Flanschaufnahmen

076

In der Stückliste ist der Werkstoff für die Zylinderschrau-be (Pos.-Nr. 10) nicht angegeben. Welche Festigkeits-klasse muss eingetragen werden, wenn die Streckgrenze R_e = 640 N/mm^2 und die Zugfestigkeit R_m = 800 N/mm^2 betragen?

1. Festigkeitsklasse 4.8

2. Festigkeitsklasse 5.8

3. Festigkeitsklasse 8.8

4. Festigkeitsklasse 10.9

5. Festigkeitsklasse 12.9

077

Sie müssen kontrollieren, ob die Oberflächenbeschaffenheit Rz ≤ 16 µm erreicht wurde. Wählen Sie dafür das geeignete Gerät bzw. Verfahren aus.

1. Tastschnittgerät

2. Fühlhebelmessgerät

3. Bügelmessschraube

4. Nagelprobe

5. Sichtprobe

078

Worauf weist das abgebildete Sicherheitszeichen hin?

1. Auf den Weg zu einem Aufzug

2. Auf den Weg zu einer Erste-Hilfe-Station

3. Auf eine Krankentrage

4. Auf einen Rettungsweg mit Richtungsangabe

5. Auf die Richtung, die zum Hauptausgang führt

079

In einer Werkstatt sind Flure und Gänge durch farbliche Strichmarkierungen gekennzeichnet. Welche Aussage ist richtig?

1. Sie dienen als Fluchtweg und müssen so weit offen bleiben, dass Einzelpersonen durchgehen können.

2. Sie dienen als Fluchtweg und dürfen keinesfalls zugestellt werden, auch nicht vorübergehend.

3. Sie dürfen bei zwingendem Platzbedarf zur Hälfte belegt werden.

4. Sie müssen nach Arbeitsende voll begehbar sein.

5. Sie dürfen so weit belegt werden, dass Transportarbeiten ungehindert ablaufen können.

U27

Durch welche Merkmale unterscheidet sich ein CNC-Fräsbearbeitungszentrum von einer CNC-Fräsmaschine? Nennen Sie drei Merkmale.

Aufgabenlösung:

Ergebnis
U27

Punkte

U28

An den Bediener einer CNC-Fräsmaschine werden hohe Anforderungen gestellt.
Nennen Sie vier persönliche Eigenschaften oder Fähigkeiten, die diesem Anforderungsprofil entsprechen.

Aufgabenlösung:

Ergebnis
U28

Punkte

U29

Bei der Bearbeitung des Abtriebs (Pos.-Nr. 7) spannt das hydraulische Dreibackenfutter nicht mehr.
Nennen Sie drei Ursachen, die dafür verantwortlich sein könnten.

Aufgabenlösung:

Ergebnis
U29

Punkte

U30

Für die vorgesehenen Fräsarbeiten an der Baugruppe steht eine Betriebs- und Bedienungsanleitung des
Maschinenherstellers zur Verfügung.
Nennen Sie mindestens drei Informationsinhalte, die diese Anleitungen enthalten.

Aufgabenlösung:

Ergebnis
U30

Punkte

080

Bei einer CNC-Fräsmaschine muss die dargestellte
Baugruppe ausgewechselt werden. Benennen Sie die
dargestellte Baugruppe.

(1) Leitspindel

(2) Spannspindel

(3) Kugelumlaufspindel

(4) Arbeitsspindel

(5) Messspindel

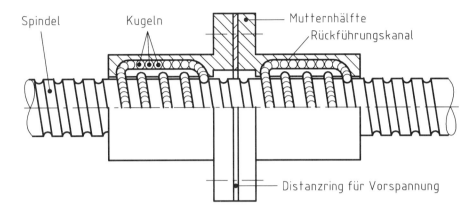

081

CNC-Fräsmaschinen mit Spindeldrehzahlen über
15 000 1/min stellen höchste Anforderungen an den
Rundlauf von Spannmitteln. Welches der genannten
Spannmittel erreicht die kleinste Rundlaufabweichung?

(1) Flächenspannfutter

(2) Spannzangenfutter

(3) Hydro-Dehnspannfutter

(4) Schrumpfspannfutter

(5) Dreibackenfutter

082

Welche Wegbedingung müssen Sie programmieren,
um auf der Mantelfläche einen Lochkreis zu erzeugen?

(1) G 17

(2) G 18

(3) G 19

(4) G 30

(5) G 72

083

Welche Aufgabe haben Diagnosesysteme an CNC-Werk-
zeugmaschinen?

(1) Sie messen die Bearbeitungszeit.

(2) Sie erkennen Störungen im Maschinensystem und
zeigen diese durch eine Kennnummer an.

(3) Sie steuern alle Motoren.

(4) Sie überprüfen die Werkzeugdaten.

(5) Sie messen die Werkstückmaße.

084

Am Schaltschrank Ihrer CNC-Drehmaschine befindet sich dieses Zeichen.
Was sagt dieses Zeichen aus?

(1) Verbotszeichen (Warnung vor gefährlicher elektrischer Spannung)

(2) Gebotszeichen (Warnung vor gefährlicher
elektrischer Spannung)

(3) Sicherheitskennzeichnung (Warnung vor
gefährlicher elektrischer Spannung)

(4) Warnzeichen (Warnung vor gefährlicher
elektrischer Spannung)

(5) Warnzeichen (Warnung vor einer Gefahrstelle)

Lernfeld 12 – Vorbereiten und Durchführen eines Einzelfertigungsauftrages
Fertigungstechnik

085

Welche Sicherheitsvorrichtung muss an CNC-Maschinen vorhanden sein?

(1) NOT-AUS-Schalter

(2) Klimaanlage

(3) Ölabscheider

(4) Späneförderer

(5) Druckluftanlage

086

Moderne Fräsbearbeitungszentren haben oft Linearmotoren als Vorschubantriebe. Diese müssen wegen der starken Wärmeentwicklung intensiv gekühlt werden. Welche Kühlung wird dafür eingesetzt?

(1) Ölkühlung

(2) Luftkühlung

(3) Trockeneiskühlung

(4) Wasserkühlung

(5) Stickstoffkühlung

U31

Das Drehteil wird nach der Fertigung geprüft.
Nennen Sie drei Faktoren der Qualitätslenkung.

Aufgabenlösung:

Ergebnis U31

Punkte

U32

Im CNC-Programm wird im Satz N 93 die Fase 1×45° programmiert.
Wie kann man die Programmierung ändern, um *nicht* nochmals über den ⌀ 80 zu drehen?
Ergänzen Sie beide Möglichkeiten.

Aufgabenlösung:

G 1		Z -70	RN 2
	X 81		RN
		Z -73	

G 1		Z -70	RN 2
	X 81		
		Z -73	

Ergebnis U32

Punkte

U33

Im vorliegenden Programm wird die Kreisbogenkontur R 35 mit zwei unterschiedlichen Fräsern, einem HSS-Walzenstirnfräser und einem HM-Schaftfräser, geschlichtet. Dadurch werden beim Musterteil optisch getrennte Bearbeitungsspuren sichtbar.

Nennen Sie zwei programmierbare Möglichkeiten, um mit einem Werkzeug zu schlichten.

Aufgabenlösung:

Bewertung
(10 bis 0 Punkte)

Ergebnis U33

Punkte

U34

Nennen Sie drei Arten von gebräuchlichen Spannsystemen zum Spannen von Wendeschneidplatten.

Aufgabenlösung:

Ergebnis U34

Punkte

U35

Für die Serienfertigung des Drehteils soll der Fertigungsprozess (Fertigungszeit – geforderte Qualität) optimiert werden.

Nennen Sie drei Optimierungsmöglichkeiten.

Aufgabenlösung:

Ergebnis U35

Punkte

Lernfeld 13 – Organisieren und Überwachen von Fertigungsprozessen in der Serienfertigung

Auftrags- und Funktionsanalyse:
Gebundene Aufgaben
Ungebundene Aufgaben

Fertigungstechnik:
Gebundene Aufgaben
Ungebundene Aufgaben

Auszug aus dem Rahmenlehrplan

Lernfeld 13: Organisieren und Überwachen von Fertigungsprozessen in der Serienfertigung

4. Ausbildungsjahr
Zeitrichtwert: 80 Stunden

Zielformulierung:

Die Schülerinnen und Schüler organisieren die Serienfertigung von Bauelementen als Teil einer betrieblichen Gesamtproduktion im Einsatzgebiet. Sie überprüfen die auftragsbezogenen Fertigungsunterlagen auf Vollständigkeit und Richtigkeit und analysieren diese. Die Schülerinnen und Schüler informieren sich außerdem in den geltenden betrieblichen Prüfvorschriften und Normen zur Qualitätssicherung über die qualitativen Anforderungen, die zu prüfenden Merkmale des Produkts und die zu verwendenden Prüfmittel.

Die Schülerinnen und Schüler richten Teilsysteme eines Produktionssystems und die notwendigen Betriebsmittel für die Fertigung ein und dokumentieren die Fertigungsparameter. Dabei prüfen und optimieren sie die Steuerungsprogramme der jeweiligen Teilsysteme und protokollieren die durchgeführten Veränderungen.

Die Schülerinnen und Schüler stellen einen störungsfreien Fertigungsprozess sicher. Sie prüfen die Produktqualität und überwachen den Fertigungsablauf.

Die Schülerinnen und Schüler erstellen Prüfprotokolle, auch mithilfe von Anwendungsprogrammen.

Sie interpretieren die Prüfergebnisse und reagieren bei auftretenden Störungen mit systematischen Lösungsstrategien.

Dabei beseitigen sie Störungen selbstständig oder organisieren die Beseitigung. Die Schülerinnen und Schüler überprüfen und bewerten am Produkt die angewendeten Maßnahmen zur Prozesslenkung, auch unter wirtschaftlichen Gesichtspunkten.

Die Schülerinnen und Schüler dokumentieren die Betriebs-, Fertigungs- und Prüfdaten, führen diese Daten einer zentralen Auswertung zu und bereiten die Übergabe des Fertigungsauftrags an den nachfolgenden Produktionsbereich vor.

Die Schülerinnen und Schüler führen unter Beachtung der Bestimmungen des Arbeits- und Umweltschutzes die in ihrem Verantwortungsbereich liegenden Instandhaltungsmaßnahmen nach betrieblichen Vorgaben durch.

Inhalte:

Betriebliche Organisationsstrukturen

Betriebliches Auftragwesen

Inbetriebnahme

ERP-Systeme, MES

Prüfsysteme

Audit, betriebliche Prüfvorschrift, Prüfanweisung

Qualitätsregelkarte

Qualitätsregelkreis

Qualitätslenkung

Prozessfähigkeit, Maschinenfähigkeit

Betriebsdatenerfassung

Dokumentation

Produkthaftung

Instandhaltung

087

Die Fräsmaschine ist täglich im Einsatz. In der Betriebsanweisung ist der dargestellte Wartungsplan vorgegeben. Welcher Schmierstoff muss nach 500 h verwendet werden?

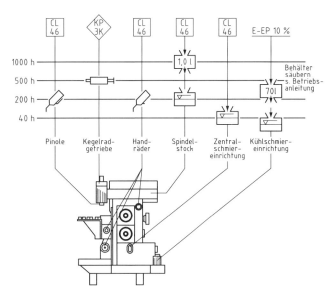

1. Umlaufschmieröl mit Wirkstoffen zum Erhöhen des Korrosionsschutzes und der Alterungsbeständigkeit

2. Schmierfett für Wälz- und Gleitlager mit Zusätzen für Herabsetzung der Reibung (NLGI-Klasse 3), obere Gebrauchstemperatur +120 °C

3. Umlaufschmieröl für Wälz- und Gleitlager mit Zusätzen zur Erhöhung der Reibung

4. Schmierfett für geschlossene Getriebe (NLGI-Klasse 3), obere Gebrauchstemperatur +220 °C

5. Normalschmieröl mit Wirkstoffen zum Erhöhen des Korrosionsschutzes und der Alterungsbeständigkeit sowie mit Zusätzen zur Erhöhung der Reibung

088

Das Diagramm zeigt die Abhängigkeit der Härte der wichtigsten Schneidstoffe von der Arbeitstemperatur. In welcher Antwort sind die Schneidstoffe richtig angegeben?

	Schneidstoff 1	Schneidstoff 2	Schneidstoff 3	Schneidstoff 4
1	Schnellarbeitsstahl	Werkzeugstahl	Schneidkeramik	Hartmetall
2	Werkzeugstahl	Hartmetall	Schnellarbeitsstahl	Schneidkeramik
3	Schnellarbeitsstahl	Hartmetall	Werkzeugstahl	Schneidkeramik
4	Werkzeugstahl	Schnellarbeitsstahl	Hartmetall	Schneidkeramik
5	Werkzeugstahl	Schneidkeramik	Hartmetall	Schnellarbeitsstahl

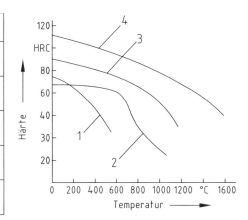

089

In Ihrem Betrieb werden alle Fertigungsprozesse auf die Möglichkeit der Qualitätsverbesserung untersucht. Was bedeutet die Abkürzung „KVP" im betrieblichen Qualitätsmanagement?

1. Kontrolle von Produkten

2. Koordinierte Vorbereitungsplanung

3. Kontinuierlicher Verbesserungsprozess

4. Kontrollierte Vergleichsphase

5. Konstante Versorgungsplanung

Lernfeld 13 – Organisieren und Überwachen von Fertigungsprozessen in der Serienfertigung – Auftrags- und Funktionsanalyse

090

Die Nutscheibe (Pos.-Nr. 6) hat eine Liefergröße von 1 000 Stück. Die Fehlerhäufigkeit soll 40 Teile nicht überschreiten. Wie groß ist die Wahrscheinlichkeit, beim Herausgreifen eines gefertigten Werkstücks ein fehlerhaftes Werkstück zu entnehmen?

1) $P = 0,04\ \%$

2) $P = 0,4\ \%$

3) $P = 4\ \%$

4) $P = 25\ \%$

5) $P = 12,5\ \%$

Nebenrechnung Aufgabe 090:

U36

In der Zeichnung Blatt 1(3) ist die Stückliste nicht vollständig ausgefüllt.
Ermitteln Sie mithilfe des Tabellenbuchs die in der Stückliste fehlenden Angaben.

Aufgabenlösung:

11				St		
10						
9				C1		
8				C1		
7	1	Abtrieb		16MnCr5S	Rd 50×40	EN 10278
6	1	Nutscheibe		16MnCr5S	Rd 50×17	EN 10278
5	1	Antrieb		16MnCr5S	Rd 50×45	EN 10278
4	1	Handrad		POM	Rd 50×12	DIN 16980
3	1	Schieber		CuSn8P	4kt 40×63	EN 12163
2	1	Ständer		CuSn8P	Fl 70×16×84	EN 12163
1	1	Grundplatte		S235JR+C	Fl 70×18×84	EN 10278
Pos.-Nr.	Stück	Benennung	Normblatt	Werkstoff	Halbzeug	

Kopieren und jede Form der Vervielfältigung oder Reproduktion nicht gestattet.

115

Lernfeld 13 – Organisieren und Überwachen von Fertigungsprozessen in der Serienfertigung – Fertigungstechnik

091

Während des Fertigungsprozesses wird folgende Qualitätsregel-karte erstellt. Welche Aussage ist zutreffend?

(1) Bei Punkt 2 wurde die obere Warngrenze überschritten. Es wurde in den Prozess eingegriffen und alle Teile seit der letzten Stichprobe mussten einer 100%-Prüfung unterzogen werden.

(2) Zwischen den Punkten 3 und 6 liegt ein RUN vor. Der Prozess ist zu beobachten.

(3) Zwischen den Punkten 3 und 6 liegt ein Trend vor. Der Prozess ist zu unterbrechen.

(4) Der gesamte Prozess ist unter Kontrolle und kann ohne Eingriff weitergeführt werden.

(5) Bei Punkt 6 musste in den Prozess eingegriffen wer-den. Alle Teile seit der letzten Stichprobe müssen einer 100%-Prüfung unterzogen werden.

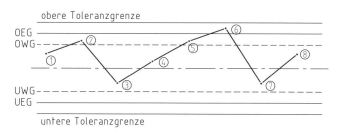

092

Im Wartungsplan der CNC-Drehmaschine ist das Schmiermittel CL100 angegeben.
Um welches Schmiermittel handelt es sich?

(1) Schmierfett für Getriebe

(2) Festschmierstoff Grafit für Lager

(3) Hydrauliköl

(4) Esteröl für Lagestellen

(5) Schmieröl für Umlaufschmierung

093

Die von Ihnen verwendete Werkzeugmaschine muss einer Inspektion und Wartung unterzogen werden. Zu welcher Instandhaltungsstrategie zählen Inspektion und Wartung?

(1) Störungsbedingte Instandhaltungsstrategie

(2) Zustandsorientierte Instandhaltungsstrategie

(3) Vorbeugende Instandhaltungsstrategie

(4) Instandsetzungsstrategie

(5) Online-Diagnose

094

Für die Instandhaltung der Fräsmaschine sind Wartung, Inspek-tion und Instandsetzung notwendige Maßnahmen. In welcher Auswahlantwort sind die drei Instandhaltungsarbeiten richtig aufgeführt?

	Wartung	Inspektion	Instandsetzung
1	Messen Reparieren Nachstellen	Reinigen Prüfen Diagnostizieren	Ausbessern Schmieren Austauschen
2	Reinigen Schmieren Nachstellen	Messen Prüfen Diagnostizieren	Ausbessern Reparieren Austauschen
3	Reinigen Ausbessern Nachstellen	Messen Prüfen Diagnostizieren	Schmieren Reparieren Austauschen
4	Messen Prüfen Diagnostizieren	Reinigen Schmieren Nachstellen	Ausbessern Reparieren Austauschen
5	Reinigen Schmieren Nachstellen	Ausbessern Reparieren Austauschen	Messen Prüfen Diagnostizieren

095

Der folgende Aufkleber befindet sich auf dem Gebinde eines Kühlschmier-stoffs. Auf welche Gefahren weist dieses Bild hin?

(1) Der Stoff ist sehr giftig für Wasserorganismen.

(2) Lebensgefahr bei Verschlucken des Stoffs.

(3) Der Stoff enthält Gas unter Druck und kann bei Erwärmung explodieren.

(4) Der Stoff schädigt die Organe beim Einatmen.

(5) Kann allergische Hautreaktionen und Augenreizun-gen verursachen.

U37

Bei der Fertigung der Bauteile treten beim Drehen Vibrationen auf, wodurch die Oberflächenqualität negativ beeinflusst wird.
Geben Sie drei Maßnahmen zur Abhilfe an.

Aufgabenlösung:

Ergebnis U37

Punkte

U38

Die Rautiefe des Oberflächenprofils ist nach dem Schleifen im Tastschnittverfahren ermittelt worden.
Die fünf Einzelwerte Z_1 ... Z_5 betragen 2,6 µm, 2,3 µm, 2,7 µm, 2,0 µm und 1,9 µm.
Welchen Durchschnittswert zeigt das Tastschnittgerät über die gemessene Länge an und was sagt das ermittelte Ergebnis aus?

Aufgabenlösung:

Ergebnis U38

Punkte

U39

Für die Teilfertigung des Schiebers (Pos.-Nr. 3) ist ein Prüfplan zu erstellen.
Ergänzen Sie in der Tabelle die Prüfschritte 2 bis 6. Für die Prüfbereiche sind die Maßangaben aus der Zeichnung zu entnehmen.

Aufgabenlösung:

Prüfplan

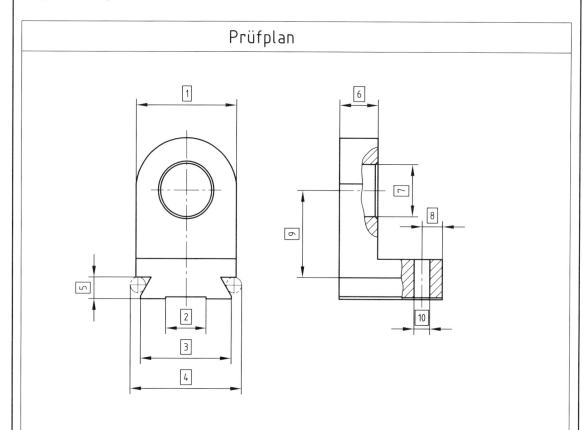

Prüf-schritt	Prüfmerkmal	Maßangabe nach Zeichnung	Maßtoleranz in µm Winkel in Grad ES/es	El/ei	Prüf-umfang in %	Prüfmittel
1	Breitenmaß	39	+300	–300	20	Messschieber Form A
2					20	
3					20	
4					100	
5					50	
6					50	
7	Durchmessermaß	20H7	+21	0	20	Grenzlehrdorn ⌀20H7

U40

Für eine erstellte Qualitätsregelkarte für das Maß 20f7 an dem Antrieb (Pos.-Nr. 5) müssen der Mittelwert $\overline{x}$ und die Standardabweichung s aus einer Stichprobe ermittelt werden. Dazu wird der Grundgesamtheit eine Stichprobe vom Umfang $n = 5$ entnommen und das Ergebnis entsprechend ausgewertet. Es wurden folgende Werte gemessen.

$x_1 = 19{,}971$ mm
$x_2 = 19{,}968$ mm
$x_3 = 19{,}970$ mm
$x_4 = 19{,}966$ mm
$x_5 = 19{,}970$ mm

Ermitteln Sie den Mittelwert $\overline{x}$ (in mm) und die Standardabweichung s (in mm).

Aufgabenlösung:

Ergebnis U40

Punkte

U41

Beschreiben Sie, welcher Prüfvorgang in der Praxis zur Kontrolle der nutzbaren Gewindetiefe von 13 mm im Gewinde M36 × 1,5 möglich ist.

Aufgabenlösung:

Ergebnis U41

Punkte

Lösungsschlüssel für die gebundenen Aufgaben
Lösungsvorschläge für die ungebundenen Aufgaben
Lösungsvorschläge für Projekt 2 und 3

PAL-Prüfungsbuch
Zerspanungsmechaniker/-in

Zur Beachtung:

Bei der Verwendung der Testaufgaben aus den PAL-Prüfungsaufgaben innerhalb der betrieblichen und schulischen Lehrstoffvermittlung muss der Lehrende entscheiden, ob der heraustrennbare Lösungsschlüssel dem Auszubildenden zugänglich gemacht werden soll oder nicht.

Auf-gaben Nr.	rich-tig ist	Auf-gaben Nr.	rich-tig ist	Auf-gaben Nr.	rich-tig ist	Auf-gaben Nr.	rich-tig ist	Auf-gaben Nr.	rich-tig ist	Auf-gaben Nr.	rich-tig ist	Auf-gaben Nr.	rich-tig ist	Auf-gaben Nr.	rich-tig ist
001	5	013	5	020	2	040	5	058	3	072	1	087	2		
002	2	014	1	021	2	041	5	059	4	073	5	088	4		
003	1	015	2	022	5	042	1	060	1	074	1	089	3		
004	3	016	2	023	5	043	3	061	1	075	2	090	3		
005	5	017	2	024	3	044	3	062	5	076	3	091	5		
006	1	018	2	025	4	045	2	063	3	077	1	092	5		
007	4	019	3	026	1	046	3	064	3	078	4	093	3		
008	1			027	1	047	4	065	4	079	2	094	2		
009	1			028	1	048	3	066	5	080	3	095	5		
010	2			029	2	049	3	067	1	081	4				
011	2			030	2	050	2	068	1	082	3				
012	1			031	5	051	4	069	5	083	2				
				032	2	052	1	070	5	084	4				
				033	5	053	2	071	3	085	1				
				034	2	054	4			086	4				
				035	3	055	1								
				036	3	056	2								
				037	5	057	1								
				038	1										
				039	5										

U1

1. An der Darstellung der Druckquelle und der Darstellung der Betätigung des Wegeventils

2. Der Kolben im Zylinder -M2 fährt sofort zurück.

3. Sie steuern die Vorlauf- und die Rücklaufgeschwindigkeit des Arbeitsglieds -M2.

U2

$$A = \frac{\dot{V}}{v_f} = \frac{50\,000\ \text{cm}^3 \cdot \text{min}}{\text{min} \cdot 2\,500\ \text{cm}} = \underline{\underline{20\ \text{cm}^2}}$$

U3

– Abtragung nicht zugelassen
– Innenkante mit zugelassenem Übergang zwischen +0,2 und +0,4 mm

U4

– Schutzbrille tragen
– Schutzhaube und Fangschutz nutzen
– Einwandfreie, ausgewuchtete Schleifscheibe
– Werkstück sicher spannen

U5

– Verdeckte Körperkanten können sichtbar gezeigt werden
– Anschaulichere Bemaßung
– Zeichnung wird übersichtlicher
– Maßhilfslinien können an Körperkanten angesetzt werden

U6

1	= Form, zylindrisch
A	= Randform, gerade
300	= Außendurchmesser
16	= Breite
127	= Bohrung
A	= Schleifmittel, Normalkorund/Edelkorund
F 80	= Korngröße fein
J	= Härtegrad, weich
5	= Gefüge geschlossen (dicht)
V	= Bindung, Keramik
35	= Höchstumfangs-Geschwindigkeit

U7

$$t_h = \frac{L \cdot i}{v_f}$$

$$t_h = \frac{L \cdot i \cdot d \cdot \pi}{f_z \cdot z \cdot v_c}$$

$$t_h = \frac{184\ \text{mm} \cdot 1 \cdot 100\ \text{mm} \cdot \pi \cdot \text{min} \cdot 1\text{m}}{0,15\ \text{mm} \cdot 7 \cdot 300\ \text{m} \cdot 1000\ \text{mm}} = \underline{\underline{0,184\ \text{min}}}$$

Lösungsvorschläge

U8

– Härte nimmt stark ab
– Hoher Verschleiß
– Sinkende Schneidfähigkeit
– Schlechte Werkstückoberflächen
– Kantenverrundung
– Erhöhung der Schnittkraft

U9

– Die Maschinenbezeichnung
– Den Typ
– Den Hersteller
– Das Baujahr
– Die Hauptabmessungen der Maschine
– Die Maße des Arbeitsbereichs
– Das Zubehör und die Sondereinrichtungen
– Die Leistungsdaten der Antriebe
– Daten über die Fertigungsleistung

U10

– Nur zugelassene Schmierstoffe verwenden
– Betriebsanweisung des Herstellers über Schmierintervalle beachten
– Führungen von Schmutz und Spänen säubern
– Führungen nicht mit Druckluft reinigen
– Maschine nicht mit fasernden Putztüchern reinigen

U11

Spanbrecher formen den Span gezielt und veranlassen zum Bruch. Die eingepressten Spanbrecher ergeben einen positiven Spanwinkel, dadurch werden Schnittkraft und der Leistungsbedarf der Maschine gesenkt.
Durch den Einsatz dieser Schneidplatten ergibt sich, dass der Arbeitsprozess nicht durch lange Späne gestört wird.

U12

– Werkstoff
– Geforderte Oberflächenrauheit
– Nass- oder Trockenschliff
– Umfangsgeschwindigkeit
– Schleifverfahren
– Werkstückgeometrie

U13

1. Kunststoffart: Thermoplast

2. Arbeitsregeln: – Werkzeuge vom Typ W verwenden
– Werkzeuge mit scharfen Schneiden einsetzen
– Werkzeuge mit großem Span- und Freiwinkel einsetzen
– Hohe Oberflächengüte der Werkzeugschneiden
– Gute Wärmeableitung sichern
– Kühlen mit Emulsion oder Druckluft
– Größere Toleranzen anwenden

U14

Das Senkrechtfräsen mit dem Schaftfräser ist wirtschaftlicher, weil bei dieser Fertigung die längeren Anlauf- und Überlaufwege des Scheibenfräsers entfallen.

U15

1. 0,16 % Kohlenstoff, 1,25 % Mangan sowie Anteile von Chrom und Schwefel

2. Beim Einsatzhärten wird die Randschicht eines kohlenstoffarmen Stahls in einem Kohlenstoff abgebenden Einsatzmittel z. B. Koks-Holzkohle-Granulat, Cyansalz, Gas mit Kohlenstoff angereichert und anschließend gehärtet und angelassen.

U16

$$A = a_p \cdot f = 5 \text{ mm} \cdot 0,5 \text{ mm} = 2,5 \text{ mm}^2$$

$$F_c = A \cdot k_c = 2,5 \text{ mm}^2 \cdot 2500 \text{ N/mm}^2 = 6250 \text{ N}$$

$$P_c = F_c \cdot v_c = \frac{6250 \text{ N} \cdot 70 \text{ m} \cdot \text{min}}{60 \text{ s} \cdot \text{min}} = 7292 \frac{\text{N m}}{\text{s}} = 7292 \text{ W}$$

$$P_2 = 12 \text{ kW} \cdot 0,75 = 9 \text{ kW}$$

$$9 \text{ kW} > \underline{\underline{7,3 \text{ kW}}}$$

Die Vordreharbeiten können mit dieser Drehmaschine durchgeführt werden.

U17

$$R_{th} = \frac{f^2}{8 \cdot r}$$

$$f = \sqrt{R_{th} \cdot 8 \cdot r}$$

$$f = \sqrt{0,016 \text{ mm} \cdot 0,8 \text{ mm} \cdot 8} = \underline{\underline{0,32 \text{ mm}}}$$

U18

– Werkstückwerkstoff
– Oberflächenrauheit
– Schleifspindeldrehzahl
– Nass- oder Trockenschliff
– Vor- oder Fertigschleifen
– Aufnahmedurchmesser
– Schnittgeometrie

U19

– Höhere Schnittgeschwindigkeit
– Größerer Vorschub
– Bessere Oberflächenqualität
– Höhere Standzeit

U20

3 Arbeitsplan festlegen
7 Werkzeuge bestimmen und vermessen
6 Progammieren des Programms
1 Simulieren und Korrigieren des Programms
5 Zerspanen des Werkstücks
2 Qualitätskontrolle
8 Optimieren des Programms
4 Archivierung des Programms

Lösungsvorschläge

U21

– Werkstücknullpunkt
– Werkzeugwechselpunkt
– Programmnullpunkt
– Anschlagpunkt

U22

– Kühlsystem für den Kühlschmierstoff
– Kühlsystem für den Hauptantrieb (Motorspindel)
– Kühlsystem für die Achsantriebe (z. B. Linearantriebe)
– Automatische Späneförderer
– Raumtemperaturregelung 20 °C
– Maschine nicht ständig im Hochlastbereich fahren
– Maschine nicht länger ausgeschaltet lassen bzw. Maschine warmlaufen lassen

U23

$Z = \sin 45° \cdot 47$ mm
$\underline{Z = 33{,}234 \text{ mm}}$

U24

– Spindeldurchlass
– Maximaler Drehdurchmesser
– Maximale Drehlänge
– Maximale Spindeldrehzahl
– Antriebsleistung
– Anzahl der Werkzeugträger
– Vorhandene Software an der Maschine
– Verfügbare Werkzeugplätze

U25

– Höhere Fertigungsgenauigkeit
– Höhere Wiederholgenauigkeit
– Komplizierte Konturen (3D) möglich
– Kürzere Fertigungszeit
– Kurze Umrüstzeit
– DNC-Betrieb möglich

U26

– Wegfall der sonst schwierigen Programmierung von Ausräumbewegungen
– Vermeidung von Restmaterialstellen
– Besseres Oberflächenbild am Taschengrund
– Keine Gefahr von Konturverletzungen
– Konturinseln einfacher realisierbar
– Kürzere Bearbeitungszeit durch kontinuierliche Fräsbahnen
– An- und Abfahrbewegungen der FRK werden zyklusintern realisiert

U27

– Komplettbearbeitung der Teile in einer Aufspannung durch Mehrseiten- bzw. Mehrachsbearbeitung
– Automatische Werkzeugmagazinierung
– Automatische Werkzeugwechseleinrichtung
– Automatische Spänetransporteinrichtung
– Palettenwechselsystem für Werkstücke

U28

– Sichere Programmierkenntnisse der Maschinensteuerung
– Sicheres Maschinenhandling
– Konzentrationsfähigkeit
– Verantwortungsbewusstsein
– Fähigkeit zur Fehlerbehebung in Programm und Maschine
– Beherrschung des Kontrollprozesses
– Ausdauer
– Ordnung am Arbeitsplatz
– Einhaltung der UVV

U29

– Hydraulikpumpe defekt
– Fußschalter ohne Funktion
– Zu wenig Hydraulikflüssigkeit
– Keine Stromversorgung
– Spannmittel defekt

U30

– Beschreibung der Maschine und ihrer Funktionseinheiten
– Anleitung zum Aufstellen und zur Inbetriebnahme der Maschine
– Instandhaltungsanweisungen mit Wartungs- und Pflegeplan
– Hinweise zum Auffinden und Beheben von Betriebsstörungen

U31

– Mensch
– Maschine
– Material
– Methode
– Messbarkeit
– Umwelt

U32

G 1		Z -70	RN 2
	X 81		RN -1,5
		Z -73	

G 1		Z -70	RN 2
	X 78		
	X 81	Z -71,5	
		Z -73	

U33

– Fräsen der Kreisbogenkontur mit Kreistaschenfräszyklus G 73
– Fräsen der Kreisbogenkontur komplett mit Walzenstirnfräser (Einfahren mit G 1 – mit G 41 – G 3 Vollkreis fräsen)

Lösungsvorschläge

U34

- Hebelspannsystem
- Schraubenspannsystem
- Spannfingersystem
- Pratzenspannsystem
- Bolzenspannsystem
- Keilspannsystem

U35

- Werkzeugwechselzeiten (Werkzeugwechselpunkt nahe ans Werkstück)
- Schneidstoffe optimieren
- Vorschübe so weit erhöhen, wie es die Oberflächenqualität erlaubt
- Zustellung erhöhen, wenn die Antriebsleistung und die Zerspanungsbedingungen es erlauben

U36

Pos.-Nr.	Stück	Benennung	Normblatt	Werkstoff	Halbzeug	
11	1	Sicherungsring 20×1,2	DIN 471	St		
10	2	Zylinderschraube M6×16	ISO 4762	8.8		
9	1	Zylinderstift 6×26-A	ISO 8734	C1		
8	1	Zylinderstift 6×20-A	ISO 8734	C1		
7	1	Abtrieb		16MnCr5S	Rd 50×40	EN 10278
6	1	Nutscheibe		16MnCr5S	Rd 50×17	EN 10278
5	1	Antrieb		16MnCr5S	Rd 50×45	EN 10278
4	1	Handrad		POM	Rd 50×12	DIN 16980
3	1	Schieber		CuSn8P	4kt 40×63	EN 12163
2	1	Ständer		CuSn8P	Fl 70×16×84	EN 12163
1	1	Grundplatte		S235JR+C	Fl 70×18×84	EN 10278

Längen der Pos.-Nrn. 8–10 können variieren

U37

- Schnittgeschwindigkeit senken
- Vorschub ändern
- Einstellwinkel vergrößern
- Werkzeugeinspannlänge verkürzen
- Größeren Schaftquerschnitt wählen
- Schnitttiefe verringern
- Werkzeugverschleiß prüfen

U38

$Rz = 1/5 \cdot (Z_1 + Z_2 + Z_3 + Z_4 + Z_5)$

$Rz = 1/5 \cdot (2{,}6\ \mu m + 2{,}3\ \mu m + 2{,}7\ \mu m + 2{,}0\ \mu m + 1{,}9\ \mu m)$

$\underline{Rz = 2{,}3\ \mu m}$

Die Anforderung an die Oberflächenbeschaffenheit ist erfüllt.

U39

Prüf-schritt	Prüfmerkmal	Maßangabe nach Zeichnung	Maßtoleranz in μm Winkel in Grad ES/es	EI/ei	Prüf-umfang in %	Prüfmittel
1	Breitenmaß	39	+300	−300	20	Messschieber Form A
2	Breitenmaß Nut	16	+200	−200	20	Messschieber Form A
3	Breitenmaß	35.5	+300	−300	20	Messschieber Form A
4	Breitenmaß Schwalbenschwanz	43.75	0	−50	100	Bügelmessschraube 25–50 Messbolzen 6±0.01
5	Tiefenmaß	8	+50	0	50	Tiefenmessschraube 0–25
6	Breitenmaß	15	0	−50	50	Bügelmessschraube 0–25
7	Durchmessermaß	20H7	+21	0	20	Grenzlehrdorn Φ20H7

U40

$$\overline{x} = \frac{x_1 + x_2 + \dots + x_n}{n}$$

$$\overline{x} = \frac{19{,}971\,\text{mm} + 19{,}968\,\text{mm} + 19{,}970\,\text{mm} + 19{,}966\,\text{mm} + 19{,}970\,\text{mm}}{5}$$

$$\overline{x} = 19{,}969\,\text{mm}$$

$$s = \sqrt{\frac{\left(x_1 - \overline{x}\right)^2 + \left(x_2 - \overline{x}\right)^2 + \dots + \left(x_n - \overline{x}\right)^2}{n-1}}$$

$$s = 0{,}002\,\text{mm}$$

U41

– Gewindegrenzlehrdornlänge messen
– Gewindegrenzlehrdorn einschrauben
– Maß Gewindegrenzlehrdornende zu Fräsoberfläche messen
– Differenz muss mindestens 13 ±0,2 mm betragen

Industrie- und Handelskammer

Abschlussprüfung Teil 2

Zerspanungsmechaniker/-in

Berufs-Nr.

4 0 0 0

Projekt 2: Drehen

Projekt 2

Schriftliche Prüfung

Lösungsvorschläge für
den Prüfungsausschuss

Prüfungsbuch

M 4000 L/P2

PAL - Prüfungsaufgaben- und
Lehrmittelentwicklungsstelle

IHK Region Stuttgart

Lösungsvorschläge für Projekt 2 und 3

1 **Lösungsschablonen/-vorschläge für den Prüfungsausschuss**

1.1 Lösungsschablone Fertigungstechnik Teil A
1.2 Lösungsschablone Wirtschafts- und Sozialkunde
1.3 Heft Lösungsvorschläge mit   rot
      – Auftrags- und Funktionsanalyse Teil A und Teil B
      – Fertigungstechnik Teil B
1.4 Gebenenfalls Blatt Lösungsvorschläge Wirtschafts- und Sozialkunde   rot

Lösungvarianten sind möglich!
Sinngemäß richtige Lösungen sind voll zu bewerten.

Hinweise zur Bewertung des Programms:

Bei der Bewertung des ergänzten Programms ist der Punkteschlüssel 10 oder 0 Punkte anzuwenden. Dabei sind 10 Punkte zu vergeben, wenn das Wort richtig ergänzt wurde. 0 Punkte sind bei falscher oder fehlender Ergänzung einzutragen. Felder, die mit einer Punktlinie umrahmt sind, dürfen bei falsch berechnetem Zahlenwert bei der Übertragung vom Berechnungsfeld der Zeichnung auf das Programmblatt nicht nochmals als falsch bewertet werden. Jedoch hat der Prüfling diesen errechneten Zahlenwert in das Programmblatt einzutragen.

*Grundsätzlich gehen alle mit einer Punktlinie (• • • •) gekennzeichneten Felder im Lösungsblatt **nicht** in die Bewertung ein.*

Die vom Prüfling selbst geschriebenen Programmteile sind vom Prüfungsausschuss auf Vollständigkeit und Richtigkeit zu prüfen.

Für jedes richtige Wort sind 10 Punkte zu vergeben. Jedes falsche oder fehlende Wort, außer Felder mit Punktlinie, ist mit 0 Punkten zu bewerten. Für fehlende Adressbuchstaben darf kein Punktabzug erfolgen. Umfasst die fachlich und technisch richtige Lösung des geschriebenen Programmteils mehr Sätze als der Lösungsvorschlag, dann muss der Divisor auf dem ersten Programmblatt entsprechend geändert werden.

M 4000 L/P2

% 114 CNC-Ergänzung Lösungsvorschlag

Satz-Nr. N	Wegbedingung G	X/XA/XI	Y/YA/YI	Z/ZA/ZI	Zusätzliche Befehle mit Adressen	Schaltfunktion M	Je Eintragung 10 oder 0 Punkte
1	G 54						
2	G 92				S 4000		
3	G 14				H 0		
4	G 96 G 95				T 1 S 200 F 0.3 E 0.1	M 4	
5	G 0	X 86		Z 0.1		M 8	
6	G 1	X 20		Z 2			
7				Z 2			
8	G 0	X 85					
9	G 81				D 2.5 AX 0.5 AZ 0.1		
10	G 0	X 77					
11	G 1			Z 0			
12		X 80			RN -1		
13				Z -55			
14		X 86					
15	G 80					M 9	
16	G 14				H 0		
17	G 97 G 95				T 2 S 720 F 0.18	M 3	
18	G 0	X 0		Z 3		M 8	
19	G 84			ZA -43.25	U 1 H 2		
20	G 14						
21	G 96 G 95				T 4 S 180 F 0.2 E 0.1	M 9	
22	G 0	X 22		Z 2		M 4	
23	G 81				D 1.5 AX -0.5 AZ 0.1	M 8	
24	G 0	X 48					
25	G 1			Z 0			

IHK – Abschlussprüfung Teil 2
Prüfungsbuch: Projekt 2 – CNC-Drehen

Programmblatt Blatt **1** von **5**

Vor- und Familienname:

Prüfungsnummer:

Beruf: **Zerspanungsmechaniker/-in**

Datum:

Ergebnis Prüfungsstück: CNC-Programm

Summe der Zwischenergebnisse

geteilt durch

Ergebnis

Zwischenergebnis

Datum:

Prüfungsausschuss:

Projekt 2

M 4000   L1/P2 -ho-rot-151217

3

% 114 CNC-Ergänzung Lösungsvorschlag

Satz-Nr. N	Wegbedingung G	X/XA/XI	Y/YA/YI	Z/ZA/ZI	Zusätzliche Befehle mit Adressen				Schaltfunktion M	Je Eintragung 10 oder 0 Punkte
26		X 45			RN -1					
27				Z -12.5						
28	G 3	X 36.081		Z -20.852	R 10					
29	G 1			Z -25.55	RN -1					
30		X 27.5			RN -1					
31					RN -1					
32		X 23.001		Z -32.6	RN -1					
33				Z -41.95						
34		X 21								
35	G 80									
36	G 14				H 2					
37	G 96 G 95				T 6	S 240	F 0.1	E 0.05	M 9	
38	G 0	X 48		Z 2					M 4	
39	G 41 G 1			Z 0					M 8	
40	G 23				N 26	N 34				
41	G 40									
42	G 14				H 2					
43	G 96 G 95				T 9	S 240	F 0.2	E 0.1	M 9	
44	G 0	X 45		Z 2					M 4	
45	G 42 G 1			Z 0					M 8	
46	G 23				N 12	N 14				
47	G 40				H 0					
48	G 14								M 9	
49	G 17				; Umschalten Stirnseitenbearbeitung					
50	G 97 G 94				T 12	S 1270	F 80		M 3	

IHK – Abschlussprüfung Teil 2
Prüfungsbuch: Projekt 2 – CNC-Drehen

Vor- und Familienname:

Beruf: **Zerspanungsmechaniker/-in**

Programmblatt Blatt 2 von 5

Prüflingsnummer:
Datum:

Ergebnis Prüfungsstück: CNC-Programm Zwischenergebnis

Summe der Zwischenergebnisse
geteilt durch Datum:
Ergebnis Prüfungsausschuss:

4

M 4000   L1/P2 -ho-rot-151217

% 114   CNC-Ergänzung   Lösungsvorschlag

Programmblatt

Satz-Nr. N	Wegbedingung G	X/XA/XI	Y/YA/YI	Z/ZA/ZI	Zusätzliche Befehle mit Adressen						Schaltfunktion M
51	G 81			ZA -3.5	V 2						M 8
52	G 77				R 32	AN 0	AI 60	O 6	IA 0	JA 0	
53	G 81			ZA -3	V 2						
54	G 77				R 29	AN 90	AI 60	O 6	IA 0	JA 0	M 9
55	G 14				H 2						M 3
56	G 97				T 13	S 1990	F 135				M 8
57	G 81			ZA -16.5	V 2						
58	G 23				N 54						M 9
59	G 14				H 2						M 3
60	G 97				T 14	S 630	F 80				M 8
61	G 85			ZA -11	V 2						
62	G 23				N 54						M 9
63	G 14				H 2						M 3
64	G 97				T 15	S 1640	F 115				M 8
65	G 81			ZA -16.7	V 2						
66	G 23				N 52						M 9
67	G 14				H 2						M 3
68	G 97				T 16	S 530	F 80				M 8
69	G 85			ZA -11	V 2						
70	G 23				N 52						M 9
71	G 14				H 2						
72	G 18										
73					; Zweite Seite Übernahme Gegenspindel						
74	G 30				Q 3	DE -35	H 0	DM 146	U 1	E 50	M 63
75	G 18				DRA	GSU					

IHK – Abschlussprüfung Teil 2

Prüfungsbuch: Projekt 2 – CNC-Drehen   Blatt **3** von **5**

Vor- und Familienname: ___   Prüflingsnummer: ___

Beruf: **Zerspanungsmechaniker/-in**   Datum: ___

Ergebnis Prüfungsstück: CNC-Programm

Summe der Zwischenergebnisse ☐

geteilt durch ☐

Ergebnis

Zwischenergebnis

Datum: ___

Prüfungs-ausschuss: ___

Projekt 2

M 4000   L1/P2 -ho-rot-151217

5

Lösungsvorschläge für Projekt 2 und 3

CNC-Ergänzung — Lösungsvorschlag

% 114

Satz-Nr. N	Wegbedingung G	X/XA/XI	Y/YA/YI	Z/ZA/ZI	Zusätzliche Befehle mit Adressen	Schaltfunktion M	Je Eintragung 10 oder 0 Punkte
76	G 59			ZA 120			
77	G 96 G 95				T 3 S 200 F 0.3 E 0.1	M 3	
78	G 0	X 86		Z 0.1		M 8	
79	G 1	X -1.6					
80				Z 2			
81	G 14				H 0	M 9	
82	G 96 G 95				T 7 S 220 F 0.2 E 0.1	M 3	
83	G 0	X 85		Z 2		M 8	
84	G 81	X 36			D 2 AX 0.5 AZ 0.1		
85	G 0			Z 0			
86	G 1						
87		X 40		ZA -25	RN -1.5		
88	G 85	XA 40			I 1.15 K 5.2 H 1		
89	G 1	X 49.962			RN 1		
90	G 85	XA 49.962		ZA -50	H 2		
91	G 1	X 69.975		Z -70	RN -1		
92					RN 2		
93		X 80		Z -72	RN -1		
94		X 81					
95	G 80						
96	G 14				H 0		
97	G 96 G 95				T 10 S 240 F 0.2 E 0.1	M 9	
98	G 0	X 0		Z 2		M 3	
99	G 1			Z 0		M 8	
100	G 42 G 1						

6

IHK – Abschlussprüfung Teil 2
Prüfungsbuch: Projekt 2 – CNC-Drehen

Programmblatt Blatt 4 von 5

Vor- und Familienname:

Beruf: **Zerspanungsmechaniker/-in**

Prüfungsnummer:

Datum:

Ergebnis Prüfungsstück: CNC-Programm

Summe der Zwischenergebnisse
geteilt durch
Ergebnis

Zwischenergebnis

Datum:

Prüfungsausschuss:

M 4000 L1/P2 -ho-rot-151217

% 114 CNC-Ergänzung Lösungsvorschlag

Satz-Nr. N	Wegbedingung G	X/XA/XI	Y/YA/YI	Z/ZA/ZI	Zusätzliche Befehle mit Adressen							Schaltfunktion M	Je Eintragung 10 oder 0 Punkte
101	G 23				N 87	N 95							
102	G 40												
103	G 14				H 0							M 9	
104	G 96 G 95				T 11	S 80	F 0.15	E 0.05				M 3	
105	G 0	X 72		Z -60								M 8	
106	G 86	XA 48		ZA -58.36	ET 69.975	EB -3	AS 17	AE 17	AK 0.1	EP 2	H 14		
107	G 14				H 1							M 9	
108	G 97				T 8	S 790						M 3	
109	G 0	X 40		Z 4.5								M 8	
110	G 31	XA 40		ZA -24.5	F 1.5	D 0.92	XS 40	ZS 4.5	Q 7	O 1	H 14	M 9	
111	G 14				H 0							M 30	
112													

IHK – Abschlussprüfung Teil 2
Prüfungsbuch: Projekt 2 – CNC-Drehen

Programmblatt Blatt **5** von **5**

Vor- und Familienname:

Beruf: **Zerspanungsmechaniker/-in**

Prüflingsnummer:
Datum:

Ergebnis Prüfungsstück: CNC-Programm

Summe der Zwischenergebnisse

geteilt durch

Ergebnis

Zwischenergebnis

Datum:

Prüfungs-ausschuss:

Projekt 2

M 4000   L1/P2 -ho-rot-151217

7

Lösungsvorschläge für Projekt 2 und 3

Vor- und Familienname:	
Prüflingsnummer:	

Einrichteblatt
Projekt 2 – CNC-Drehen

Zerspanungsmechaniker/-in

Werkstück: Drehteil	Werkstoff: S235JR+C	Programm-Nr.: % 114
Zeichnung: 1(1)	Rohmaße: ⌀ 85 × 122	Datum:

Spannskizze 1

Spannskizze 2

Einspanntiefe 35 mm   Aufmaß 1 mm   Einspanntiefe 35 mm   Aufmaß 1 mm

Nr.	Arbeitsfolge	Werkzeug-Nr.	Bemerkung
1	Prüfen der Rohmaße		
2	Spannen des Werkstücks		Spannskizze 1
3	Festlegen des Werkstück-Nullpunkts		
4	Querplandrehen der Länge 121,1 mm und Vordrehen der Außenkontur	T 1	mit Aufmaß
5	Bohren des ⌀ 22 mm, 43,25 mm tief	T 2	
6	Vordrehen der Innenkontur	T 4	mit Aufmaß
7	Fertigdrehen der Innenkontur	T 6	
8	Fertigdrehen der Außenkontur	T 9	
9	Zentrieren für ⌀ 6H7	T 12	
10	Zentrieren für ⌀ 5H7	T 12	
11	Bohren ⌀ 4,8, 15 mm tief	T 13	
12	Reiben ⌀ 5H7, 10 mm tief	T 14	
13	Bohren ⌀ 5,8 mm, 15 mm tief	T 15	
14	Reiben ⌀ 6H7, 10 mm tief	T 16	
15	Umspannen des Werkstücks auf die Gegenspindel		Spannskizze 2
16	Querplandrehen der Länge 120,1 mm	T 3	
17	Vordrehen der Außenkontur	T 7	mit Aufmaß
18	Fertigdrehen der Länge 120 mm und der Außenkontur	T 10	
19	Quereinstechdrehen der Nut	T 11	
20	Gewindedrehen M40 × 1,5	T 8	
21	Qualitätskontrolle		
22	Ausspannen des Werkstücks		

Bewertung 10 bis 0 Punkte

Ergebnis

Projekt 2

Industrie- und Handelskammer

Abschlussprüfung Teil 2

Zerspanungsmechaniker/-in

Berufs-Nr.

4 0 0 0

Projekt 3: Fräsen

Projekt 3

Schriftliche Prüfung

Lösungsvorschläge für den Prüfungsausschuss

Prüfungsbuch

M 4000 L/P3

PAL – Prüfungsaufgaben- und
Lehrmittelentwicklungsstelle

IHK Region Stuttgart

Lösungsvorschläge für Projekt 2 und 3

1 Lösungsschablonen/-vorschläge für den Prüfungsausschuss

1.1 Lösungsschablone Fertigungstechnik Teil A
1.2 Lösungsschablone Wirtschafts- und Sozialkunde
1.3 Heft Lösungsvorschläge mit   rot
    – Auftrags- und Funktionsanalyse Teil A und Teil B
    – Fertigungstechnik Teil B
1.4 Gegebenenfalls Blatt Lösungsvorschläge Wirtschaft- und Sozialkunde   rot

Lösungvarianten sind möglich!
Sinngemäß richtige Lösungen sind voll zu bewerten.

Hinweise zur Bewertung des Programms:

Bei der Bewertung des ergänzten Programms ist der Punkteschlüssel 10 oder 0 Punkte anzuwenden. Dabei sind 10 Punkte zu vergeben, wenn das Wort richtig ergänzt wurde. 0 Punkte sind bei falscher oder fehlender Ergänzung einzutragen. Felder, die mit einer Punktlinie umrahmt sind, dürfen bei falsch berechnetem Zahlenwert bei der Übertragung vom Berechnungsfeld der Zeichnung auf das Programmblatt nicht nochmals als falsch bewertet werden. Jedoch hat der Prüfling diesen errechneten Zahlenwert in das Programmblatt einzutragen.

*Grundsätzlich gehen alle mit einer Punktlinie (• • •) gekennzeichneten Felder im Lösungsblatt **nicht** in die Bewertung ein.*

Die vom Prüfling selbst geschriebenen Programmteile sind vom Prüfungsausschuss auf Vollständigkeit und Richtigkeit zu prüfen.

Für jedes richtige Wort sind 10 Punkte zu vergeben. Jedes falsche oder fehlende Wort, außer Felder mit Punktlinie, ist mit 0 Punkten zu bewerten. Für fehlende Adressbuchstaben darf kein Punktabzug erfolgen. Umfasst die fachlich und technisch richtige Lösung des geschriebenen Programmteils mehr Sätze als der Lösungsvorschlag, dann muss der Divisor auf dem ersten Programmblatt entsprechend geändert werden.

Dieser Prüfungsaufgabensatz wurde von einem überregionalen nach § 40 Abs. 2 BBiG zusammengesetzten Ausschuss beschlossen. Er wurde für die Prüfungsabwicklung und -abnahme im Rahmen der Ausbildungsprüfungen entwickelt. Weder der Prüfungsaufgabensatz noch darauf basierende Produkte sind für den freien Wirtschaftsverkehr bestimmt.

M 4000 L/P3

% 14   CNC-Ergänzung   Lösungsvorschlag

Satz-Nr. N	Wegbedingung G	X/XA/XI	Y/YA/YI	Z/ZA/ZI	Zusätzliche Befehle mit Adressen	Schaltfunktion M
1	G 54					
2					T 3 TR 0.5 TL 0.1 S 170 F170	M 13
3	G 59		YA -3			
4	G 17				AM 45	
5	G 0	X -83	Y -33	Z 35		
6	G 1			Z 24		
7		X 83				
8				Z 15		
9		X -83				
10				Z 6		
11		X 83				
12	G 22			Z 80	L 14	
13	G 0					
14	G 17					
15	G 50					
16	G 0	X 0	Y -43	Z 2		
17	G 1			Z -5.05		
18			Y 0			
19				Z 2		
20					T 7 TR 0.5 TL 0.1 S 2380 F 760	M 13
21	G 0	X 13	Y -20	Z 2		
22	G 1			Z -5.05		
23	G 41	X 24.749	Y -24.749		R -35	
24	G 3	X -24.749	Y -24.749			
25	G 40	X -13	Y -20			

Je Eintragung 10 oder 0 Punkte

IHK – Abschlussprüfung Teil 2
Prüfungsbuch: Projekt 3 – CNC-Fräsen

Programmblatt   Blatt **1** von **4**

Vor- und Familienname:

Beruf: **Zerspanungsmechaniker/-in**

Prüflingsnummer:
Datum:

Ergebnis Prüfungsstück: CNC-Programm

Summe der Zwischenergebnisse   Zwischenergebnis
geteilt durch   Datum:
Ergebnis   Prüfungsausschuss:

Projekt 3

M 4000   L1/P3 -ho-rot-151217

3

Lösungsvorschläge für Projekt 2 und 3

% 14 — CNC-Ergänzung — Lösungsvorschlag

Satz-Nr. N	Wegbedingung G	X/XA/XI	Y/YA/YI	Z/ZA/ZI	Koordinaten (zusätzl.)	Schaltfunktion M	Je Eintragung 10 oder 0 Punkte
26	G0	X-39	Y47	Z2			
27	G1			Z-9.4			
28		X-23	Y31				
29		X-31	Y23				
30		X-47	Y39				
31	G0	X-58	Y25				
32	G41 G45	X-48.703	Y11.314		D7		
33	G1	X-39.598			RN9		
34		X-29.698	Y1.414		RN9		
35		X-1.414	Y29.698		RN9		
36		X-11.314	Y39.598		RN9		
37			Y48.703		D7		
38	G40 G46						
39	G0	X-8	Y62	Z2			
40	G1			Z-3	D7		
41	G41 G45	X-9.314	Y49.125		R10 RN6.5		
42	G3	X1.875	Y51.025		R24 RN6.5		
43	G3	X35.561	Y42.38		R24 RN6.5		
44	G3	X50.059	Y10.661		R24		
45	G3	X49.991	Y-1		R10		
46	G40 G46				D7		
47					T9 S3180 F1010	M13	
48	G59		YA-3		AM45		
49	G17						
50	G73			ZA-16.5	R17.19 D5.5 V2 AK0.5 AL0.1 E100		

4

IHK – Abschlussprüfung Teil 2
Prüfungsbuch: Projekt 3 – CNC-Fräsen

Programmblatt Blatt **2** von **4**

Vor- und Familienname:

Beruf: **Zerspanungsmechaniker/-in**

Prüflingsnummer:
Datum:

Ergebnis Prüfungsstück: CNC-Programm

Summe der Zwischenergebnisse
geteilt durch
Ergebnis

Zwischenergebnis

Datum:
Prüfungsausschuss:

M 4000   L1/P3 -ho-rot-151217

% 14 CNC-Ergänzung Lösungsvorschlag

Satz-Nr. N	Wegbedingung G	X/XA/XI	Y/YA/YI	Z/ZA/ZI	Zusätzliche Befehle mit Adressen							Schaltfunktion M
51	G 79	X 0	Y -29.5	Z 0.1								M 13
52					T 10	S 3180	F 630					
53	G 73			ZA -16.5	R 17.19	D 5.5	V 2	AK 0.5	AL 0.1	E 100	H 4	M 13
54	G 23				N 51	N 51						
55					T 2	TR 4	S 4450	F 530				
56	G 0	X 8	Y -29.5	Z 2								
57	G 1			Z -4								
58	G 41 G 47	X 19	Y -29.5		R 5							
59	G 3	X 19	Y -29.5		I -19	J 0						M 13
60	G 40 G 48				R 5							
61					T 12	S 2240	F 220					
62	G 88			ZA -13	DN 36	D -1.5	Q 10	V 2	BG 3			
63	G 23				N 51	N 51						
64					T 4	S 170	F 130					M 13
65	G 0	X 0	Y -97	Z 8								
66	G 1			Z 6								
67			Y -70									
68	G 22				L 14							
69	G 23				N 13	N 18						
70					T 8	S 2380	F 470					M 13
71	G 23				N 21	N 46						
72					T 1	S 790	F 120					M 13
73	G 81			ZA -4.5	V 2							
74	G 77			Z 0	R 42.5	AN 10	AI 40	O 3	IA 0	JA 0		M 13
75					T 15	S 1400	F 140					M 13

Je Eintragung 10 oder 0 Punkte

IHK – Abschlussprüfung Teil 2
Prüfungsbuch: Projekt 3 – CNC-Fräsen

Programmblatt   Blatt **3** von **4**

Vor- und Familienname:

Beruf: **Zerspanungsmechaniker/-in**

Prüfungsnummer:

Datum:

Ergebnis Prüfungsstück: CNC-Programm

Summe der Zwischenergebnisse

geteilt durch

Ergebnis

Zwischenergebnis

Datum:

Prüfungsausschuss:

Projekt 3

M 4000   L1/P3 -ho-rot-151217

5

145

Lösungsvorschläge für Projekt 2 und 3

% 14 L 14 CNC-Ergänzung Lösungsvorschlag

Programmblatt

IHK – Abschlussprüfung Teil 2
Prüfungsbuch: Projekt 3 – CNC-Fräsen
Blatt **4** von **4**

Beruf: **Zerspanungsmechaniker/-in**

Satz-Nr. N	Wegbedingung G	X/XA/XI	Y/YA/YI	Z/ZA/ZI	Zusätzliche Befehle mit Adressen			Schaltfunktion M	Je Eintragung 10 oder 0 Punkte
76	G 82			ZA -19.6	D 3	V 2			
77	G 23				N 74	N 74			
78					T 16	S 390		M 8	
79	G 84			ZA -16.25	F 1.25	V 2		M 3	
80	G 23				N 74	N 74			
81					T 0			M 30	
	L 14								
1	G 0	X -51	Y -90	Z 8					
2	G 1			Z 0					
3	G 41 G 1	X -17	Y -65						
4			Y -51						
5		X 17							
6			Y -65						
7	G 40 G 1	X 51	Y -90					M 17	
8									

6

Vor- und Familienname:

Prüfungsnummer:

Datum:

Ergebnis Prüfungsstück: CNC-Programm

Summe der Zwischenergebnisse

geteilt durch

Ergebnis

Zwischenergebnis

Datum:

Prüfungs-ausschuss:

M 4000   L1/P3 -ho-rot-151217

IHK

Abschlussprüfung Teil 2 – Prüfungsbuch

Vor- und Familienname:

Prüflingsnummer:

Einrichteblatt
Projekt 3 – CNC-Fräsen
Lösungsvorschlag

Zerspanungsmechaniker/-in

Werkstück: Frästeil	Werkstoff: 11SMn30+C	Programm-Nr.: % 14
Zeichnung: 1(1)	Rohmaße: ⌀ 100 × 80	Datum:

Spannskizze

Das Teil ist auf der
Senkrechtfräsmaschine
im Gleichlauf zu fräsen.

Nr.	Arbeitsfolge	Werkzeug-Nr.	Bemerkung
1	Prüfen der Rohmaße		
2	Spannen des Werkstücks		
3	Festlegen des Werkstück-Nullpunkts		
4	Vorfräsen der Schräge 45°	T 3	
5	Vorfräsen des Absatzes an der Schräge 6 mm tief	T 3	L 14
6	Vorfräsen der Mitte für Kreisbogenkontur 5 mm tief	T 3	
7	Vorfräsen des Durchmessers für Kreisbogenkontur 5 mm tief	T 7	
8	Vorfräsen der Aussparung 9,5 mm tief	T 7	
9	Vorfräsen der Außenkontur 3 mm tief	T 7	
10	Vorfräsen des Kernlochdurchmessers für Gewinde M36 × 1,5	T 9	
11	Fertigfräsen des Kernlochdurchmessers für Gewinde M36 × 1,5	T 10	
12	Fräsen der Fase für Gewinde M36 × 1,5	T 2	
13	Gewindefräsen M36 × 1,5	T 12	
14	Fertigfräsen des Absatzes an der Schräge 6 mm tief	T 4	L 14
15	Fertigfräsen der Mitte für Kreisbogenkontur 5 mm tief	T 4	
16	Fertigfräsen des Durchmessers für Kreisbogenkontur 5 mm tief	T 8	
17	Fertigfräsen der Aussparung 9,5 mm tief	T 8	
18	Fertigfräsen der Außenkontur 3 mm tief	T 8	
19	Zentrieren und Senken für Gewinde M8	T 1	
20	Bohren ⌀ 6,8 mm für Gewinde M8	T 15	
21	Gewindebohren M8	T 16	
22	Qualitätskontrolle		
23	Ausspannen des Werkstücks		
24	Entgraten des Werkstücks		

Projekt 3

Bewertung 10 bis 0 Punkte

Ergebnis

M 4000   L1/P3 -ho-rot-151217

7

Musteraufgabensatz
Lösungsschablone
Lösungsvorschläge
Markierungsbogen
Hinweise für die Kammer, Richtlinien für den Prüfungsausschuss

Projekt 1

Abschlussprüfung Teil 2

Zerspanungsmechaniker/-in

Berufs-Nr.

4 0 0 0

Projekt 1

Schriftliche Prüfung

Hinweise für den Prüfling

Musterprüfung

M 4000 K/P1

PAL – Prüfungsaufgaben- und
Lehrmittelentwicklungsstelle

IHK Region Stuttgart

Prüfungsaufgabensatz

Der Prüfungsaufgabensatz für die Auftrags- und Funktionsanalyse und die Fertigungstechnik (Projekt 1) besteht aus folgenden Unterlagen:

Gesamtzeichnung Blatt 1(2)	weiß
Einzelteilzeichnungen Blatt 2(2)	weiß
Auftrags- und Funktionsanalyse Teil A	weiß
Auftrags- und Funktionsanalyse Teil B	weiß
Markierungsbogen (Auftrags- und Funktionsanalyse)	grau-weiß
Fertigungstechnik Teil A	grün
Fertigungstechnik Teil B	grün
Markierungsbogen (Fertigungstechnik)	grün

Bitte beachten!

Am Ende der Vorgabezeit von 105 min müssen Sie alle Dokumente der Prüfungsaufsicht übergeben.

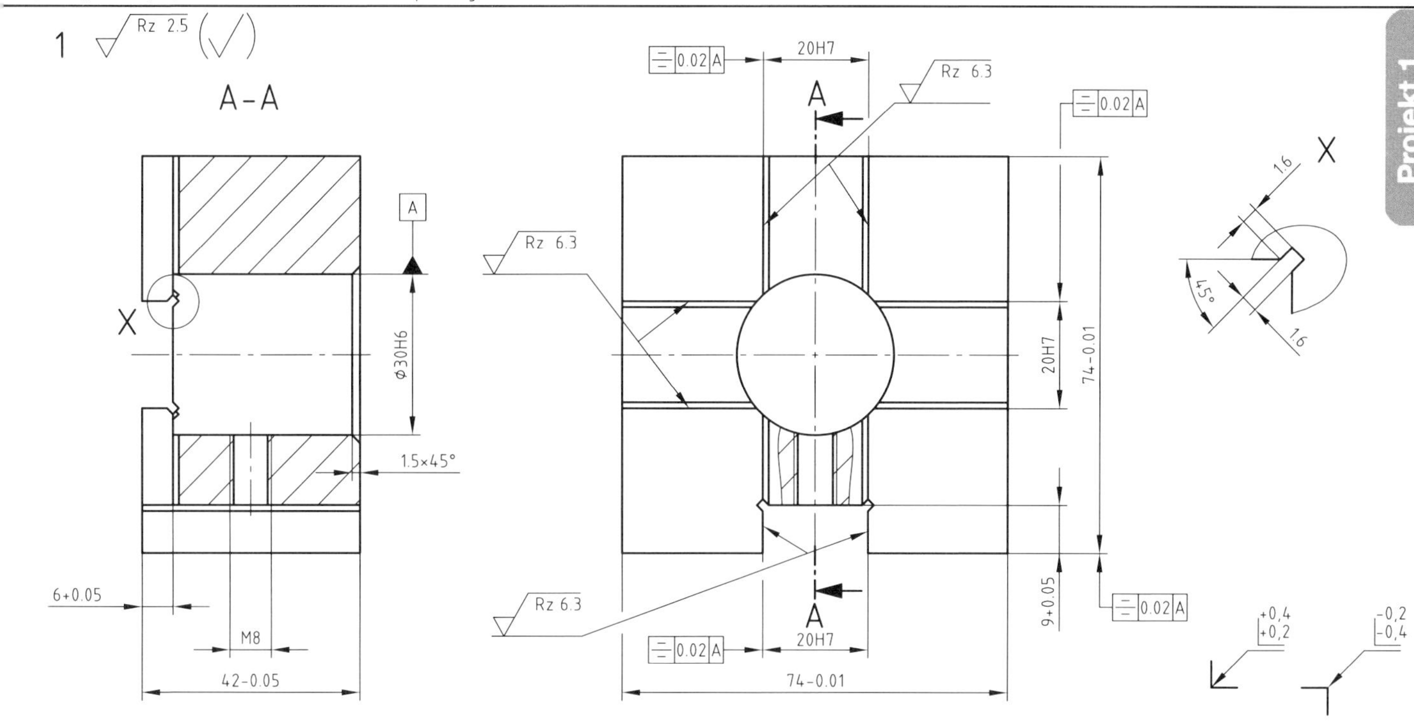

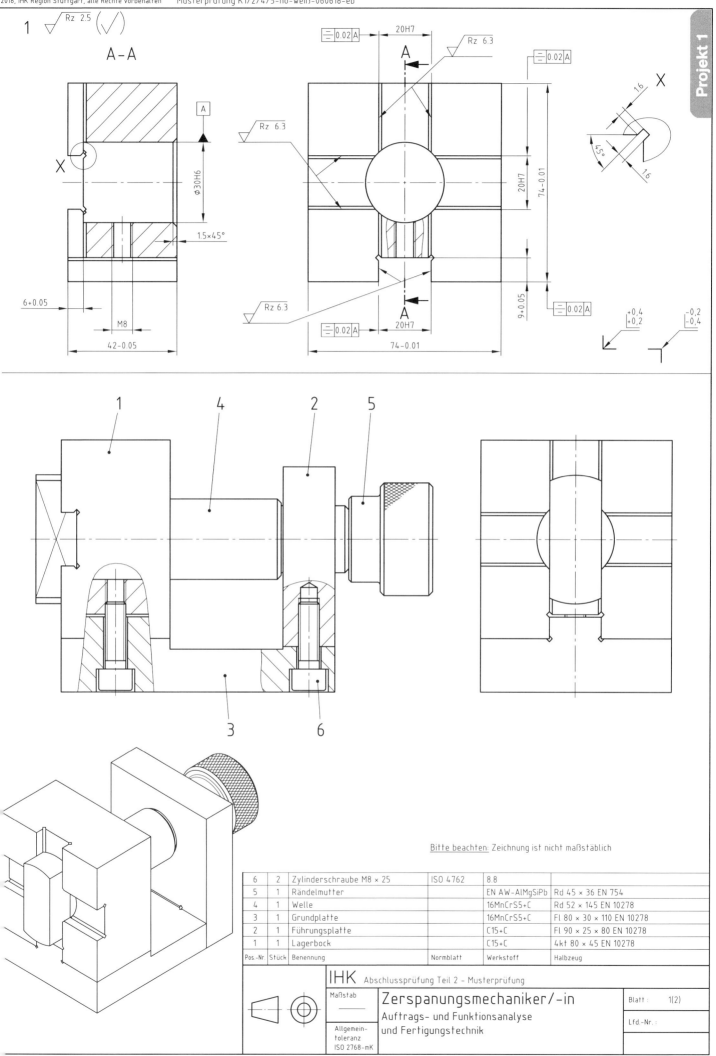

1
Rz 2.5
A–A
A
X
⌀30H6
1.5×45°
6+0.05
M8
42-0.05
0.02 A
20H7
Rz 6.3
Rz 6.3
Rz 6.3
A
A
20H7
74-0.01
9+0.05
0.02 A
0.02 A
20H7
74-0.01
X
1.6
45°
1.6
+0,4
+0,2
-0,2
-0,4

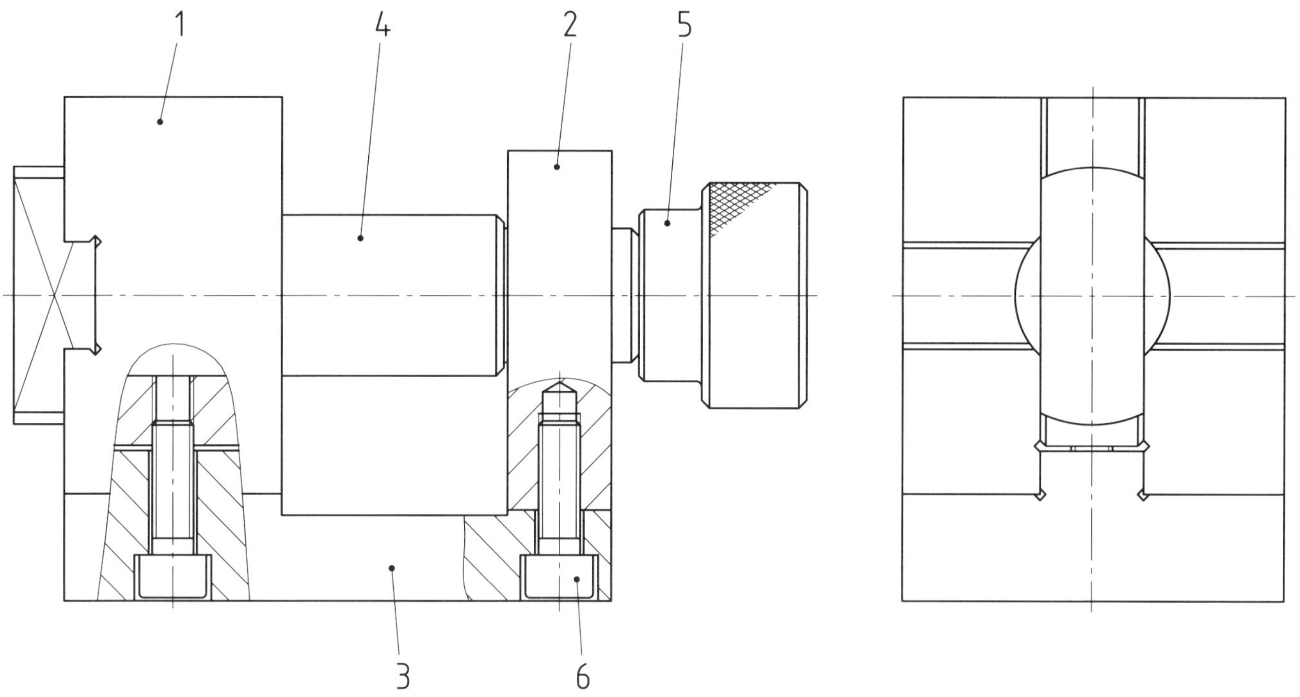

1
4
2
5
3
6

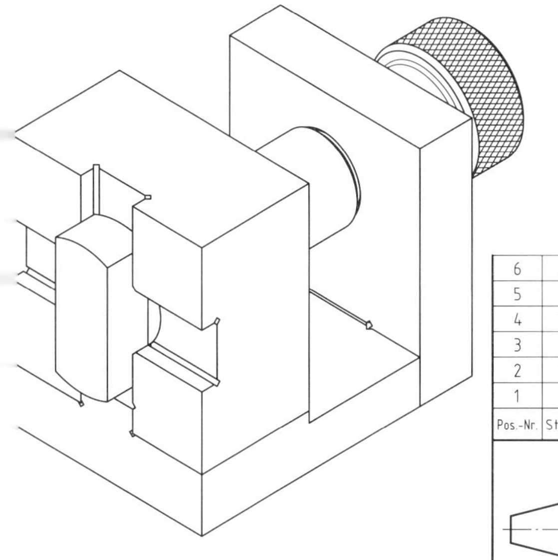

Bitte beachten: Zeichnung ist nicht maßstäblich

Pos.-Nr.	Stück	Benennung	Normblatt	Werkstoff	Halbzeug
6	2	Zylinderschraube M8 × 25	ISO 4762	8.8	
5	1	Rändelmutter		EN AW-AlMgSiPb	Rd 45 × 36 EN 754
4	1	Welle		16MnCrS5+C	Rd 52 × 145 EN 10278
3	1	Grundplatte		16MnCrS5+C	Fl 80 × 30 × 110 EN 10278
2	1	Führungsplatte		C15+C	Fl 90 × 25 × 80 EN 10278
1	1	Lagerbock		C15+C	4kt 80 × 45 EN 10278

IHK Abschlussprüfung Teil 2 – Musterprüfung

Maßstab

Zerspanungsmechaniker/-in

Auftrags- und Funktionsanalyse und Fertigungstechnik

Blatt: 1(2)

Lfd.-Nr.:

Allgemeintoleranz ISO 2768-mK

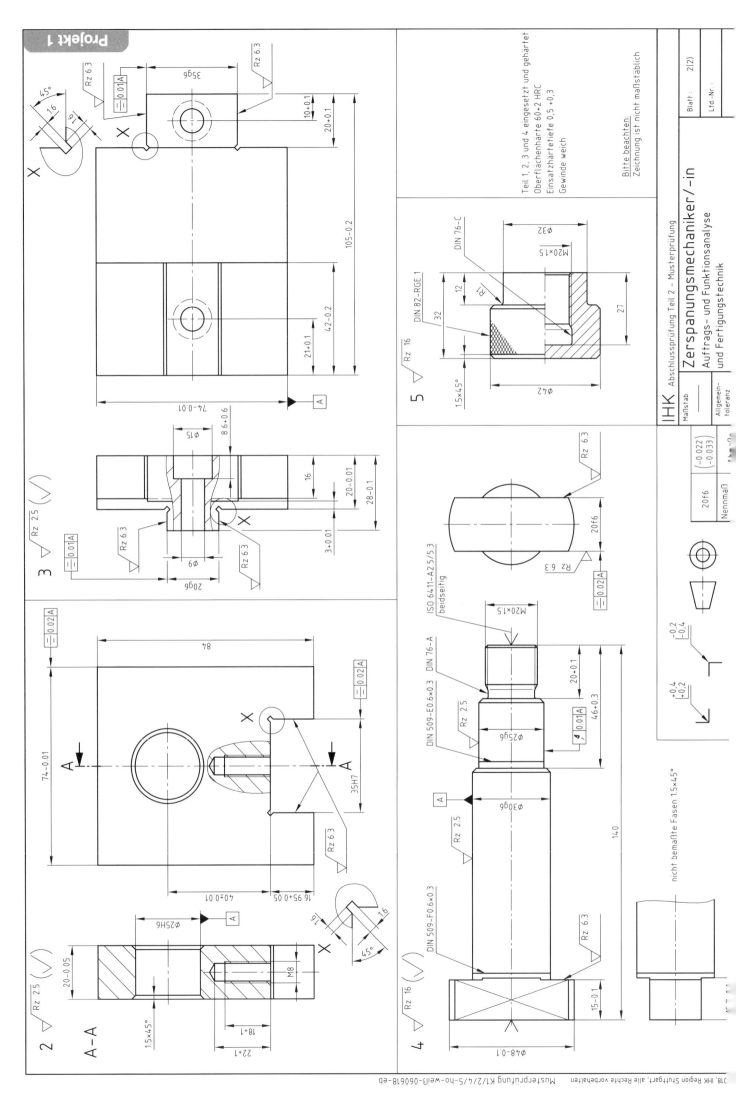

Projekt 1

Teil 1, 2, 3 und 4 eingesetzt und gehärtet
Oberflächenhärte 60±2 HRC
Einsatzhärtetiefe 0,5 +0,3
Gewinde weich

Bitte beachten:
Zeichnung ist nicht maßstäblich

IHK   Abschlussprüfung Teil 2 – Musterprüfung

Zerspanungsmechaniker/ -in
Auftrags- und Funktionsanalyse
und Fertigungstechnik

Blatt : 2(2)

Lfd.-Nr. :

Projekt 1

Abschlussprüfung Teil 2

Zerspanungsmechaniker/-in

Berufs-Nr.

4 0 0 0

Projekt 1

Schriftliche Prüfung

Auftrags- und Funktionsanalyse
Teil A

Musterprüfung

M 4000 K1/P1

PAL - Prüfungsaufgaben- und
Lehrmittelentwicklungsstelle

IHK Region Stuttgart

Sehr geehrter Prüfling,

bevor Sie mit der Bearbeitung der Aufgaben beginnen, lesen Sie bitte **sorgfältig** die folgenden Hinweise.

1 Allgemeines

Der Aufgabensatz für den Prüfungsbereich **Auftrags- und Funktionsanalyse** besteht aus:

- Teil A mit 14 gebundenen Aufgaben (also mit vorgegebenen Auswahlantworten)
- Teil B mit 4 ungebundenen Aufgaben (die Sie mit Ihren eigenen Worten in möglichst kurzen Sätzen beantworten müssen)
- Anlage(n): 2 Blatt im Format A4 für Teil A und Teil B
- Markierungsbogen (grau-weiß)

Für die Ermittlung Ihrer Prüfungsleistungen werden der grau-weiße Markierungsbogen von Teil A, das Aufgabenheft Teil B und gegebenenfalls die Anlage(n) zugrunde gelegt.

Am Ende der Vorgabezeit von 105 min müssen Sie den Aufgabensatz der Prüfungsaufsicht übergeben.

Bei zeichnerischen Darstellungen gilt die Projektionsmethode 1 (⊏⊐ ⊕).

2 Hinweise für Teil A (dieses Heft)

Tragen Sie bitte vor Beginn der Bearbeitung der Aufgaben in den Kopf des **grau-weißen Markierungsbogens** und gegebenenfalls auf der/den **Anlage(n)** die dort geforderten Angaben ein:

- Prüfungsart und Prüfungstermin
- Die Nummer Ihrer Industrie- und Handelskammer, falls bekannt
- Die Ihnen mit der Einladung zur Prüfung mitgeteilte Prüflingsnummer
- Die auf der Titelseite dieses Aufgabenhefts aufgedruckte Berufsnummer
- Ihren Vor- und Familiennamen und den Ausbildungsbetrieb
- Ihren Ausbildungsberuf
- Prüfungsfach/-bereich „Auftrags- und Funktionsanalyse"
- Projekt-Nr. „01"

Sind diese Angaben bereits eingedruckt, prüfen Sie diese auf Richtigkeit.

Prüfen Sie danach, ob dieses Heft 14 Aufgaben und 2 Anlage(n) enthält. Informieren Sie bei Unstimmigkeiten **sofort** die Prüfungsaufsicht. **Reklamationen nach dem Schluss der Prüfung werden nicht anerkannt.**

Bei den Aufgaben in diesem Heft ist jeweils nur **eine** der 5 Auswahlantworten **richtig**. Sie dürfen deshalb nur **eine** ankreuzen. Kreuzen Sie mehr als eine oder keine Auswahlantwort an, gilt die Aufgabe als **nicht gelöst**.

Lesen Sie die Aufgabenstellung und die Auswahlantworten sorgfältig durch. Kreuzen Sie erst dann im Markierungsbogen die Ihrer Meinung nach richtige Auswahlantwort an (siehe Abb. 1, Aufgabe 1). Verwenden Sie hierfür unbedingt einen Kugelschreiber, damit Ihre Kreuze auch auf dem Durchschlag eindeutig erkennbar sind.

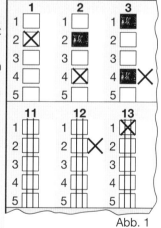

Abb. 1

Sollten Sie ein Kreuz in ein falsches Feld gesetzt haben, machen Sie dieses unkenntlich und setzen Sie ein neues Kreuz an die richtige Stelle (siehe Abb. 1, Aufgabe 2).

Sollten Sie ein bereits unkenntlich gemachtes Feld verwenden wollen, setzen Sie Ihr Kreuz rechts neben das Feld in die weiße Spalte (siehe Abb. 1, Aufgabe 3).

Von den 14 Aufgaben müssen Sie nur 11 bearbeiten. Entscheiden Sie, welche 3 Aufgaben Sie nicht lösen wollen, und streichen Sie diese im Markierungsbogen durch (siehe Abb. 1, Aufgabe 11).
Wenn Sie keine Aufgaben durchstreichen, werden die letzten 3 abwählbaren Aufgaben nicht gewertet. Nicht bearbeitete Aufgaben gelten als nicht gelöst.

Sollten Sie eine bereits abgewählte Aufgabe doch lösen wollen, setzen Sie Ihr Kreuz rechts neben das Feld in die weiße Spalte (siehe Abb. 1, Aufgabe 12).

Möchten Sie eine Aufgabe abwählen, die Sie bereits angekreuzt haben, streichen Sie diese durch (siehe Abb. 1, Aufgabe 13).

4 der 14 Aufgaben dürfen Sie nicht abwählen. Diese Aufgaben sind wie im nebenstehenden Beispiel kenntlich gemacht.

5 **nicht abwählbar!**

Ihre Industrie- und Handelskammer wünscht Ihnen viel Erfolg!

Muster eines Markierungsbogens

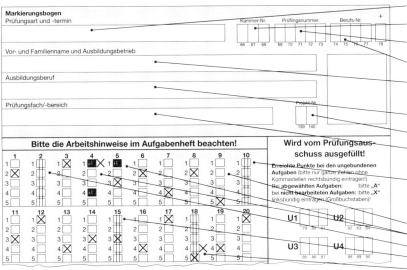

Tragen Sie bitte ein:

Prüfungsart und -termin

Die Nummer Ihrer IHK, falls bekannt

Ihre Prüflingsnummer

Ihre Berufsnummer

Ihren Vor- und Familiennamen sowie Ihren Ausbildungsbetrieb

Ihren Ausbildungsberuf

Hier „01"

Hier „Auftrags- und Funktionsanalyse"

Streichen Sie von den abgewählten Aufgaben die Markierungsfelder durch

Bearbeitungsbeispiele für korrekte Einträge:
– bearbeitete Aufgabe
– bearbeitete Aufgabe mit geänderter Lösung
– abgewählte Aufgabe
– bearbeitete Aufgabe, die abgewählt wird
– abgewählte Aufgabe, die doch gelöst wird

Projekt 1

Folgende Fragen beziehen sich auf das Projekt.

1

Die Führungsplatte (Pos.-Nr. 2) wird ersatzweise aus dem Werkstoff C15E hergestellt. Welche Werkstoffbezeichnung ist normgerecht?

(1) Stahl für den Maschinenbau mit einer Mindestzugfestigkeit R_m = 150 N/mm^2, gezogen

(2) Einsatzstahl mit einem Kohlenstoffgehalt von 1,5 %

(3) Einsatzstahl mit einem Kohlenstoffgehalt von 0,15 % und vorgeschriebenem maximalen Schwefelgehalt

(4) Automatenstahl mit 1,5 % Schwefel und geringem Kohlenstoffgehalt

(5) Baustahl mit einer Zähigkeit von 150 N/mm^2, gezogen

2

Die Drehzahl n_1 = 1 440 min^{-1} des Drehmaschinenmotors wird über ein zweistufiges Getriebe übertragen. Die Enddrehzahl n_4 beträgt 320 min^{-1}. Welches Gesamtübersetzungsverhältnis i_{ges} liegt vor?

(1) $i_{ges} = 2 : 9$

(2) $i_{ges} = 4,5 : 1$

(3) $i_{ges} = 2 : 4,5$

(4) $i_{ges} = 4,5 : 2$

(5) $i_{ges} = 1 : 0,2$

1. Stufe   2. Stufe

Nebenrechnung Aufgabe 2:

3

Der Lagerbock (Pos.-Nr. 1) wird nach dem Einsatzhärten einer Härteprüfung unterzogen. Welchen Eindruckkörper benutzt man bei der Härteprüfung HRC?

1. Diamantpyramide 136°

2. Stahlkugel $\varnothing$ 5 mm

3. Hartmetallkugel $\varnothing$ 1,5 mm

4. Diamantkegel 120°

5. Diamantkegel 136°

4

Bei der Bearbeitung des Lagerbocks (Pos.-Nr. 1) wird ein Planmesserkopf mit HM-Wendeschneidplatten HNGJ eingesetzt. Welche Platte wird verwendet?

1. Rechteckplatte

2. Dreieckplatte

3. Sechskantplatte

4. Fünfeckplatte

5. Achtkantplatte

---

5   nicht abwählbar!

Ermitteln Sie das Geschwindigkeitsverhältnis q für das Außenrundschleifen des $\varnothing$ 25g6 der Welle (Pos.-Nr. 4).
$v_C = 35$ m/sec; $v_W = 20$ m/min

1. $q = 40$

2. $q = 50$

3. $q = 65$

4. $q = 80$

5. $q = 105$

Nebenrechnung Aufgabe 5:

6

Der Motor der eingesetzten Fräsmaschine gibt bei einer Drehzahl von $n = 1440$ min^{-1} eine Leistung von $P = 4,5$ kW ab. Wie groß ist das abgegebene Drehmoment M (in N m)?

1. $M = 1,0$ N m

2. $M = 3,03$ N m

3. $M = 29,8$ N m

4. $M = 30,3$ N m

5. $M = 59,6$ N m

Nebenrechnung Aufgabe 6:

M 4000   K1/P1 -ho-weiß-211117

7

Die Führungsplatte (Pos.-Nr. 2) und die Grundplatte (Pos.-Nr. 3) mit dem Passmaß 35g6 werden gefügt. Welches Höchst- und Mindestspiel ergibt sich?

	Höchstspiel	Mindestspiel
1	0,025 mm	0,000 mm
2	0,050 mm	0,009 mm
3	0,025 mm	0,041 mm
4	0,025 mm	0,009 mm
5	0,025 mm	0,025 mm

Projekt 1

Nebenrechnung Aufgabe 7:

8

Der Lagerbock (Pos.-Nr. 1) und die Führungsplatte (Pos.-Nr. 2) sollen ersatzweise aus dem Werkstoff C15E gefertigt werden. Für die Bestellung der Stahlsorte ist die Werkstoffnummer erforderlich. Welche Werkstoffnummer ist anzugeben?

1. EN 10027-2
2. 1.0401
3. 1.1140
4. DIN EN 10277-2
5. 1.1141

9 nicht abwählbar!

Für die Fertigung des Gewindes M20 × 1,5 an der Welle (Pos.-Nr. 4) stehen eine Teil- und eine Vollprofilplatte zur Verfügung. Welchen Vorteil hat eine Vollprofilplatte?

1. Mit Vollprofilplatten können alle Gewinde gedreht werden.
2. Vollprofilplatten sichern korrekte Tiefen und exakte Kopf- und Fußradien.
3. Vollprofilplatten lassen sich für einen ganzen Steigungsbereich verwenden, vorausgesetzt der Profilwinkel ist gleich.
4. Durch Vollprofilplatten kann ein Gewinde in weniger Durchgängen gefertigt werden.
5. Vollprofilplatten ermöglichen einen geringeren Lagerbestand an Wendeschneidplatten.

10 nicht abwählbar!

Der Hauptantrieb der eingesetzten Fräsmaschine hat einen Drehstrommotor mit folgenden Kenndaten:
Wirkleistung P = 10 kW
Leistungsfaktor cos φ = 0,85
Leiterspannung U = 400 V
Welche Stromstärke I (in A) nimmt er pro Leiter auf?

1. I = 8,5 A
2. I = 10,0 A
3. I = 16,0 A
4. I = 17,0 A
5. I = 29,4 A

Nebenrechnung Aufgabe 10:

11 nicht abwählbar!

Die Welle (Pos.-Nr. 4) erhält einen Freistich nach DIN 509-F0,6 × 0,3. Welche Aussage ist richtig?

① Die Norm DIN 509 gilt nur für Wellen.

② Der Radius des Freistichs DIN 509-F0,6 × 0,3 entspricht der Reihe 1.

③ Der Freistich DIN 509-F0,6 × 0,3 muss für die Reihe 1 umgerechnet werden.

④ Der Freistich gilt für kleine Übergänge mit geringen Beanspruchungen.

⑤ Der Freistich wird für die weitere Bearbeitung von Zylinder- und Planflächen verwendet.

12

Die Rändelmutter (Pos.-Nr. 5) erhält nach Zeichnung einen Gewindefreistich DIN 76-C. Für die Fertigung wird die Gewindefreistichbreite g_2 (in mm) benötigt. Welche Größe ist richtig?

① $g_2 = $ 5,6 mm

② $g_2 = $ 7,8 mm

③ $g_2 = $ 8,7 mm

④ $g_2 = $ 9,3 mm

⑤ $g_2 = $ 13,0 mm

13

Mit welchem der genannten Werkzeuge fertigen Sie die Einsenkung ⌀ 15 an der Grundplatte (Pos.-Nr. 3)?

① Kegelsenker

② Zylindersenker

③ Flachsenker

④ Planansenker

⑤ Schraubensenker

14

Welche Hubzahl n_H (in min⁻¹) muss die Flachschleifmaschine erreichen, wenn zum Schleifen der Höhe 42–0,05 sechs Lagerböcke (Pos.-Nr. 1) hintereinander auf der Magnetspannplatte angeordnet werden und eine Werkstückgeschwindigkeit v_W = 20 m/min erreicht werden soll?
$l_a = 0,04 \cdot l$

① $n_H = $ 2 min⁻¹

② $n_H = $ 8 min⁻¹

③ $n_H = $ 43 min⁻¹

④ $n_H = $ 62 min⁻¹

⑤ $n_H = $ 310 min⁻¹

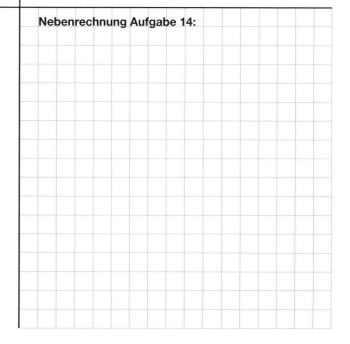

Nebenrechnung Aufgabe 14:

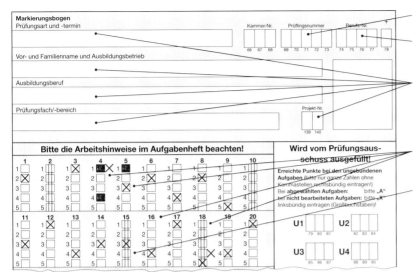

Projekt 1

Industrie- und Handelskammer

Projekt 1

Abschlussprüfung Teil 2

Zerspanungsmechaniker/-in

Berufs-Nr.

4000

Projekt 1

Schriftliche Prüfung

Auftrags- und Funktionsanalyse
Teil B

Musterprüfung

M 4000 K2/P1

PAL - Prüfungsaufgaben- und
Lehrmittelentwicklungsstelle

IHK Region Stuttgart

Vorgabezeit:	Insgesamt (für das gesamte Projekt 1) 105 min für die Teile A und B
Hilfsmittel:	Formelsammlungen, Tabellenbücher, Zeichenwerkzeuge und nicht programmierter, netzunabhängiger Taschenrechner ohne Kommunikationsmöglichkeit mit Dritten

Sehr geehrter Prüfling,

bevor Sie mit der Bearbeitung der Aufgaben beginnen, lesen Sie bitte **sorgfältig** die folgenden Hinweise.

1 Allgemeines

Der Aufgabensatz für den Prüfungsbereich **Auftrags- und Funktionsanalyse** besteht aus:

- Teil A mit 14 gebundenen Aufgaben (also mit vorgegebenen Auswahlantworten)
- Teil B mit 4 ungebundenen Aufgaben (die Sie mit Ihren eigenen Worten in möglichst kurzen Sätzen beantworten müssen)
- Anlage(n): 2 Blatt im Format A4 für Teil A und Teil B
- Markierungsbogen (grau-weiß)

Für die Ermittlung Ihrer Prüfungsleistungen werden der grau-weiße Markierungsbogen von Teil A, das Aufgabenheft Teil B und gegebenenfalls die Anlage(n) zugrunde gelegt.

Am Ende der Vorgabezeit von 105 min müssen Sie den Aufgabensatz der Prüfungsaufsicht übergeben.

Bei zeichnerischen Darstellungen gilt die Projektionsmethode 1 (⊡ ⊕).

2 Hinweise für Teil B (dieses Heft)

Tragen Sie bitte vor Beginn der Bearbeitung der Aufgaben auf der Titelseite **dieses Hefts** und gegebenenfalls auf der/den **Anlage(n)** die dort geforderten Angaben ein:

- Die Ihnen mit der Einladung zur Prüfung mitgeteilte Prüflingsnummer
- Ihren Vor- und Familiennamen

Prüfen Sie danach, ob dieses Heft 4 Aufgaben und 2 Anlage(n) enthält. Informieren Sie bei Unstimmigkeiten **sofort** die Prüfungsaufsicht. **Reklamationen nach dem Schluss der Prüfung werden nicht anerkannt.**

Bearbeiten Sie die Aufgaben, wo möglich, mit kurzen Sätzen.

Bei mathematischen Aufgaben ist der vollständige Rechengang (Formel, Ansatz, Ergebnis, Einheit) in dem dafür vorgesehenen Feld auszuführen.

Geben Sie in dem unten vorgedruckten Feld an, welche Tabellenbücher Sie verwendet haben.

> Bei der Bearbeitung der Aufgaben wurden folgende Tabellenbücher verwendet:

Ihre Industrie- und Handelskammer wünscht Ihnen viel Erfolg!

Prüfungsaufgaben-Beschreibung

Folgende vier Aufgaben beziehen sich auf das Projekt.

U1

Beim Schleifen sind Schutz- und Sicherheitsmaßnahmen zu beachten.
Nennen Sie drei Maßnahmen.

Bewer-
tung
(10 bis 0
Punkte)

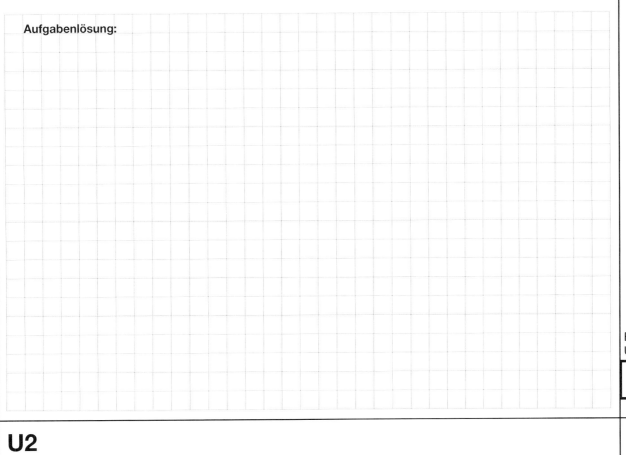

Aufgabenlösung:

Ergebnis
U1

Punkte

U2

Geben Sie die Werkstoffbezeichnung, die Werkstoffzusammensetzung und die Zerspanbarkeit für die Rändelmutter
(Pos.-Nr. 5) an.

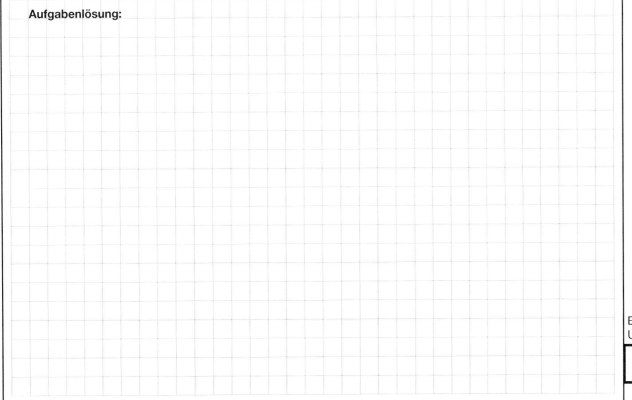

Aufgabenlösung:

Ergebnis
U2

Punkte

U3

Die vorgefertigte Bohrung 30H6 im Lagerbock (Pos.-Nr. 1) soll durch Innenrundschleifen gefertigt werden.

Schleifscheibendurchmesser $d_S = 23$ mm
Schnittgeschwindigkeit $v_C = 25$ m/s
Vorschubgeschwindigkeit $v_f = v_W = 21$ m/min

Berechnen Sie die Drehzahl des Werkstücks n_W (in min^{-1}) und die Drehzahl der Schleifscheibe n_S (in min^{-1}).

Aufgabenlösung:

Ergebnis
U3

Punkte

U4

Die Bauteile (Pos.-Nrn. 2 und 4) sollen mit der Auflage „Gewinde weich" einsatzgehärtet werden.
Begründen Sie, warum bei gehärteten Werkstücken die Gewinde nicht gehärtet werden sollen.

Aufgabenlösung:

Ergebnis
U4

Punkte

Wird vom Prüfungsausschuss ausgefüllt.

Erreichte Punkte bei den
ungebundenen Aufgaben

max. 40
Punkte

Die Ergebnisse **U1** bis **U4** bitte in die
dafür vorgesehenen Felder des **grau-
weißen** Markierungsbogens eintragen!

_____
Datum

_____
Prüfungsausschuss

Projekt 1

Abschlussprüfung Teil 2

Zerspanungsmechaniker/-in

Berufs-Nr.

| 4 | 0 | 0 | 0 |

Projekt 1

Schriftliche Prüfung

Fertigungstechnik
Teil A

Musterprüfung

M 4000 K4/P1

PAL - Prüfungsaufgaben- und
Lehrmittelentwicklungsstelle

IHK Region Stuttgart

Vorgabezeit:	Insgesamt (für das gesamte Projekt 1) 105 min für die Teile A und B
Hilfsmittel:	Formelsammlungen, Tabellenbücher, Zeichenwerkzeuge und nicht programmierter, netzunabhängiger Taschenrechner ohne Kommunikationsmöglichkeit mit Dritten

Sehr geehrter Prüfling,

bevor Sie mit der Bearbeitung der Aufgaben beginnen, lesen Sie bitte **sorgfältig** die folgenden Hinweise.

1 Allgemeines

Der Aufgabensatz für den Prüfungsbereich **Fertigungstechnik** besteht aus:

- Teil A mit 14 gebundenen Aufgaben (also mit vorgegebenen Auswahlantworten)
- Teil B mit 4 ungebundenen Aufgaben (die Sie mit Ihren eigenen Worten in möglichst kurzen Sätzen beantworten müssen)
- Anlage(n): 2 Blatt im Format A4 für Teil A und Teil B
- Markierungsbogen (grün)

Für die Ermittlung Ihrer Prüfungsleistungen werden der grüne Markierungsbogen von Teil A, das Aufgabenheft Teil B und gegebenenfalls die Anlage(n) zugrunde gelegt.

Am Ende der Vorgabezeit von 105 min müssen Sie den Aufgabensatz der Prüfungsaufsicht übergeben.

Bei zeichnerischen Darstellungen gilt die Projektionsmethode 1 (⊡⊕).

2 Hinweise für Teil A (dieses Heft)

Tragen Sie bitte vor Beginn der Bearbeitung der Aufgaben in den Kopf des **grünen Markierungsbogens** und gegebenenfalls auf der/den **Anlage(n)** die dort geforderten Angaben ein:

- Prüfungsart und Prüfungstermin
- Die Nummer Ihrer Industrie- und Handelskammer, falls bekannt
- Die Ihnen mit der Einladung zur Prüfung mitgeteilte Prüflingsnummer
- Die auf der Titelseite dieses Aufgabenhefts aufgedruckte Berufsnummer
- Ihren Vor- und Familiennamen und den Ausbildungsbetrieb
- Ihren Ausbildungsberuf
- Prüfungsfach/-bereich „Fertigungstechnik"
- Projekt-Nr. „01"

Sind diese Angaben bereits eingedruckt, prüfen Sie diese auf Richtigkeit.

Prüfen Sie danach, ob dieses Heft 14 Aufgaben und 2 Anlage(n) enthält. Informieren Sie bei Unstimmigkeiten **sofort** die Prüfungsaufsicht. **Reklamationen nach dem Schluss der Prüfung werden nicht anerkannt.**

Bei den Aufgaben in diesem Heft ist jeweils nur **eine** der 5 Auswahlantworten **richtig**. Sie dürfen deshalb nur **eine** ankreuzen. Kreuzen Sie mehr als eine oder keine Auswahlantwort an, gilt die Aufgabe als **nicht gelöst.**

Lesen Sie die Aufgabenstellung und die Auswahlantworten sorgfältig durch. Kreuzen Sie erst dann im Markierungsbogen die Ihrer Meinung nach richtige Auswahlantwort an (siehe Abb. 1, Aufgabe 1). Verwenden Sie hierfür unbedingt einen Kugelschreiber, damit Ihre Kreuze auch auf dem Durchschlag eindeutig erkennbar sind.

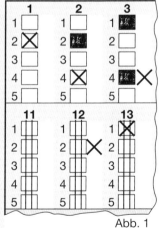

Sollten Sie ein Kreuz in ein falsches Feld gesetzt haben, machen Sie dieses unkenntlich und setzen Sie ein neues Kreuz an die richtige Stelle (siehe Abb. 1, Aufgabe 2).

Sollten Sie ein bereits unkenntlich gemachtes Feld verwenden wollen, setzen Sie Ihr Kreuz rechts neben das Feld in die weiße Spalte (siehe Abb. 1, Aufgabe 3).

Von den 14 Aufgaben müssen Sie nur 11 bearbeiten. Entscheiden Sie, welche 3 Aufgaben Sie nicht lösen wollen, und streichen Sie diese im Markierungsbogen durch (siehe Abb. 1, Aufgabe 11).
Wenn Sie keine Aufgaben durchstreichen, werden die letzten 3 abwählbaren Aufgaben nicht gewertet. Nicht bearbeitete Aufgaben gelten als nicht gelöst.

Sollten Sie eine bereits abgewählte Aufgabe doch lösen wollen, setzen Sie Ihr Kreuz rechts neben das Feld in die weiße Spalte (siehe Abb. 1, Aufgabe 12).

Möchten Sie eine Aufgabe abwählen, die Sie bereits angekreuzt haben, streichen Sie diese durch (siehe Abb. 1, Aufgabe 13).

4 der 14 Aufgaben dürfen Sie nicht abwählen. Diese Aufgaben sind wie im nebenstehenden Beispiel kenntlich gemacht.

Abb. 1

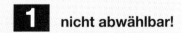 **nicht abwählbar!**

Ihre Industrie- und Handelskammer wünscht Ihnen viel Erfolg!

Muster eines Markierungsbogens

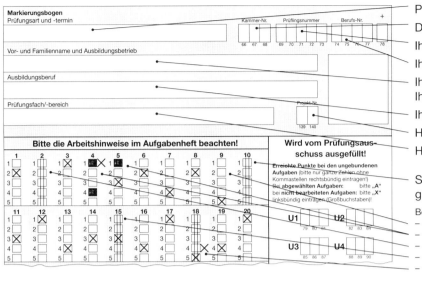

Tragen Sie bitte ein:

Prüfungsart und -termin
Die Nummer Ihrer IHK, falls bekannt
Ihre Prüflingsnummer
Ihre Berufsnummer
Ihren Vor- und Familiennamen sowie
Ihren Ausbildungsbetrieb
Ihren Ausbildungsberuf
Hier „01"
Hier „Fertigungstechnik"

Streichen Sie von den abgewählten Aufgaben die Markierungsfelder durch

Bearbeitungsbeispiele für korrekte Einträge:
– bearbeitete Aufgabe
– bearbeitete Aufgabe mit geänderter Lösung
– abgewählte Aufgabe
– bearbeitete Aufgabe, die abgewählt wird
– abgewählte Aufgabe, die doch gelöst wird

Folgende Fragen beziehen sich auf das Projekt.

---

1 nicht abwählbar!

Der Durchmesser 30g6 der Welle (Pos.-Nr. 4) soll vorge-
dreht werden. Die technologischen Daten sind:
Schnittgeschwindigkeit v_C = 220 m/min;
Vorschub f = 0,3 mm; Schnitttiefe a_p = 3 mm.
Berechnen Sie das Zeitspanungsvolumen Q.

$Q = A \cdot v_\text{c}$

1. $Q = 1{,}98 \ \text{dm}^3/\text{min}$

2. $Q = 19{,}8 \ \text{cm}^3/\text{min}$

3. $Q = 19{,}8 \ \text{dm}^3/\text{min}$

4. $Q = 198 \ \text{dm}^3/\text{min}$

5. $Q = 198 \ \text{cm}^3/\text{min}$

Nebenrechnung Aufgabe 1:

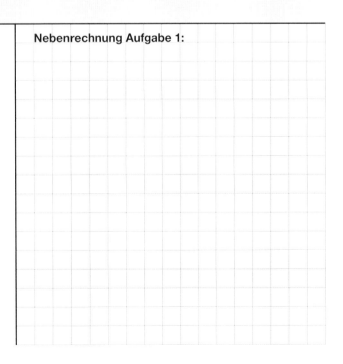

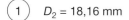 **2** nicht abwählbar!

Das Gewinde M20 × 1,5 der Welle (Pos.-Nr. 4) soll mit einer Gewindemessschraube gemessen werden. Wie groß muss der Flankendurchmesser D_2 (in mm) sein?

- ① $D_2 = 18,16$ mm
- ② $D_2 = 18,38$ mm
- ③ $D_2 = 18,77$ mm
- ④ $D_2 = 19,03$ mm
- ⑤ $D_2 = 20,00$ mm

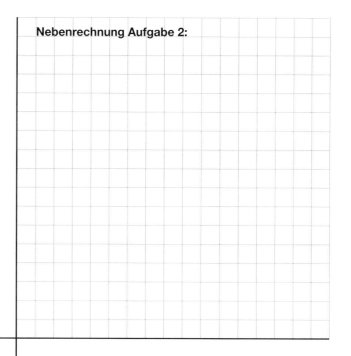

Nebenrechnung Aufgabe 2:

3

Für die Fertigung der Bauteile wird eine Kühlschmierstoffemulsion verwendet. Welche Auswirkungen hat der eingesetzte Kühlschmierstoff?

- ① Standzeitminderung und Verschleißminderung
- ② Verminderung der Zerspanungskraft und Erhöhung der Standzeit
- ③ Keine nennenswerten Auswirkungen
- ④ Verschleißerhöhung und Standzeiterhöhung
- ⑤ Vergrößerung der Zerspanungskraft und günstige Beeinflussung des Spanablaufs

4

Die Welle (Pos.-Nr. 4) soll vorgedreht werden. Die Schnittkraft beträgt $F_C = 1\,280$ N und die Schnittgeschwindigkeit $v_C = 200$ m/min. Berechnen Sie die Schnittleistung P_C (in kW).

- ① $P_C = 2,56$ kW
- ② $P_C = 4,03$ kW
- ③ $P_C = 4,27$ kW
- ④ $P_C = 6,22$ kW
- ⑤ $P_C = 25,60$ kW

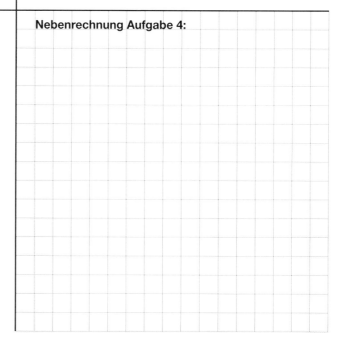

Nebenrechnung Aufgabe 4:

M 4000   K4/P1 -ho-grün-211117

5

Zum Abrichten der Schleifstifte für das Innenrundschleifen von Lagerbock (Pos.-Nr. 1) und Führungsplatte
(Pos.-Nr. 2) wird das dargestellte Abrichtwerkzeug benutzt.
Wie lautet dessen fachgerechte Bezeichnung?

(1) Polykristalliner Abrichtdiamant

(2) Abrichtfliese

(3) Einkornabrichtdiamant

(4) Abrichtrolle

(5) Abrichtstein

6

Für die Qualitätskontrolle qualitativer Merkmale wird die
abgebildete Darstellung verwendet. Welche Benennung
ist richtig?

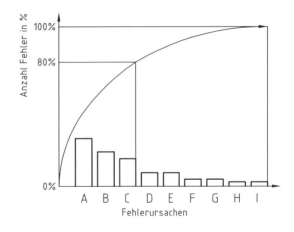

(1) Urwertkarte

(2) Shewartkarte

(3) Histogramm

(4) Pareto-Diagramm

(5) Gauß'sche Normalverteilung

---

7 nicht abwählbar!

Die Welle (Pos.-Nr. 4) enthält ein Gewinde M20 × 1,5.
Bestimmen Sie die Hauptnutzungszeit t_h (in min) für das
Gewindedrehen bei folgenden Werten:
Vorschubweg L = 22 mm;
Anzahl der Schnitte i = 11;
Schnittgeschwindigkeit v_C = 10 m/min

(1) t_h = 1,0 min

(2) t_h = 1,3 min

(3) t_h = 1,8 min

(4) t_h = 1,9 min

(5) t_h = 2,8 min

Nebenrechnung Aufgabe 7:

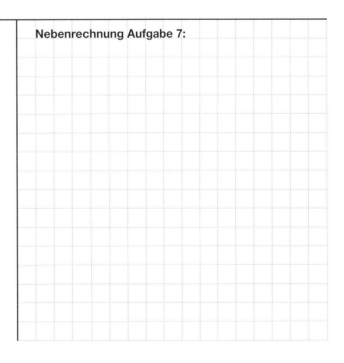

8

Beim Vordrehen der Welle (Pos.-Nr. 4) soll ein wirtschaftlicher Vorschub gewählt werden. Durch welche Gesichtspunkte wird dieser Vorschub bestimmt?

1. Durch Leistung der Drehmaschine und Stabilität des Werkstücks und des Werkzeugs

2. Durch hohe Oberflächenqualität und geringe Fertigungszeit

3. Durch Schnittgeschwindigkeiten und Drehdurchmesser

4. Durch möglichst großes Spanungsvolumen und kleine Schnittkraft

5. Durch geringe Standzeit und optimale Stabilität des Werkzeugs

9   nicht abwählbar!

Die Gewinde M8 am Lagerbock (Pos.-Nr. 1) und an der Führungsplatte (Pos.-Nr. 2) sollen gefertigt werden. Welche Arbeitsfolge ist fachgerecht?

1. Bohren mit Spiralbohrer ⌀ 6,8 mm, Maschinengewindebohrer M8, Senken mit dem NC-Anbohrer

2. Körnen, Vorbohren ⌀ 3 mm, Aufbohren mit dem Gewindebohrer M8

3. Senken mit dem NC-Anbohrer, Bohren mit Spiralbohrer ⌀ 6,8 mm, Gewindebohren mit Maschinengewindebohrer M8

4. Anreißen, Körnen, Bohren mit Spiralbohrer ⌀ 8 mm, Gewindeschneiden mit M8

5. Bohren ins Volle mit VHM-Spiralbohrer ⌀ 8 mm, Gewindebohren M8

10

Mess- und Überwachungssysteme werden bei der Fertigung der Bauteile eingesetzt. Welches Ziel wird durch diese Systeme erreicht?

1. Erfüllung der Qualitätsanforderungen

2. Gleichbleibende Schnittgeschwindigkeiten

3. Konstanter Stromverbrauch

4. Optimale Vorschubgeschwindigkeit

5. Ständige Protokollierung von Fertigungsdaten

11

In den Unterlagen für Ihre Werkzeugmaschine befindet sich folgender Plan. Um welchen Plan handelt es sich?

1. Stromlaufplan
2. Lageplan
3. Kontaktplan
4. Logikplan
5. Ablaufplan

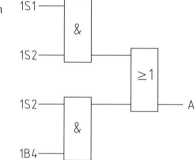

12

Die Hydraulikpumpe der eingesetzten Flachschleifmaschine soll einen Volumenstrom Q = 20 l/min bei einem Überdruck p_e = 40 bar sowie einen Wirkungsgrad von η = 0,85 erzeugen. Welche Antriebsleistung P_1 (in kW) muss der Elektromotor an der Pumpenwelle aufbringen?

$$P_1 = \frac{Q \cdot p_e}{600 \cdot \eta}$$

1. P_1 = 0,15 kW
2. P_1 = 1,57 kW
3. P_1 = 3,41 kW
4. P_1 = 5,7 kW
5. P_1 = 15,7 kW

Nebenrechnung Aufgabe 12:

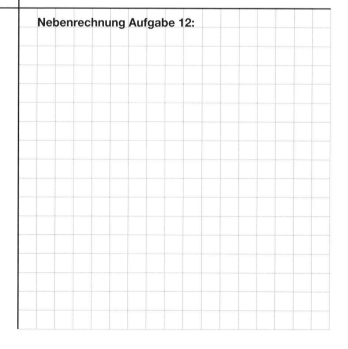

13

Für die Bearbeitung der Grundplatte (Pos.-Nr. 3) sind die Standzeit T_f (in min) und die Schnittgeschwindigkeit v_C (in m/min) für einen Fräser $\varnothing$ 100 mm bei einer Schnitttiefe a_p = 1,0 mm und einem Vorschub je Fräserschneide von f_z = 0,05 mm zu ermitteln.

(1) T_f = 25 min, v_C = 143 m/min

(2) T_f = 30 min, v_C = 135 m/min

(3) T_f = 35 min, v_C = 155 m/min

(4) T_f = 60 min, v_C = 185 m/min

(5) T_f = 45 min, v_C = 166 m/min

Fräser-$\varnothing$ in mm	f_z-Bereich							
12								
16								
20								
26								
30								
37								
44								
52								
62								
75								
92								
100								

	f_z-in mm							
	0,05	0,1	0,15	0,2	0,3	0,4	0,5	0,6
	T_f-in min							
	60	45	40	35	30	25	20	15
a_p-in mm	v_C-in m/min							
1	185	179	173	167	161	155	150	145
2	172	166	160	155	149	143	138	—
4	160	154	148	142	135	129	—	—
5	148	142	136	130	125	—	—	—

14

In den Unterlagen Ihrer Drehmaschine wird die hohe Zuverlässigkeit hervorgehoben. Was gehört zur zuverlässigkeitsorientierten Instandhaltung?

(1) Optimaler Einsatz verschiedener Instandhaltungsstrategien zur Verhinderung von Funktionsstörungen

(2) Wartung ist nur bei Ausfall notwendig

(3) Inspektionen sind kaum nötig („never touch a running system")

(4) Keine Schwachstellenanalyse

(5) Nur Bewertung von Ausfallhäufigkeit

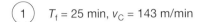

Haben Sie in den Markierungsbogen:

Ihre Prüflingsnummer eingetragen?

Ihre Berufsnummer eingetragen? (siehe Titelseite dieses Aufgabenhefts)

Diese Felder ausgefüllt bzw. eingedruckte Angaben auf Richtigkeit geprüft?

Die Lösungen der Aufgaben eindeutig eingetragen?

3 Aufgaben abgewählt?

Bei fehlenden oder uneindeutigen Angaben kann der Markierungsbogen nicht ausgewertet werden. Spätere Reklamationen können nicht berücksichtigt werden!

Prüflingsnummer

Vor- und Familienname

Industrie- und Handelskammer

Abschlussprüfung Teil 2

Zerspanungsmechaniker/-in

Berufs-Nr.

4 0 0 0

Projekt 1

Schriftliche Prüfung

Fertigungstechnik
Teil B

Musterprüfung

M 4000 K5/P1

PAL - Prüfungsaufgaben- und
Lehrmittelentwicklungsstelle

IHK Region Stuttgart

Vorgabezeit: Insgesamt (für das gesamte Projekt 1) 105 min für die Teile A und B

Hilfsmittel: Formelsammlungen, Tabellenbücher, Zeichenwerkzeuge und nicht programmierter, netzunabhängiger Taschenrechner ohne Kommunikationsmöglichkeit mit Dritten

Sehr geehrter Prüfling,

bevor Sie mit der Bearbeitung der Aufgaben beginnen, lesen Sie bitte **sorgfältig** die folgenden Hinweise.

1 Allgemeines

Der Aufgabensatz für den Prüfungsbereich **Fertigungstechnik** besteht aus:

- Teil A mit 14 gebundenen Aufgaben (also mit vorgegebenen Auswahlantworten)
- Teil B mit 4 ungebundenen Aufgaben (die Sie mit Ihren eigenen Worten in möglichst kurzen Sätzen beantworten müssen)
- Anlage(n): 2 Blatt im Format A4 für Teil A und Teil B
- Markierungsbogen (grün)

Für die Ermittlung Ihrer Prüfungsleistungen werden der grüne Markierungsbogen von Teil A, das Aufgabenheft Teil B und gegebenenfalls die Anlage(n) zugrunde gelegt.

Am Ende der Vorgabezeit von 105 min müssen Sie den Aufgabensatz der Prüfungsaufsicht übergeben.

Bei zeichnerischen Darstellungen gilt die Projektionsmethode 1 (⊏⊐ ⊕).

2 Hinweise für Teil B (dieses Heft)

Tragen Sie bitte vor Beginn der Bearbeitung der Aufgaben auf der Titelseite **dieses Hefts** und gegebenenfalls auf der/den **Anlage(n)** die dort geforderten Angaben ein:

- Die Ihnen mit der Einladung zur Prüfung mitgeteilte Prüflingsnummer
- Ihren Vor- und Familiennamen

Prüfen Sie danach, ob dieses Heft 4 Aufgaben und 2 Anlage(n) enthält. Informieren Sie bei Unstimmigkeiten **sofort** die Prüfungsaufsicht. **Reklamationen nach dem Schluss der Prüfung werden nicht anerkannt.**

Bearbeiten Sie die Aufgaben, wo möglich, mit kurzen Sätzen.

Bei mathematischen Aufgaben ist der vollständige Rechengang (Formel, Ansatz, Ergebnis, Einheit) in dem dafür vorgesehenen Feld auszuführen.

Geben Sie in dem unten vorgedruckten Feld an, welche Tabellenbücher Sie verwendet haben.

Bei der Bearbeitung der Aufgaben wurden folgende Tabellenbücher verwendet:

Ihre Industrie- und Handelskammer wünscht Ihnen viel Erfolg!

Prüfungsaufgaben-Beschreibung

Folgende vier Aufgaben beziehen sich auf das Projekt.

U1

Die Welle (Pos.-Nr. 4) hat kurz nach der Schleifbearbeitung das Maß $d = 29,99$ mm bei einer Temperatur von 40 °C.

1. Wie groß ist der Messfehler Δd (in mm), wenn mit einer Bügelmessschraube gemessen wird, die eine Temperatur von 20 °C hat? ($\alpha = 0,0000161$ 1/K).

2. Ist der ermittelte Messfehler zu subtrahieren oder zu addieren?

Aufgabenlösung:

Ergebnis
U1

Punkte

U2

Die Bauteile werden einer regelmäßigen Qualitätskontrolle unterworfen.
Welche Vorteile hat eine Stichprobenprüfung gegenüber einer 100 %-Prüfung? Geben Sie drei Vorteile an.

Aufgabenlösung:

Ergebnis
U2

Punkte

U3

Die Symmetrie für das Maß 35g6 an der Grundplatte (Pos.-Nr. 3) soll geprüft werden.
Beschreiben Sie den Prüfvorgang.

Aufgabenlösung:

Ergebnis
U3

Punkte

U4

Ein optimal gewählter Schleifkörper gewährleistet den sicheren und effektiven Schleifprozess.
Nennen Sie vier Einflussfaktoren für die fachgerechte Schleifkörperauswahl.

Aufgabenlösung:

Ergebnis
U4

Punkte

M 4000   K5/P1 -ho-grün-120116

Wird vom Prüfungsausschuss ausgefüllt.

Erreichte Punkte bei den
ungebundenen Aufgaben

max. 40
Punkte

Die Ergebnisse **U1** bis **U4** bitte in die
dafür vorgesehenen Felder des **grünen**
Markierungsbogens eintragen!

_____   _____
Datum   Prüfungsausschuss

Projekt 1

INDUSTRIE- UND HANDELSKAMMER

Lösungsschablone-Nr.: M 4000 L1/P1

Abschlussprüfung Teil 2: Musterprüfung
Projekt 1

Ausbildungsberuf: Zerspanungsmechaniker/-in

Auftrags- und Funktionsanalyse Teil A

1	2	3	4	5	6	7	8	9	10
·	·	·	·	·	·	·	·	·	·
·	(·)	·	·	·	·	(·)	·	(·)	·
(·)	·	·	(·)	·	(·)	·	·	·	·
·	·	(·)	·	·	·	·	·	·	(·)
·	·	·	·	(·)	·	·	(·)	·	·

11	12	13	14
·	(·)	·	·
·	·	(·)	(·)
·	·	·	·
(·)	·	·	·

Auftrags- und Funktionsanalyse

Der Aufgabensatz enthält

– 14 gebundene Aufgaben,
  3 Abwahl, 4 nicht abwählbar,
  à 1 Punkt = 11 Punkte

– 1 Projekt, bestehend aus
  4 ungebundenen Aufgaben,
  0 Abwahl,
  à 10 Punkte = 40 Punkte

Die Einzelergebnisse im Aufgabenheft Teil B sind in den grau-weißen Markierungsbogen in die Felder U1 bis U4 zu übertragen.

Zur manuellen Ermittlung des Ergebnisses der **Auftrags- und Funktionsanalyse** ist in den Markierungsbogen einzutragen:

Divisor A: 0,275
Faktor B: 1,5

Dies ergibt die Gewichtung

Auftrags- und Funktionsanalyse
Teil A: 40 %

Auftrags- und Funktionsanalyse
Teil B: 60 %

Hinweis:

– Vom Prüfling sind **11 von 14 Aufgaben zu bearbeiten**

– Sollten vom Prüfling **keine Aufgaben abgewählt** worden sein, sind die **letzten 3 abwählbaren Aufgaben** zu **streichen**

– Folgende **4 Aufgaben** sind **nicht abwählbar:**

5 9 10 11

– Werden vorgenannte Aufgaben vom Prüfling **abgewählt**, sind diese als **nicht gelöst** zu werten

INDUSTRIE- UND HANDELSKAMMER

Lösungsschablone-Nr.: M 4000 L4/P1

Abschlussprüfung Teil 2: Musterprüfung
Projekt 1

Ausbildungsberuf: Zerspanungsmechaniker/-in

Fertigungstechnik Teil A

1	2	3	4	5	6	7	8	9	10
·	·	·	·	·	·	⊙	⊙	·	⊙
·	·	⊙	·	·	·	·	·	·	·
·	·	·	⊙	⊙	·	·	·	⊙	·
·	⊙	·	·	·	⊙	·	·	·	·
⊙	·	·	·	·	·	·	·	·	·

11	12	13	14
·	·	·	⊙
·	⊙	·	·
⊙	·	⊙	·
·	·	·	·

Fertigungstechnik

Der Aufgabensatz enthält

– 14 gebundene Aufgaben,
  3 Abwahl, 4 nicht abwählbar,
  à 1 Punkt = 11 Punkte

– 1 Projekt, bestehend aus
  4 ungebundenen Aufgaben,
  0 Abwahl,
  à 10 Punkte = 40 Punkte

Die Einzelergebnisse im Aufgabenheft Teil B sind in den grünen Markierungsbogen in die Felder U1 bis U4 zu übertragen.

Zur manuellen Ermittlung des Ergebnisses der **Fertigungstechnik** ist in den Markierungsbogen einzutragen:

Divisor A: 0,275
Faktor B: 1,5

Dies ergibt die Gewichtung

Fertigungstechnik Teil A: 40 %
Fertigungstechnik Teil B: 60 %

Hinweis:

– Vom Prüfling sind **11 von 14 Aufgaben zu bearbeiten**

– Sollten vom Prüfling **keine Aufgaben abgewählt** worden sein, sind die **letzten 3 abwählbaren Aufgaben** zu **streichen**

– Folgende **4 Aufgaben** sind **nicht abwählbar:**

– Werden vorgenannte Aufgaben vom Prüfling **abgewählt**, sind diese als **nicht gelöst** zu werten

Projekt 1

Abschlussprüfung Teil 2

Zerspanungsmechaniker/-in

Berufs-Nr.

4 0 0 0

Projekt 1

Schriftliche Prüfung

Lösungsvorschläge für den Prüfungsausschuss

Musterprüfung

M 4000 L/P1

PAL - Prüfungsaufgaben- und Lehrmittelentwicklungsstelle

IHK Region Stuttgart

1 Lösungsschablonen/-vorschläge für den Prüfungsausschuss

Lösungsvarianten sind möglich!
Sinngemäß richtige Lösungen sind voll zu bewerten.

Auftrags- und Funktionsanalyse Teil B **Projekt 1** **Lösungsvorschläge**	**Zerspanungsmechaniker/-in**

Projekt 1

Zu beachten:

Für eine statistische Auswertung ist es zwingend notwendig, dass die Projektnummer (siehe Deckblatt Prüfungsheft) auf dem Markierungsbogen eingetragen wird.

U1

– Schutzbrille tragen
– Schutzhaube und Fangschutz verwenden
– Einwandfrei ausgewuchtete Schleifscheiben verwenden
– Werkstück sicher spannen

U2

– Bezeichnung: Aluminium-Knetlegierung, aushärtbar
– Zusammensetzung: Aluminium mit Anteilen von Magnesium, Silizium und Blei
– Zerspanbarkeit: gut

U3

$$n_{\mathrm{W}} = \frac{v_{\mathrm{f}}}{d_{\mathrm{W}} \cdot \pi}$$

$$n_{\mathrm{W}} = \frac{21\,\mathrm{m} \cdot 1000\,\mathrm{mm}}{30\,\mathrm{mm} \cdot \pi \cdot \mathrm{min} \cdot \mathrm{m}}$$

$$\underline{n_{\mathrm{W}} = 223\,\mathrm{min}^{-1}}$$

$$n_{\mathrm{S}} = \frac{v_{\mathrm{C}}}{d_{\mathrm{S}} \cdot \pi}$$

$$n_{\mathrm{S}} = \frac{25\,\mathrm{m} \cdot 1000\,\mathrm{mm} \cdot 60\,\mathrm{s}}{\mathrm{s} \cdot \mathrm{m} \cdot \mathrm{min} \cdot 23\,\mathrm{mm} \cdot \pi}$$

$$\underline{n_{\mathrm{S}} = 20759\,\mathrm{min}^{-1}}$$

U4

Wenn Außen- oder Innengewinde nach dem Einsatzhärten nicht mehr maßhaltig sind, können diese mechanisch nachgearbeitet werden. Außerdem würde das Härten zu einer Versprödung der Gewindespitzen führen.

| **Fertigungstechnik Teil B**
Projekt 1
Lösungsvorschläge | **Zerspanungsmechaniker/-in** |

Zu beachten:

Für eine statistische Auswertung ist es zwingend notwendig, dass die Projektnummer
(siehe Deckblatt Prüfungsheft) auf dem Markierungsbogen eingetragen wird.

U1

1. $\Delta d = \alpha \cdot d \cdot \Delta T$
   $\Delta d = 0{,}0000161\ 1/K \cdot 29{,}99\ mm \cdot 20\ K$
   $\underline{\underline{\Delta d = 0{,}01\ mm}}$

2. Der Messfehler ist vom Messwert zu subtrahieren.

U2

Vorteile:
– Geringere Kosten
– Geringere Datenmengen
– Schnellere Verfügbarkeit der Teile
– Berechenbarkeit von Fehlerrisiken
– Geringerer Zeitaufwand
– Geringerer Personaleinsatz
– Sinnvolles Verfahren bei zerstörender Prüfung

U3

– Die Grundplatte auf eine der beiden Seitenflächen Maß 74–0,01 legen
– Die Höhe der oberen Fläche des Zapfens 35g6 mittels Fühlhebelmessgerät antasten
– Messung auf Umschlag wiederholen
– Messdifferenz = Symmetrieabweichung

U4

– Werkstückwerkstoff
– Schleifspindeldrehzahl
– Geforderte Oberflächenrauheit
– Nass- oder Trockenschliff
– Schleifverfahren
– Flansch-Aufnahmedurchmesser
– Schleifgeometrie
– Standzeit

Industrie- und Handelskammer

Abschlussprüfung Teil 2

Zerspanungsmechaniker/-in

Berufs-Nr.

4 0 0 0

Projekt 2

Projekt 2: Drehen

Bitte beachten!

Bitte wählen Sie aus den Projekten 2 und 3 ein Projekt aus und bearbeiten Sie es vollständig.

Schriftliche Prüfung

Hinweise für den Prüfling

Musterprüfung

M 4000 K/P2

IHK PAL - Prüfungsaufgaben- und Lehrmittelentwicklungsstelle

IHK Region Stuttgart

Prüfungsaufgabensatz

Der Prüfungsaufgabensatz für die Auftrags- und Funktionsanalyse und die Fertigungstechnik (Projekt 2) besteht aus folgenden Unterlagen:

Gesamtzeichnung Blatt 1(1)	weiß
Prüfungsaufgabenbeschreibung	weiß
Programmieranleitung Drehen	weiß
Werkzeugformdatei	weiß
Aufgabe Programm Blatt 1(5) bis 5(5)	weiß
Einrichteblatt	weiß
Markierungsbogen (Auftrags- und Funktionsanalyse)	grau-weiß
Fertigungstechnik Teil A	grün
Fertigungstechnik Teil B	grün
Markierungsbogen (Fertigungstechnik)	grün

Bitte beachten!

Am Ende der Vorgabezeit von 105 min müssen Sie alle Dokumente der Prüfungsaufsicht übergeben.

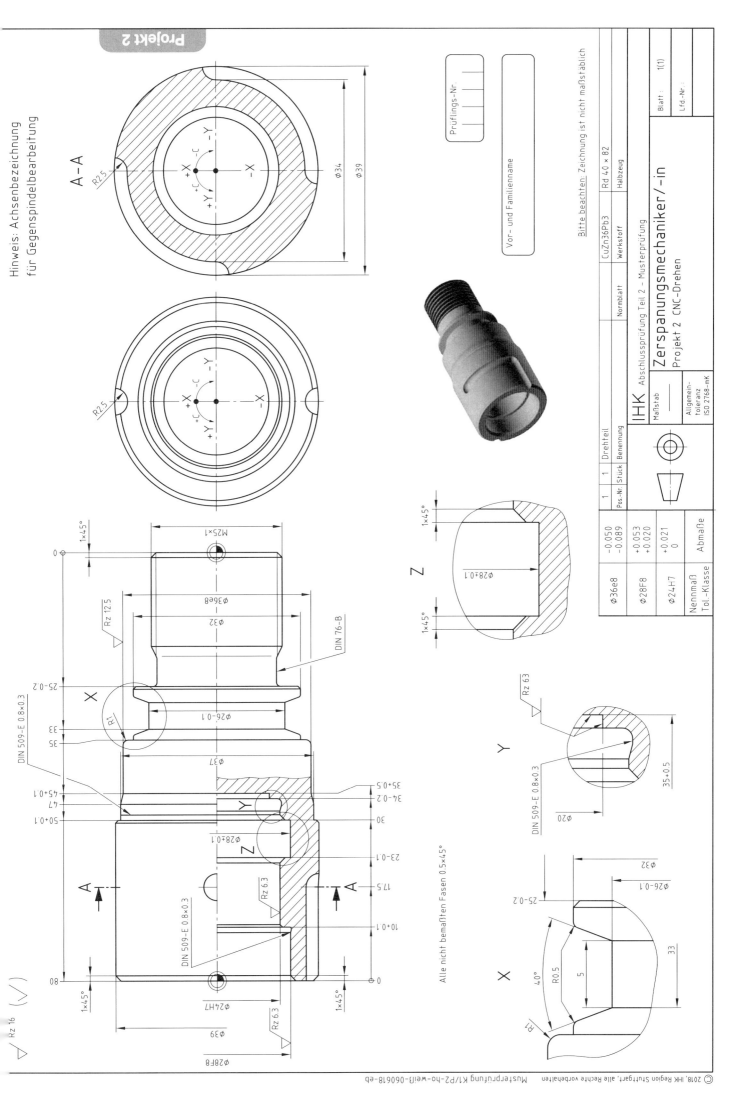

Projekt 2

Hinweis: Achsenbezeichnung
für Gegenspindelbearbeitung

A–A

Alle nicht bemaßten Fasen 0,5×45°

Prüflings-Nr.

Vor- und Familienname

Bitte beachten: Zeichnung ist nicht maßstäblich

1	1	Drehteil		
Pos.-Nr.	Stück	Benennung		

IHK Abschlussprüfung Teil 2 – Musterprüfung

	CuZn36Pb3	Rd 40 × 82	
Normblatt	Werkstoff	Halbzeug	

Zerspanungsmechaniker/-in
Projekt 2 CNC-Drehen

Maßstab ——

Allgemein-
toleranz
ISO 2768-mK

Nennmaß Tol.-Klasse	Abmaße
Ø36e8	−0,050 −0,089
Ø28F8	+0,053 +0,020
Ø24H7	+0,021 0

Blatt: 1(1)

Lfd.-Nr.:

Industrie- und Handelskammer

Abschlussprüfung Teil 2

Zerspanungsmechaniker/-in

Berufs-Nr.

4000

Projekt 2

Projekt 2: Drehen

Schriftliche Prüfung

Auftrags- und Funktionsanalyse
Teil A und Teil B

Musterprüfung

M 4000 K1/P2

Prüfungsaufgabenbeschreibung Projekt 2 CNC-Drehen	Zerspanungsmechaniker/-in

1. Aufgabenbeschreibung für das Projekt „Drehen"

Das auf der Zeichnung Blatt 1(1) dargestellte Werkstück soll in einer größeren Stückzahl auf einer CNC-Drehmaschine gefertigt werden. Das erforderliche Programm für die Innen- bzw. Außenbearbeitung ist auf den beiliegenden Programmblättern unvollständig vorgegeben. Das Programm und das Einrichteblatt sind zu ergänzen.

2. Vorgabezeit: 105 min

3. Erlaubte Hilfsmittel: Formelsammlungen, Tabellenbücher und nicht programmierter, netzunabhängiger Taschenrechner ohne Kommunikationsmöglichkeit mit Dritten

4. Zusatzinformationen zur CNC-Drehmaschine

– Für die Steuerung der CNC-Drehmaschine gilt die beiliegende Programmieranleitung. Sie enthält alle für die Lösung der Aufgabe erforderlichen Angaben.

– Die CNC-Drehmaschine besitzt X-, Y-, Z-, B- und C-Achsen/Gegenspindel/Revolverpositionen 16 (angetrieben) und einen automatischen Werkzeugwechsler.

– Der Werkzeugträger befindet sich hinter der Drehmitte (+ X hinten).

– Der Werkzeugwechselpunkt wird mit G 14 H 0 angegeben. Bei der Innenbearbeitung wird der Werkzeugwechselpunkt mit G 14 H 2 angefahren. Bei Bearbeitung auf der Mantelfläche (z. B. Nuten fräsen oder Einstichen) wird der Werkzeugwechselpunkt mit G 14 H 1 angefahren.

– Die Drehmeißel sind an der dem Spannmittel zugewandten Schneidkante vermessen.

– Bei den Abspanzyklen G 81 und G 82 ist die maximale Schnitttiefe unter D einzutragen.

– Beim Gewindezyklus G 31 und Gewindebohrzyklus G 84 ist der Startpunkt des Gewindes $3 \times$ Gewindesteigung P. Zu programmierende Gewindelänge: Gesamte Gewindelänge (einschließlich Freistich) – 0,5 mm.

– Für das Konturdrehen des Werkstücks ist zu beachten:
 – Aufmaß beim Drehen der Planfläche 0,1 mm für das Fertigdrehen
 – Aufmaß im Durchmesser 1 mm über Nennmaß
 – Aufmaß in den Längen 0,1 mm
 – Beim Fertigdrehen des Längenmaßes ist die Planfläche von innen nach außen zu drehen.
 – Bei Toleranzen ist von Toleranzmitte auszugehen.
 – Der Anfahrabstand beträgt $Z = 2$ mm.
 – Bei der Programmierung des Feinkonturvorschubs E im Technologiesatz werden beim Vor- und Fertigdrehen die Fasen, Radien, Schrägen, Freistiche usw. mit dem Vorschubwert E xx gefertigt.
 – Vor Bearbeitungszyklen ist ein Anstellsatz zu programmieren.
 – Bei den Bearbeitungszyklen ist die Endposition gleich der Startposition.

5. Arbeitshinweise

– Arbeiten Sie sich sorgfältig in die Zeichnung des zu fertigenden Werkstücks ein.

– Nehmen Sie das Einrichteblatt zur Hand und überlegen Sie, wie die Herstellung des Drehteils fachgerecht erfolgen könnte. Dazu sollten Sie auch die Programmblätter heranziehen, die Ihnen zeigen, welche Arbeitsfolgen der Programmierer vorgesehen hat.

– Ergänzen Sie im Einrichteblatt die grau unterlegten Felder, beginnend vom Prüfen des Halbzeugs bis zum Ausspannen des fertigen Werkstücks.

– Wählen Sie aus der Werkzeugformdatei die Werkzeuge aus, die bei der Fertigung eingesetzt werden. Tragen Sie die Werkzeugnummern an der richtigen Stelle des Einrichteblatts ein.

– Arbeiten Sie das gegebene Programm Satz für Satz durch und ergänzen Sie die Felder des Hauptprogramms, die grau unterlegt sind. Folgende Sätze des Programms, bei denen die Satznummern mit breiten Volllinien hervorgehoben sind, sind vollständig zu erstellen. In diesen Sätzen des Programms können die Vorschubwerte „F" und Zusatzfunktionen „M" zum Teil vorgegeben sein.

Programm: % 116

Satz: N 14 bis N 21   (Blatt 1 von 5)
              N 67   (Blatt 3 von 5)
              N 77   (Blatt 4 von 5)
              N 83   (Blatt 4 von 5)
              N 94 bis N 95   (Blatt 4 von 5)
              N 101   (Blatt 5 von 5)

– Verwenden Sie für die Satzbefehle die beiliegende Programmieranleitung für die PAL-CNC-Drehmaschine. Die fehlenden technologischen Daten entnehmen Sie der Werkzeugformdatei, sofern erforderlich.

– Die Wörter sind immer mit Adressbuchstaben und Zahlenwert in das Programmblatt einzutragen. Sind die Adressbuchstaben vorgegeben, ist nur ein Zahlenwert einzutragen.

– Ordnen Sie, wenn im Hauptprogramm verlangt, das Unterprogramm den Programmsätzen zu. Ergänzen Sie die Felder des Unterprogramms, wenn diese grau unterlegt sind. Sind in dem Arbeitsblatt für das Unterprogramm weder graue Felder noch Eintragungen, so ist das Unterprogramm vollständig zu schreiben.

– Tragen Sie in die Aufgabenzeichnung, in das Einrichteblatt und in die Programmblätter Ihren Namen, Ihre Prüflingsnummer sowie das Datum ein und übergeben Sie diese Unterlagen der Prüfungsaufsicht.

Dieser Prüfungsaufgabensatz wurde von einem überregionalen nach § 40 Abs. 2 BBiG zusammengesetzten Ausschuss beschlossen. Er wurde für die Prüfungsabwicklung und -abnahme im Rahmen der Ausbildungsprüfungen entwickelt. Weder der Prüfungsaufgabensatz noch darauf basierende Produkte sind für den freien Wirtschaftsverkehr bestimmt.
Beispielhafte Hinweise auf bestimmte Produkte erfolgen ausschließlich zum Veranschaulichen der Produktanforderung beziehungsweise zum Verständnis der jeweiligen Prüfungsaufgabe. Diese Hinweise haben keinen bindenden Produktcharakter.

**Auf die erneute Darstellung der Programmieranleitung „PAL-CNC-Drehmaschine" wird verzichtet.
Diese ist auf den Seiten 31 bis 41 abgebildet.**

IHK
Abschlussprüfung Teil 2 – Musterprüfung

Werkzeugformdatei
Projekt 2 – CNC-Drehen

Zerspanungsmechaniker/-in

Werkstück: Drehteil	Werkstoff: CuZn36Pb3	Programm-Nr.: % 116
Zeichnung: 1(1)	Halbzeug: ⌀ 40 × 82	Datum:

Projekt 2

Werkzeuge für Außenbearbeitung

Technologische Daten								
Werkzeug-Nr.	T 1	T 3	T 5	T 7	T 9	T 11	T 12	
Schneidenradius	0,8 mm	0,8 mm	0,8 mm	0,4 mm	0,4 mm	0,2 mm	–	
Schnittgeschwindigkeit	450 m/min	450 m/min	400 m/min	500 m/min	500 m/min	300 m/min	200 m/min	
Schnitttiefe a_p = max.	2,5 mm	2,5 mm	2,0 mm	1,0 mm	1,0 mm	2,5 mm	0,15 mm	
Schneidstoff	N 20	N 20	N 20	N 20	N 20	N 20	N 20	
Vorschub je Umdrehung	0,3/0,1 mm	0,3/0,1 mm	0,2/0,1 mm	0,2/0,1 mm	0,2/0,1 mm	0,15/0,1 mm	Stg. 1 mm	

Werkzeuge für Innenbearbeitung

Technologische Daten								
Werkzeug-Nr.	T 2	T 4	T 6	T 8				
Durchmesser (D min)	20 mm	15 mm	15 mm	17 mm				
Schneidenradius	–	0,8 mm	0,4 mm	0,2 mm				
Schnittgeschwindigkeit	150 m/min	200 m/min	250 m/min	150 m/min				
Schnitttiefe a_p = max.	–	2,0 mm	1,0 mm	2,0 mm				
Schneidstoff	N 20	N 20	N 20	N 20				
Vorschub je Umdrehung	0,20 mm	0,15/0,1 mm	0,1/0,05 mm	0,1/0,05 mm				

angetriebene Werkzeuge

Technologische Daten								
Werkzeug-Nr.	T 13							
Ebene	G 19							
Durchmesser	5 mm							
Schnittgeschwindigkeit	80 m/min							
Schnitttiefe a_p = max.	6 mm							
Anzahl der Zähne	2							
Vorschub pro Zahn	0,02 mm							
Vorschub	–							
Schneidstoff	HSS							

116

CNC-Ergänzung

Satz-Nr. N	Wegbedingung G	X/XA/XI	Y/YA/YI	Z/ZA/ZI	Zusätzliche Befehle mit Adressen				Schaltfunktion M	Je Eintragung 10 oder 0 Punkte
1	G 54									
2	G 92				S 5000					
3	G 14				H 0					
4	G 96 G 95				T 1	S 450	F 0.3	E 0.1	M 4	
5	G 0	X 42		Z 0.1					M 8	
6	G 1	X –1.6		Z 1						
7										
8	G 14				H 0				M 9	
9	G 96 G 95				T 5	S 400	F 0.2	E 0.1	M 4	
10	G 0	X 40		Z 2					M 8	
11	G 81				AX 0.5	AZ 0.1	D 2	H 2		
12	G 0	X 22		Z 0	RN					
13	G 1			Z 0						
14					RN					
15					H	I	K			
16					RN					
17										
18					RN					
19										
20					H					
21					H					
22	G 1	X 40			RN –1					
23				Z –52						
24		X 41								
25	G 80									

IHK – Abschlussprüfung Teil 2

Musterprüfung: Projekt 2 – CNC-Drehen

Programmblatt Blatt **1** von **5**

Beruf: **Zerspanungsmechaniker/-in**

Vor- und Familienname:

Prüfungsnummer:

Datum:

Ergebnis Prüfungsstück: CNC-Programm

Summe der Zwischenergebnisse

Dieses Ergebnis bitte in das Feld **U1** des **grau-weißen** Markierungsbogens eintragen!

geteilt durch 4,8

Ergebnis

Zwischenergebnis

Datum:

Prüfungsausschuss:

CNC-Ergänzung

Satz-Nr. N	Wegbedingung G	X/XA/XI	Y/YA/YI	Z/ZA/ZI	Zusätzliche Befehle mit Adressen									Schalt-funktion M	Je Eintragung 10 oder 0 Punkte
26	G 14				H 0									M 9	
27	G 96 G 95				T 9	S 500	F 0.2	E 0.1						M 4	
28	G 0	X 0		Z 2										M 8	
29	G 42 G 1			Z 0											
30	G 23				N 14	N 24									
31	G 40														
32	G 14				H 0									M 9	
33	G 96 G 95				T 11	S 300	F 0.15	E 0.1						M 4	
34	G 0	X 34		Z –30										M 8	
35	G 86	XA 25.95		ZA –33	ET 32	EB	AS 20	AE 20	D 2.5	AK 0.1	RO 0.5	EP	H 14		
36	G 14				H 1	H 0								M 9	
37	G 97				T 12	S 2540								M 3	
38	G 0	X 25		Z 3										M 8	
39	G 31	XA 25		ZA –24.4	F	D	XS 25	ZS 3	Q 4	O 1	H 14				
40	G 14				H 0									M 9	
41					; ZWEITE SEITE GEGENSPINDELÜBERNAHME										
42	G 30				Q 3	DE –43	H 0	DM 153	U 1	E 50				M 63	
43	G 18				DRA	GSU									
44	G 59			ZA 80											
45	G 96 G 95				T 3	S 450	F 0.3	E 0.1							
46	G 0	X 42		Z 0.1										M 8	
47	G 1	X 19		Z 2											
48															
49	G 0	X 40													
50	G 81				AX 0.5	AZ 0.1	D 2.5	H 2							

IHK – Abschlussprüfung Teil 2

Musterprüfung: Projekt 2 – CNC-Drehen

Programmblatt   Blatt **2** von **5**

Beruf: **Zerspanungsmechaniker/-in**

Vor- und Familienname:

Prüflingsnummer:

Datum:

Ergebnis Prüfungsstück: CNC-Programm

Summe der Zwischenergebnisse

geteilt durch

Ergebnis

Zwischenergebnis

Datum:

Prüfungs-ausschuss:

Projekt 2

M 4000 K1/P2 -ho-weiß-211117

% 116 CNC-Ergänzung

Satz-Nr. N	Wegbedingung G	X/XA/XI	Y/YA/YI	Z/ZA/ZI	Zusätzliche Befehle mit Adressen				Schaltfunktion M	Je Eintragung 10 oder 0 Punkte
51	G 0	X 36								
52	G 1			Z 0						
53		X 39			RN –1					
54				Z –31						
55		X 41								
56	G 80									
57	G 14				H 0				M 9	
58	G 97 G 95				T 2	S 2380	F 0.2		M 3	
59	G 0	X 0		Z 3					M 8	
60	G 84			ZA –35.25	U 1					
61	G 14				H 2				M 9	
62	G 96 G 95				T 4	S 200	F 0.15	E 0.1	M 3	
63	G 0	X 20		Z 2					M 8	
64	G 81				AX –0.5	AZ 0.1	D 2	H 2		
65	G 0	X 31		Z 0						
66	G 1									
67					RN					
68	G 85				H					
69	G 1				RN					
70	G 85				H					
71	G 1	X 19								
72	G 80									
73	G 14				H 2				M 9	
74	G 96 G 95				T 6	S 250	F 0.1	E 0.05	M 3	
75	G 0	X 31		Z 2					M 8	

IHK – Abschlussprüfung Teil 2
Musterprüfung: Projekt 2 – CNC-Drehen

Vor- und Familienname:

Beruf: **Zerspanungsmechaniker/-in**

Programmblatt Blatt **3** von **5**

Prüflingsnummer:

Datum:

Ergebnis Prüfungsstück: CNC-Programm

Summe der Zwischenergebnisse

geteilt durch

Ergebnis

Zwischenergebnis

Datum:

Prüfungs-ausschuss:

M 4000 K1/P2 -ho-weiß-211117

Satz-Nr. N	Wegbedingung G	Koordinaten X/XA/XI	Y/YA/YI	Z/ZA/ZI	Zusätzliche Befehle mit Adressen							Schalt-funktion M	Je Eintragung 10 oder 0 Punkte
76	G 41 G 1			Z 0									
77					N								
78	G 40				N								
79	G 14				H 2							M 9	
80	G 96 G 95				T 7	S 500	F 0.2	E 0.1				M 3	
81	G 0	X 27		Z 2								M 8	
82	G 42 G 1			Z 0									
83					N								
84	G 40				N								
85	G 14				H 0							M 9	
86	G 96 G 95				T 8	S 150	F 0.1	E 0.05				M 3	
87	G 0	X 22		Z 2								M 8	
88	G 86				ET 28	EB –7.05	D 2	AK 0.1	RO –1	EP 1	H 14		
89	G 14				H 2							M 9	
90	G 19	X 39			; MANTEL-/SEHNENFLÄCHENBEARBEITUNG								
91	G 97 G 94				T 13	S 5090	F 200					M 3	
92	G 0	X 21	Y 0	Z 5								M 8	
93	G 1												
94													
95													
96		X 21	Y 0	Z 5									
97	G 0		Y 0										
98			Y 61.261										
99	G 1	X 17											
100				Z –17.5									

IHK – Abschlussprüfung Teil 2

Musterprüfung: Projekt 2 – CNC-Drehen

Vor- und Familienname:

Prüflingsnummer:

Datum:

Beruf: **Zerspanungsmechaniker/-in**

Programmblatt Blatt **4** von **5**

Ergebnis Prüfungsstück: CNC-Programm

Summe der Zwischenergebnisse ☐ geteilt durch ☐ Ergebnis ☐

Zwischenergebnis

Datum:

Prüfungs-ausschuss:

Projekt 2

% 116 CNC-Ergänzung

Satz-Nr. N	Wegbedingung G	Koordinaten X/XA/XI	Y/YA/YI	Z/ZA/ZI	Zusätzliche Befehle mit Adressen	Schaltfunktion M	Je Eintragung 10 oder 0 Punkte
101							
102		X 21					
103	G 14				H 1	M 9	
104	G 18						
105						M 30	

IHK – Abschlussprüfung Teil 2	Vor- und Familienname:	Prüflingsnummer:	Ergebnis Prüfungsstück: CNC-Programm	Zwischenergebnis
Musterprüfung: Projekt 2 – CNC-Drehen		Datum:	Summe der Zwischenergebnisse	

Datum:

geteilt durch

Prüfungs-ausschuss:

Ergebnis

Programmblatt | Blatt **5** von **5**

Beruf: **Zerspanungsmechaniker/-in**

M 4000 K1/P2 -ho-weiß-211117

Vor- und Familienname:

Prüflingsnummer:

**Einrichteblatt
Projekt 2 – CNC-Drehen**

Zerspanungsmechaniker/-in

Werkstück: Drehteil	Werkstoff: CuZn36Pb3	Programm-Nr.: % 116
Zeichnung: 1(1)	Halbzeug ⌀ 40 × 82	Datum:

Spannskizze 1

Spannskizze 2

Einspanntiefe 20 mm   Aufmaß 1 mm

Einspanntiefe 43 mm   Aufmaß 1 mm

Nr.	Arbeitsfolge	Werkzeug-Nr.	Bemerkung
1	Prüfen der Rohmaße		
2	Spannen des Werkstücks		Spannskizze 1
3	Festlegen des Werkstück-Nullpunkts		
4	Querplandrehen der Länge 81,1 mm	T 1	
5		T 5	mit Aufmaß
6		T 9	
7		T 11	
8		T 12	
9	Umspannen des Werkstücks auf die Gegenspindel		Spannskizze 2
10	Querplandrehen der Länge 80,1 mm und Vordrehen der Außenkontur		mit Aufmaß
11	Bohren ⌀ 20 mm 35,25 mm tief		
12	Vordrehen der Innenkontur		mit Aufmaß
13	Fertigdrehen der Innenkontur		
14	Fertigdrehen der Außenkontur		
15	Quereinstechdrehen der Innennut		
16	Fräsen der Nuten auf der Mantelfläche		
17	Qualitätskontrolle		
18	Ausspannen des Werkstücks		

Projekt 2

Bewertung 10 bis 0 Punkte

Ergebnis

Dieses Ergebnis bitte in das Feld **U2**
des **grau-weißen** Markierungsbogens
eintragen!

Abschlussprüfung Teil 2

Zerspanungsmechaniker/-in

Berufs-Nr.

4 0 0 0

Projekt 2

Projekt 2: Drehen

Schriftliche Prüfung

Fertigungstechnik
Teil A

Musterprüfung

M 4000 K4/P2

Vorgabezeit:	Insgesamt (für das gesamte Projekt 2) 105 min für die Teile A und B
Hilfsmittel:	Formelsammlungen, Tabellenbücher, Zeichenwerkzeuge und nicht programmierter, netzunabhängiger Taschenrechner ohne Kommunikationsmöglichkeit mit Dritten

Sehr geehrter Prüfling,

bevor Sie mit der Bearbeitung der Aufgaben beginnen, lesen Sie bitte **sorgfältig** die folgenden Hinweise.

1 Allgemeines

Der Aufgabensatz für den Prüfungsbereich **Fertigungstechnik** besteht aus:

- Teil A mit 14 gebundenen Aufgaben (also mit vorgegebenen Auswahlantworten)
- Teil B mit 4 ungebundenen Aufgaben (die Sie mit Ihren eigenen Worten in möglichst kurzen Sätzen beantworten müssen)
- Anlage(n): 8 Blatt im Format A4 und 1 Blatt im Format A3 für Teil A und Teil B
- Markierungsbogen (grün)

Für die Ermittlung Ihrer Prüfungsleistungen werden der grüne Markierungsbogen von Teil A, das Aufgabenheft Teil B und gegebenenfalls die Anlage(n) zugrunde gelegt.

Am Ende der Vorgabezeit von 105 min müssen Sie den Aufgabensatz der Prüfungsaufsicht übergeben.

Bei zeichnerischen Darstellungen gilt die Projektionsmethode 1 (⊏⊣ ⊕).

2 Hinweise für Teil A (dieses Heft)

Tragen Sie bitte vor Beginn der Bearbeitung der Aufgaben in den Kopf des **grünen Markierungsbogens** und gegebenenfalls auf der/den **Anlage(n)** die dort geforderten Angaben ein:

- Prüfungsart und Prüfungstermin
- Die Nummer Ihrer Industrie- und Handelskammer, falls bekannt
- Die Ihnen mit der Einladung zur Prüfung mitgeteilte Prüflingsnummer
- Die auf der Titelseite dieses Aufgabenhefts aufgedruckte Berufsnummer
- Ihren Vor- und Familiennamen und den Ausbildungsbetrieb
- Ihren Ausbildungsberuf
- Prüfungsfach/-bereich „Fertigungstechnik"
- Projekt-Nr. „02"

Sind diese Angaben bereits eingedruckt, prüfen Sie diese auf Richtigkeit.

Prüfen Sie danach, ob dieses Heft 14 Aufgaben und 9 Anlage(n) enthält. Informieren Sie bei Unstimmigkeiten **sofort** die Prüfungsaufsicht. **Reklamationen nach dem Schluss der Prüfung werden nicht anerkannt.**

Bei den Aufgaben in diesem Heft ist jeweils nur **eine** der 5 Auswahlantworten **richtig**. Sie dürfen deshalb nur **eine** ankreuzen. Kreuzen Sie mehr als eine oder keine Auswahlantwort an, gilt die Aufgabe als **nicht gelöst**.

Lesen Sie die Aufgabenstellung und die Auswahlantworten sorgfältig durch. Kreuzen Sie erst dann im Markierungsbogen die Ihrer Meinung nach richtige Auswahlantwort an (siehe Abb. 1, Aufgabe 1). Verwenden Sie hierfür unbedingt einen Kugelschreiber, damit Ihre Kreuze auch auf dem Durchschlag eindeutig erkennbar sind.

Sollten Sie ein Kreuz in ein falsches Feld gesetzt haben, machen Sie dieses unkenntlich und setzen Sie ein neues Kreuz an die richtige Stelle (siehe Abb. 1, Aufgabe 2).

Sollten Sie ein bereits unkenntlich gemachtes Feld verwenden wollen, setzen Sie Ihr Kreuz rechts neben das Feld in die weiße Spalte (siehe Abb. 1, Aufgabe 3).

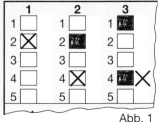

Abb. 1

Ihre Industrie- und Handelskammer wünscht Ihnen viel Erfolg!

Muster eines Markierungsbogens

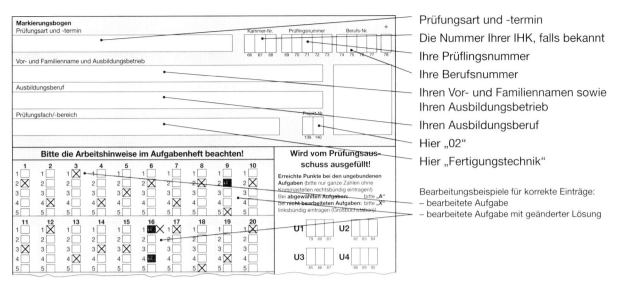

Tragen Sie bitte ein:

Prüfungsart und -termin

Die Nummer Ihrer IHK, falls bekannt

Ihre Prüflingsnummer

Ihre Berufsnummer

Ihren Vor- und Familiennamen sowie Ihren Ausbildungsbetrieb

Ihren Ausbildungsberuf

Hier „02"

Hier „Fertigungstechnik"

Bearbeitungsbeispiele für korrekte Einträge:
– bearbeitete Aufgabe
– bearbeitete Aufgabe mit geänderter Lösung

1

Welcher Bezugspunkt wird vom Maschinenhersteller festgelegt und kann *nicht* verändert werden?

1. Programmendpunkt
2. Werkzeugwechselpunkt
3. Maschinennullpunkt
4. Werkstücknullpunkt
5. Programmnullpunkt

2

Bei der Bearbeitung des Drehteils ist beim Schlichtdrehmeißel T9 die Wendeschneidplatte ausgebrochen. Wählen Sie aus den folgenden Bezeichnungen die richtige Plattenform aus.

1. DNMG
2. CNMG
3. VNMG
4. TEGN
5. WNMG

3

Bei der Programmierung des Außengewindes an der CNC-Drehmaschine wird im Gewindezyklus G 31 der Startpunkt in Z-Richtung mit ZS programmiert. Warum sollte dieser Startpunkt $3 \times$ Gewindesteigung vor dem Anfang des Gewindes entfernt programmiert werden?

1. Damit für die Kühlmittelzufuhr genügend Zeit ist, den Druck aufzubauen
2. Damit der Maschinenbediener genug Zeit hat, um bei Fehlern einzugreifen
3. Damit das Werkzeug den benötigten Vorschub erreicht
4. Damit das Werkzeug die benötigte Drehzahl erreicht
5. Damit das Werkstück den benötigten Vorschub erreicht

4

Sie benutzen zum Planen das Werkzeug T 1. Wie muss das Maß in „X" programmiert werden, um die Stirnfläche sauber zu planen?

1. 1-mal Schneidenradius über Drehmitte
2. 2-mal Schneidenradius über Drehmitte
3. Drehmitte
4. 1-mal Schneidenradius vor Drehmitte
5. 2-mal Schneidenradius vor Drehmitte

5

Bei der Qualitätskontrolle ist das Maß ⌀28F8 um 0,05 mm zu groß. Welcher Wert muss im Werkzeugkorrekturspeicher eingegeben werden, damit das nächste Werkstück maßhaltig wird?

1. X –0,05
2. Z 0,05
3. X 0,05
4. X –0,1
5. Z –0,025

6

Vor der Bearbeitung des Drehteils soll der Werkzeugwechselpunkt bestimmt werden. Welches Kriterium ist bei der Bestimmung am wichtigsten?

1. Möglichst lange Verfahrwege, damit man den vollen Kühlschmiermitteldruck erreicht
2. Lange Anfahrwege zur Verrechnung der Werkzeugkorrekturwerte
3. Günstige Position für das Bestücken des Werkzeugrevolvers
4. Kollisionsvermeidung langer Werkzeuge beim Schwenken des Revolvers
5. Lange Anfahrwege bis zum Werkstück zum Überprüfen des richtigen Werkzeugs

7

Welche Aussage über das Koordinatensystem trifft zu?

1. Die Drehachsen A, B und C werden den Koordinatenachsen X, Y und Z zugewiesen.
2. Die Drehachsen haben keine Koordinatenzuweisung.
3. Die Drehachsen sind maschinenabhängig.
4. Die Drehachsen A, B und F werden den Koordinatenachsen X, Y und Z zugewiesen.
5. Die Drehachsen A, A1 und A2 werden den Koordinatenachsen X, Y und Z zugewiesen.

8

Am Drehteil wird ein G 19 programmiert. Welche Bearbeitungsebene wird dadurch definiert?

1. YZ-Ebene
2. ZX-Ebene
3. XY-Ebene
4. AB-Ebene
5. BC-Ebene

9

An der Drehmaschine wird ein dB(A) von 93 erreicht. Was müssen Sie hinsichtlich der Unfallverhütungsvorschrift für Lärm beachten?

1. Es ist nichts zu beachten.
2. Es können Gehörschutzmittel benutzt werden.
3. Die Drehzahl an der Maschine muss erhöht werden.
4. Es müssen Gehörschutzmittel benutzt werden.
5. Die Drehzahl an der Maschine muss verringert werden.

10

Welche Art von Fertigungsanlage würden Sie bei sehr hohen Stückzahlen und fertigungsähnlichen verschiedenen Werkstücken wählen?

1. CNC-Maschine
2. Bearbeitungszentrum
3. Flexible Fertigungszelle
4. Universal-CNC-Fräsmaschine
5. Flexible Fertigungsstraße

M 4000   K4/P2 -ho-grün-211117

11

Welche Aussage über ein externes Werkzeug-Messsystem trifft zu?

1. Nur für eine CNC-Maschine verwendbar

2. Für verschiedene bzw. mehrere CNC-Maschinen einsetzbar

3. Ist genauer als das interne Messsystem

4. Ist kostengünstiger als interne Messsysteme

5. Die Daten lassen sich einfacher per Hand eingeben

12

Bei der Fertigung des Drehteils soll eine fest vorgesehene Prüftätigkeit im Arbeitsraum während der Fertigung durchgeführt werden. Welcher Befehl muss dafür im laufenden Programm programmiert werden?

1. M 30

2. M 0

3. G 4

4. M 9

5. M 6

13

Im Wartungsplan der CNC-Drehmaschine ist das Schmiermittel CL100 angegeben. Um welches Schmiermittel handelt es sich?

1. Schmierfett für Getriebe

2. Festschmierstoff Grafit für Lager

3. Hydrauliköl

4. Esteröl für Lagerstellen

5. Schmieröl für Umlaufschmierung

14

Welche Informationen müssen Sie im Werkzeugspeicher für ein Werkzeug eingeben, damit Sie mit der Schneidenradiuskompensation (SRK) arbeiten können?

1. Schneidenradius und Lage der Schneide

2. Schneidenradius und Halterbreite

3. Schneidstoff und Schneidenradius

4. Schneidenradius und Halterlänge

5. Plattenbefestigung und Schneidstoff

Projekt 2

Haben Sie in den Markierungsbogen:

Ihre Prüflingsnummer eingetragen?

Ihre Berufsnummer eingetragen?
(Siehe Titelseite dieses Aufgabenhefts)

Diese Felder ausgefüllt bzw. eingedruckte Angaben auf Richtigkeit geprüft?

Die Lösungen der Aufgaben eindeutig eingetragen?

Bei fehlenden oder uneindeutigen Angaben kann der Markierungsbogen nicht ausgewertet werden. Spätere Reklamationen können nicht berücksichtigt werden!

Prüflingsnummer

Vor- und Familienname

Industrie- und Handelskammer

Abschlussprüfung Teil 2

Zerspanungsmechaniker/-in

Berufs-Nr.

4 0 0 0

Projekt 2

Projekt 2: Drehen

Schriftliche Prüfung

Fertigungstechnik
Teil B

Musterprüfung

M 4000 K5/P2

PAL - Prüfungsaufgaben- und
Lehrmittelentwicklungsstelle

IHK Region Stuttgart

Vorgabezeit:	Insgesamt (für das gesamte Projekt 2) 105 min für die Teile A und B
Hilfsmittel:	Formelsammlungen, Tabellenbücher, Zeichenwerkzeuge und nicht programmierter, netzunabhängiger Taschenrechner ohne Kommunikationsmöglichkeit mit Dritten

Sehr geehrter Prüfling,

bevor Sie mit der Bearbeitung der Aufgaben beginnen, lesen Sie bitte **sorgfältig** die folgenden Hinweise.

1 Allgemeines

Der Aufgabensatz für den Prüfungsbereich **Fertigungstechnik** besteht aus:

- Teil A mit 14 gebundenen Aufgaben (also mit vorgegebenen Auswahlantworten)
- Teil B mit 4 ungebundenen Aufgaben (die Sie mit Ihren eigenen Worten in möglichst kurzen Sätzen beantworten müssen)
- Anlage(n): 8 Blatt im Format A4 und 1 Blatt im Format A3 für Teil A und Teil B
- Markierungsbogen (grün)

Für die Ermittlung Ihrer Prüfungsleistungen werden der grüne Markierungsbogen von Teil A, das Aufgabenheft Teil B und gegebenenfalls die Anlage(n) zugrunde gelegt.

Am Ende der Vorgabezeit von 105 min müssen Sie den Aufgabensatz der Prüfungsaufsicht übergeben.

Bei zeichnerischen Darstellungen gilt die Projektionsmethode 1 (⊡ ⊕).

2 Hinweise für Teil B (dieses Heft)

Tragen Sie bitte vor Beginn der Bearbeitung der Aufgaben auf der Titelseite **dieses Hefts** und gegebenenfalls auf der/den **Anlage(n)** die dort geforderten Angaben ein:

- Die Ihnen mit der Einladung zur Prüfung mitgeteilte Prüflingsnummer
- Ihren Vor- und Familiennamen

Prüfen Sie danach, ob dieses Heft 4 Aufgaben und 9 Anlage(n) enthält. Informieren Sie bei Unstimmigkeiten **sofort** die Prüfungsaufsicht. **Reklamationen nach dem Schluss der Prüfung werden nicht anerkannt.**

Bearbeiten Sie die Aufgaben, wo möglich, mit kurzen Sätzen.

Bei mathematischen Aufgaben ist der vollständige Rechengang (Formel, Ansatz, Ergebnis, Einheit) in dem dafür vorgesehenen Feld auszuführen.

Geben Sie in dem unten vorgedruckten Feld an, welche Tabellenbücher Sie verwendet haben.

Bei der Bearbeitung der Aufgaben wurden folgende Tabellenbücher verwendet:

Ihre Industrie- und Handelskammer wünscht Ihnen viel Erfolg!

Prüfungsaufgaben-Beschreibung

Die folgenden Fragen beziehen sich auf das Drehen mit der CNC-Maschine und die Herstellung des Teils einschließlich Zeichnung, Werkzeugformdatei und Programm.

U1

Tragen Sie in die grauen Felder die Prüfmittel ein, die Sie für die Qualitätskontrolle des Drehteils benötigen.

Aufgabenlösung:

Nr.	Prüfmerkmale	Abmaße (in μm)	Prüfmittel
1	Rz12,5		
2	⌀ 36e8	−50/−89	
3	23−0,1	0/−100	
4	⌀ 28F8	+53/+20	
5	25−0,2	0/−200	

Ergebnis U1

Punkte

U2

Die beiden Umfangsnuten am Drehteil (Schnitt A–A) sollen nicht in einem Winkel von 90° sondern von 60° gefräst werden, wobei der Anfang der beiden Nuten nicht geändert werden soll.
Ändern Sie das Programm entsprechend.

Aufgabenlösung:

N 92	G 0		X 21	Y 0	Z 5
N 93	G 1		X 17		
N 94					Z −17.5
N 95					
N 96			X 21		
N 97	G 0			Y 0	Z 5
N 98				Y 61.261	
N 99	G 1		X 17		
N 100					Z −17.5
N 101					
N 102			X 21		

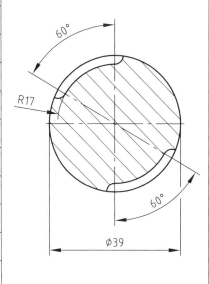

Ergebnis U2

Punkte

U3

Die Nut auf dem Außendurchmesser soll nicht mit dem Setzpunkt EP2 sondern EP1 programmiert werden.
Ändern Sie das Programm entsprechend ab.

Aufgabenlösung:

N 35	G 86	XA	ZA	ET		EB 5	AS 20	AE 20	D 2.5	AK 0.1	RO 0.5	EP 1	H 14

Ergebnis U3

Punkte

U4

Bei der Bearbeitung der zweiten Seite des Drehteils spannt das hydraulische Spannsystem nicht mehr.
Nennen Sie drei Ursachen, die dafür verantwortlich sein können.

Aufgabenlösung:

	Ergebnis U4
	Punkte

Erreichte Punkte bei den ungebundenen Aufgaben

max. 40 Punkte

Die Ergebnisse **U1** bis **U4** bitte in die dafür vorgesehenen Felder des **grünen** Markierungsbogens eintragen!

_____   _____

Datum   Prüfungsausschuss

INDUSTRIE- UND HANDELSKAMMER

Lösungsschablone-Nr.: M 4000 L4/P2

Abschlussprüfung Teil 2: Musterprüfung
Projekt 2: Drehen

Ausbildungsberuf: Zerspanungsmechaniker/-in

Fertigungstechnik Teil A

1	2	3	4	5	6	7	8	9	10
·	·	·	·	(·)	·	(·)	(·)	·	·
·	·	·	(·)	·	·	·	·	·	·
(·)	(·)	(·)	·	·	·	·	·	·	·
·	·	·	·	·	(·)	·	·	(·)	·
·	·	·	·	·	·	·	·	·	(·)

11	12	13	14
·	·	·	(·)
(·)	(·)	·	·
·	·	·	·
·	·	·	·
·	·	(·)	·

Hinweis:

– Vom Prüfling sind alle 14 Aufgaben zu bearbeiten.

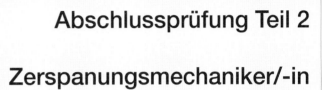

Industrie- und Handelskammer

Abschlussprüfung Teil 2

Zerspanungsmechaniker/-in

Berufs-Nr.

4 0 0 0

Projekt 2

Projekt 2: Drehen

Schriftliche Prüfung

Lösungsvorschläge für den Prüfungsausschuss

Musterprüfung

M 4000 L/P2

IHK PAL - Prüfungsaufgaben- und Lehrmittelentwicklungsstelle

IHK Region Stuttgart

1   Lösungsschablonen/-vorschläge für den Prüfungsausschuss

1.1   Lösungsschablone Fertigungstechnik Teil A
1.2   Lösungsschablone Wirtschafts- und Sozialkunde
1.3   Heft Lösungsvorschläge mit   rot
       – Auftrags- und Funktionsanalyse Teil A und Teil B
       – Fertigungstechnik Teil B
1.4   Gebenenfalls Blatt Lösungsvorschläge Wirtschafts- und Sozialkunde   rot

Lösungvarianten sind möglich!
Sinngemäß richtige Lösungen sind voll zu bewerten.

Hinweise zur Bewertung des Programms:

Bei der Bewertung des ergänzten Programms ist der Punkteschlüssel 10 oder 0 Punkte anzuwenden. Dabei sind 10 Punkte zu vergeben, wenn das Wort richtig ergänzt wurde. 0 Punkte sind bei falscher oder fehlender Ergänzung einzutragen. Felder, die mit einer Punktlinie umrahmt sind, dürfen bei falsch berechnetem Zahlenwert bei der Übertragung vom Berechnungsfeld der Zeichnung auf das Programmblatt nicht nochmals als falsch bewertet werden. Jedoch hat der Prüfling diesen errechneten Zahlenwert in das Programmblatt einzutragen.

*Grundsätzlich gehen alle mit einer Punktlinie (• • • •) gekennzeichneten Felder im Lösungsblatt **nicht** in die Bewertung ein.*

Die vom Prüfling selbst geschriebenen Programmteile sind vom Prüfungsausschuss auf Vollständigkeit und Richtigkeit zu prüfen.

Für jedes richtige Wort sind 10 Punkte zu vergeben. Jedes falsche oder fehlende Wort, außer Felder mit Punktlinie, ist mit 0 Punkten zu bewerten. Für fehlende Adressbuchstaben darf kein Punktabzug erfolgen. Umfasst die fachlich und technisch richtige Lösung des geschriebenen Programmteils mehr Sätze als der Lösungsvorschlag, dann muss der Divisor auf dem ersten Programmblatt entsprechend geändert werden.

CNC Ergänzung Lösungsvorschlag

Satz-Nr. N	Wegbedingung G	X/XA/XI	Y/YA/YI	Z/ZA/ZI	Zusätzliche Befehle mit Adressen				Schaltfunktion M	Je Eintragung 10 oder 0 Punkte
1	G 54									
2	G 92				S 5000					
3	G 14				H 0					
4	G 96 G 95				T 1	S 450	F 0.3	E 0.1	M 4	
5	G 0	X 42		Z 0.1					M 8	
6	G 1	X -1.6		Z 1						
7										
8	G 14				H 0				M 9	
9	G 96 G 95				T 5	S 400	F 0.2	E 0.1	M 4	
10	G 0	X 40		Z 2					M 8	
11	G 81				AX 0.5	AZ 0.1	D 2	H 2		
12	G 0	X 22		Z 0						
13	G 1	X 25		Z 0	RN -1					
14										
15	G 85	XA 25		ZA -24.9	H 1	I 0.8	K 2.5			
16	G 1	X 32		Z -35	RN -0.5					
17										
18		X 35.931		Z -45.05	RN 1					
19										
20		X 37		Z -47						
21	G 85	XA 37		ZA -50.05	H 2					
22	G 1	X 40		Z -52	RN -1					
23										
24		X 41								
25	G 80									

IHK – Abschlussprüfung Teil 2	Vor- und Familienname:	Prüflingsnummer:	Ergebnis Prüfungsstück: CNC–Programm	Zwischenergebnis
Musterprüfung: Projekt 2 – CNC-Drehen		Datum:	Summe der Zwischenergebnisse ☐	Datum:
Programmblatt Blatt **1** von **5**	Beruf: **Zerspanungsmechaniker/-in**		geteilt durch ☐	Prüfungs-
			Ergebnis ☐	ausschuss:

Projekt 2

CNC-Ergänzung   Lösungsvorschlag

Satz-Nr. N	Wegbedingung G	X/XA/XI	Y/YA/YI	Z/ZA/ZI	Zusätzliche Befehle mit Adressen									Schaltfunktion M	Je Eintragung 10 oder 0 Punkte
26	G 14				H 0									M 9	
27	G 96 G 95				T 9	S 500	F 0.2	E 0.1						M 4	
28	G 0	X 0		Z 2										M 8	
29	G 42 G 1			Z 0											
30	G 23				N 14	N 24									
31	G 40														
32	G 14				H 0									M 9	
33	G 96 G 95				T 11	S 300	F 0.15	E 0.1						M 4	
34	G 0	X 34		Z −30										M 8	
35	G 86	XA 25.95		ZA −33	ET 32	EB 5	AS 20	AE 20	D 2.5	AK 0.1	RO 0.5	EP 2	H 14		
36	G 14				H 1									M 9	
37	G 97				T 12	S 2540								M 3	
38	G 0	X 25		Z 3										M 8	
39	G 31	XA 25		ZA −24.4	H 0	F 1	D 0.61	XS 25	ZS 3	Q 4	O 1		H 14		
40	G 14				H 0								H 14	M 9	
41					; ZWEITE SEITE GEGENSPINDELÜBERNAHME										
42	G 30				Q 3	DE −43	H 0	DM 153	U 1	E 50				M 63	
43	G 18				DRA	GSU									
44	G 59			ZA 80											
45	G 96 G 95				T 3	S 450	F 0.3	E 0.1						M 3	
46	G 0	X 42		Z 0.1										M 8	
47	G 1	X 19		Z 2											
48															
49	G 0	X 40													
50	G 81				AX 0.5	AZ 0.1	D 2.5	H 2							

IHK – Abschlussprüfung Teil 2
Musterprüfung: Projekt 2 – CNC-Drehen

Vor- und Familienname:

Prüfungsnummer:
Datum:

Beruf: **Zerspanungsmechaniker/-in**

Ergebnis Prüfungsstück: CNC-Programm   Zwischenergebnis

Summe der Zwischenergebnisse   Datum:
geteilt durch

Prüfungs-
ausschuss: Ergebnis

Programmblatt   Blatt **2** von **5**

Satz-Nr. N	Wegbedingung G	Koordinaten X/XA/XI	Y/YA/YI	Z/ZA/ZI	Zusätzliche Befehle mit Adressen				Schaltfunktion M	Je Eintragung 10 oder 0 Punkte
51	G 0	X 36								
52	G 1			Z 0						
53		X 39			RN –1					
54				Z –31						
55		X 41								
56	G 80									
57	G 14				H 0				M 9	
58	G 97 G 95			Z 3	T 2	S 2380	F 0.2		M 3	
59	G 0	X 0		Z 3					M 8	
60	G 84			ZA –35.25	U 1					
61	G 14				H 2				M 9	
62	G 96 G 95				T 4	S 200	F 0.15		M 3	
63	G 0	X 20		Z 2					M 8	
64	G 81				AX –0.5	AZ 0.1	D 2	E 0.1		
65	G 0	X 31			H 2					
66	G 1			Z 0	RN –1					
67		X 28.037			RN –1					
68	G 85	XA 28.037		ZA –10.05	H 2					
69	G 1	X 24.011			RN –0.5					
70	G 85	XA 24.011		ZA –33.9	H 2					
71	G 1	X 19								
72	G 80									
73	G 14				H 2				M 9	
74	G 96 G 95				T 6	S 250	F 0.1		M 3	
75	G 0	X 31		Z 2				E 0.05	M 8	

IHK – Abschlussprüfung Teil 2

Musterprüfung: Projekt 2 – CNC-Drehen

Vor- und Familienname:		Prüflingsnummer:		Ergebnis Prüfungsstück: CNC-Programm	Zwischenergebnis
			Datum:	Summe der Zwischenergebnisse	Datum:
Beruf: **Zerspanungsmechaniker/-in**				geteilt durch	Prüfungsausschuss:
				Ergebnis	

Programmblatt   Blatt **3** von **5**

Projekt 2

Satz-Nr. N	Wegbedingung G	X/XA/XI	Y/YA/YI	Z/ZA/ZI	Zusätzliche Befehle mit Adressen							Schalt-funktion M	Je Eintragung 10 oder 0 Punkte
76	G 41 G 1			Z 0									
77	G 23				N 67	N 71							
78	G 40												
79	G 14				H 2							M 9	
80	G 96 G 95				T 7	S 500	F 0.2	E 0.1				M 3	
81	G 0	X 27		Z 2								M 8	
82	G 42 G 1			Z 0									
83	G 23				N 53	N 55							
84	G 40												
85	G 14				H 0							M 9	
86	G 96 G 95				T 8	S 150	F 0.1	E 0.05				M 3	
87	G 0	X 22		Z 2								M 8	
88	G 86	XA 24.011		ZA –22.95	ET 28	EB –7.05	D 2	AK 0.1	RO –1	EP 1	H 14		
89	G 14				H 2							M 9	
90	G 19	X 39			; MANTEL-/SEHNENFLÄCHENBEARBEITUNG								
91	G 97 G 94				T 13	S 5090	F 200					M 3	
92	G 0	X 21	Y 0	Z 5								M 8	
93	G 1	X 17											
94				Z –17.5									
95			Y 30.631										
96		X 21											
97	G 0		Y 0	Z 5									
98			Y 61.261										
99	G 1	X 17											
100				Z –17.5									

IHK – Abschlussprüfung Teil 2

Musterprüfung: Projekt 2 – CNC-Drehen

Vor- und Familienname:

Beruf: **Zerspanungsmechaniker/-in**

Programmblatt Blatt **4** von **5**

Prüflingsnummer:

Datum:

Ergebnis Prüfungsstück: CNC-Programm

Summe der Zwischenergebnisse

geteilt durch

Ergebnis

Zwischenergebnis

Datum:

Prüfungs-ausschuss:

CNC-Ergänzung   Lösungsvorschlag

Satz–Nr. N	Wegbedingung G	Koordinaten X/XA/XI	Y/YA/YI	Z/ZA/ZI	Zusätzliche Befehle mit Adressen	Schalt–funktion M	Je Eintragung 10 oder 0 Punkte
101			Y 91.892				
102		X 21					
103	G 14				H 1	M 9	
104	G 18						
105						M 30	

IHK – Abschlussprüfung Teil 2

Musterprüfung: Projekt 2 – CNC-Drehen

Programmblatt Blatt **5** von **5**

Vor- und Familienname:

Beruf: **Zerspanungsmechaniker/-in**

Prüflingsnummer:

Datum:

Ergebnis Prüfungsstück: CNC–Programm

Summe der Zwischenergebnisse ☐
geteilt durch
Ergebnis ☐

Zwischenergebnis

Datum:

Prüfungs–ausschuss:

Projekt 2

M 4000   L1/P2 -ho-rot-211117

7

**Einrichteblatt
Projekt 2 – CNC-Drehen
Lösungsvorschlag**

Zerspanungsmechaniker/-in

Werkstück: Drehteil	Werkstoff: CuZn36Pb3	Programm-Nr.: % 116
Zeichnung: 1(1)	Halbzeug: ∅ 40 × 82	Datum:

Spannskizze 1

Spannskizze 2

Einspanntiefe 20 mm   Aufmaß 1 mm

Einspanntiefe 43 mm   Aufmaß 1 mm

Nr.	Arbeitsfolge	Werkzeug-Nr.	Bemerkung
1	Prüfen der Rohmaße		
2	Spannen des Werkstücks		Spannskizze 1
3	Festlegen des Werkstück-Nullpunkts		
4	Querplandrehen der Länge 81,1 mm	T 1	
5	Vordrehen der Außenkontur	T 5	mit Aufmaß
6	Fertigdrehen der Außenkontur	T 9	
7	Quereinstechen der Nut	T 11	
8	Gewindedrehen M25 × 1	T 12	
9	Umspannen des Werkstücks auf die Gegenspindel		Spannskizze 2
10	Querplandrehen der Länge 80,1 mm und Vordrehen der Außenkontur	T 3	mit Aufmaß
11	Bohren ∅ 20 mm 35,25 mm tief	T 2	
12	Vordrehen der Innenkontur	T 4	mit Aufmaß
13	Fertigdrehen der Innenkontur	T 6	
14	Fertigdrehen der Außenkontur	T 7	
15	Quereinstechdrehen der Innennut	T 8	
16	Fräsen der Nuten auf der Mantelfläche	T 13	
17	Qualitätskontrolle		
18	Ausspannen des Werkstücks		

Bewertung 10 bis 0 Punkte

Ergebnis

Projekt 2

Fertigungstechnik Teil B Projekt 2 – CNC-Drehen Lösungsvorschläge	Zerspanungsmechaniker/-in

Zu beachten:

Für eine statistische Auswertung ist es zwingend notwendig, dass die Projektnummer (siehe Deckblatt Prüfungsheft) auf dem Markierungsbogen eingetragen wird.

U1

Nr.	Prüfmerkmale	Abmaße (in μm)	Prüfmittel
1	Rz12,5		Tastschnittmessgerät
2	⌀ 36e8	–50/–89	Bügelmessschraube
3	23–0,1	0/–100	Hakentiefenmessschieber
4	⌀ 28F8	+53/+20	Innenmessschraube
5	25–0,2	0/–200	Tiefenmessschieber

U2

N 92	G 0		X 21	Y 0	Z 5
N 93	G 1		X 17		
N 94					Z -17.5
N 95				Y 20.42	
N 96			X 21		
N 97	G 0			Y 0	Z 5
N 98				Y 61.261	
N 99	G 1		X 17		
N 100					Z -17.5
N 101				Y 81.681	
N 102			X 21		

U3

N 35	G 86	XA 32	ZA –34.1	ET 25.95	EB 5	AS 20	AE 20	D 2.5	AK 0.1	RO 0.5	EP 1	H 14

U4

– Hydraulikpumpe defekt
– Fußschalter ohne Funktion
– Zu wenig Hydraulikflüssigkeit
– Keine Stromversorgung
– Spannmittel defekt

Projekt 2

Abschlussprüfung Teil 2

Zerspanungsmechaniker/-in

Berufs-Nr.

4 0 0 0

Projekt 3: Fräsen

Bitte beachten!

Bitte wählen Sie aus den Projekten 2 und 3 ein Projekt aus und bearbeiten Sie es vollständig.

Schriftliche Prüfung

Hinweise für den Prüfling

Musterprüung

M 4000 K/P3

PAL - Prüfungsaufgaben- und Lehrmittelentwicklungsstelle

IHK Region Stuttgart

Prüfungsaufgabensatz

Der Prüfungsaufgabensatz für die Auftrags- und Funktionsanalyse und die Fertigungstechnik (Projekt 3) besteht aus folgenden Unterlagen:

Gesamtzeichnung Blatt 1(1)	weiß
Prüfungsaufgabenbeschreibung	weiß
Programmieranleitung Fräsen	weiß
Werkzeugformdatei	weiß
Aufgabe Programm Blatt 1(5) bis 5(5)	weiß
Einrichteblatt	weiß
Markierungsbogen (Auftrags- und Funktionsanalyse)	grau-weiß
Fertigungstechnik Teil A	grün
Fertigungstechnik Teil B	grün
Markierungsbogen (Fertigungstechnik)	grün

Bitte beachten!

Am Ende der Vorgabezeit von 105 min müssen Sie alle Dokumente der Prüfungsaufsicht übergeben.

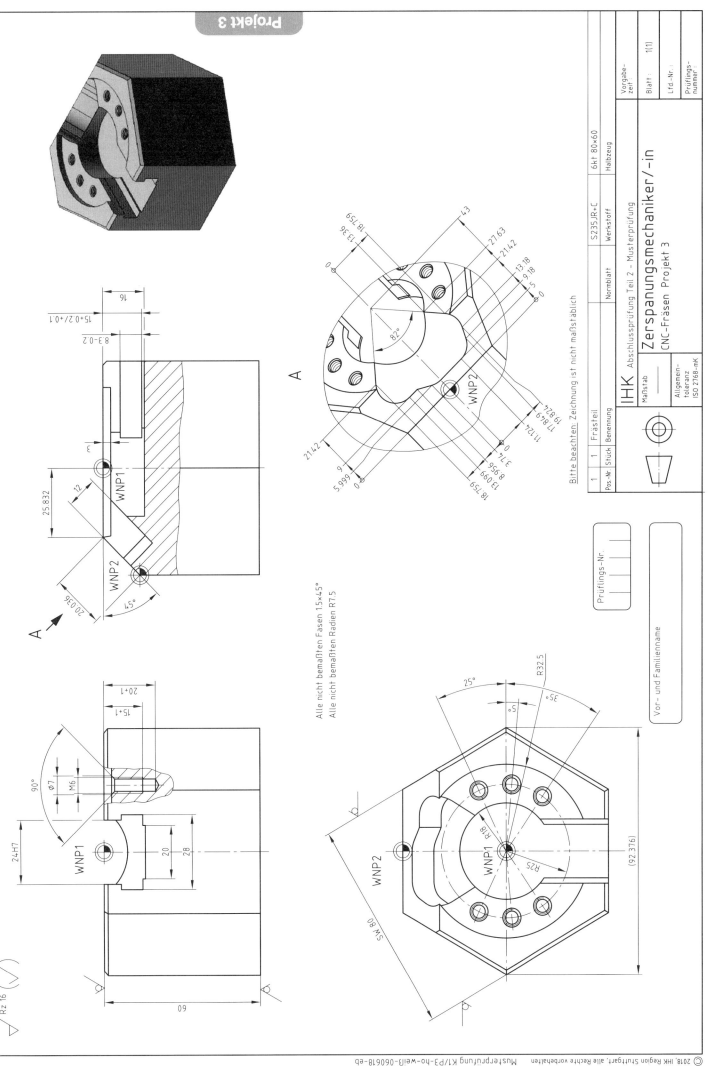

Projekt 3

Rz 16 (√)

Bitte beachten: Zeichnung ist nicht maßstäblich

Alle nicht bemaßten Fasen 1,5×45°
Alle nicht bemaßten Radien R7,5

A

A

WNP1
WNP2
WNP2
WNP1

82°

SW 80

25°
35°
5°
R32,5
R18
R25
(92.376)

Pos.-Nr.	Stück	Benennung					
1	1	Frästeil			Normblatt	S235JR+C	6kt 80×60
						Werkstoff	Halbzeug

IHK Abschlussprüfung Teil 2 – Musterprüfung

Zerspanungsmechaniker/-in
CNC-Fräsen Projekt 3

Maßstab —
Allgemein-
toleranz
ISO 2768-mK

Vorgabe-zeit
Blatt: 1(1)
Lfd.-Nr.:
Prüfings-nummer:

Prüflings-Nr.

Vor- und Familienname

Prüflingsnummer

Vor- und Familienname

Industrie- und Handelskammer

Abschlussprüfung Teil 2

Zerspanungsmechaniker/-in

Berufs-Nr.

4 0 0 0

Projekt 3: Fräsen

Projekt 3

Schriftliche Prüfung

Auftrags- und Funktionsanalyse
Teil A und Teil B

Musterprüfung

M 4000 K1/P3

PAL - Prüfungsaufgaben- und
Lehrmittelentwicklungsstelle

IHK Region Stuttgart

Prüfungsaufgabenbeschreibung Projekt 3 CNC-Fräsen	Zerspanungsmechaniker/-in

1. Aufgabenbeschreibung für das Projekt „Fräsen"

Das auf der Zeichnung Blatt 1(1) dargestellte Werkstück soll in einer größeren Stückzahl auf einer CNC-Fräsmaschine gefertigt werden. Das dafür erforderliche Programm ist auf den beiliegenden Programmblättern unvollständig vorgegeben. Dieses Programm und das Einrichteblatt sind zu ergänzen.

2. Vorgabezeit: 105 min

3. Erlaubte Hilfsmittel: Formelsammlungen, Tabellenbücher und nicht programmierter, netzunabhängiger Taschenrechner ohne Kommunikationsmöglichkeiten mit Dritten

4. Zusatzinformationen zur CNC-Fräsmaschine

– Für die Steuerung der CNC-Fräsmaschine gilt die beiliegende Programmieranleitung. Sie enthält alle für die Lösung der Aufgabe erforderlichen Angaben.

– Die CNC-Fräsmaschine arbeitet als Senkrechtfräsmaschine mit den Grundachsen X, Y, Z und den Schwenkachsen B und C. Die Ebenenauswahl G 17 braucht deshalb nicht im Programm angegeben zu werden.

– Der Werkzeugwechselpunkt wird mit Positionierlogik angefahren.

– Das Werkstück ist im Gleichlauf zu fräsen.

– Gewindezyklus G 84: Bei Durchgangsbohrungen beträgt der Überlauf des Gewindebohrers 3 × P. Bei Gewinde-Grund- lochbohrungen richtet sich die Kernlochbohrung nach DIN 76. Bohrtiefe des Gewindebohrers = nutzbare Gewindelänge Z + 3 × Gewindesteigung P.

– Für das Konturfräsen des Werkstücks ist zu beachten:
Bei Aufmaßen sind an der Berandung 0,5 mm, am Grund 0,1 mm zu berücksichtigen.
Bei Toleranzen ist von der Toleranzmitte auszugehen.

– Der Sicherheitsabstand V bei den Bearbeitungszyklen wird mit 2 mm programmiert.

– Das Ein- und Ausspannen des Werkstücks erfolgt am Programmende.

5. Arbeitshinweise

– Arbeiten Sie sich sorgfältig in die Zeichnung des zu fertigenden Werkstücks ein.

– Nehmen Sie das Einrichteblatt zur Hand und überlegen Sie, wie die Herstellung des Frästeils fachgerecht erfolgen könn- te. Dazu sollten Sie auch die Programmblätter heranziehen, die Ihnen zeigen, welche Arbeitsfolgen der Programmierer vorgesehen hat.

– Ergänzen Sie im Einrichteblatt die grau unterlegten Felder, beginnend vom Prüfen des Halbzeugs bis zum Ausspannen des fertigen Werkstücks.

– Wählen Sie aus der Werkzeugformdatei die Werkzeuge aus, die bei der Fertigung eingesetzt werden. Tragen Sie die Werkzeugnummern an der richtigen Stelle des Einrichteblatts ein.

– Verwenden Sie für die Satzbefehle die beiliegende Programmieranleitung für die PAL-CNC-Fräsmaschine. Die fehlenden technologischen Daten entnehmen Sie der Werkzeugformdatei, sofern erforderlich, berechnen Sie die Drehzahlen.

– Arbeiten Sie das gegebene Programm Satz für Satz durch und ergänzen Sie die Felder des Hauptprogramms, die grau unterlegt sind. Folgende Sätze des Programms, bei denen die Satznummern mit breiten Volllinien hervorgehoben sind, sind vollständig zu erstellen. In diesen Sätzen des Programms können die Vorschubwerte „F" und Zusatzfunktionen „M" zum Teil vorgegeben sein.

Programm % 16 CNC-Ergänzung

Satz: N 85 bis N 86   Blatt 4 von 5
               N 3 bis N 7   Blatt 5 von 5
               N 9 und N 10   Blatt 5 von 5

– Die Wörter sind immer mit Adressbuchstaben und Zahlenwert in das Programmblatt einzutragen. Sind die Adressbuchstaben vorgegeben, ist nur der Zahlenwert einzutragen.

– Ordnen Sie, wenn im Hauptprogramm verlangt, das Unterprogramm den Programmsätzen zu. Ergänzen Sie die Felder des Unterprogramms, wenn diese grau unterlegt sind. Sind in dem Arbeitsblatt für das Unterprogramm weder graue Felder noch Eintragungen, so ist das Unterprogramm vollständig zu schreiben.

– Tragen Sie in die Aufgabenzeichnung, in das Einrichteblatt und die Programmblätter Ihren Namen, Ihre Prüflingsnummer sowie das Datum ein und übergeben Sie diese Unterlagen der Prüfungsaufsicht.

Projekt 3

Auf die erneute Darstellung der Programmieranleitung
„PAL-CNC-Fräsmaschine" wird verzichtet.
Diese ist auf den Seiten 53 bis 60 abgebildet.

IHK
Abschlussprüfung Teil 2 – Musterprüfung

Werkzeugformdatei
Projekt 3 – CNC-Fräsen

Zerspanungsmechaniker/-in

Werkstück:	Werkstoff: S235JR+C	Programm-Nr.: % 16
Zeichnung:	Halbzeug: Sechskant 80 × 60	Datum:

Technologische Daten

Werkzeug-Nr.	T 1	T 2	T 3	T 4	T 5	T 6	T 7	T 8
Werkzeugdurchmesser	10 mm	8 mm	10 mm	8 mm	25 mm	25 mm	16 mm	16 mm
Schnittgeschwindigkeit	30 m/min	30 m/min	140 m/min	140 m/min	35 m/min	35 m/min	120 m/min	120 m/min
Schnitttiefe a_p = max.	–	–	–	–	20 mm	20 mm	10 mm	10 mm
Schneidstoff	HSS	HSS	VHM	VHM	HSS	HSS	VHM	VHM
Anzahl der Schneiden	–	–	4	4	5	5	4	4
Vorschubgeschwindigkeit	140 mm/min	170 mm/min	530 mm/min	440 mm/min	220 mm/min	150 mm/min	760 mm/min	470 mm/min
					Stirnschneiden ohne Zentrumschnitt		Stirnschneiden mit Zentrumschnitt	

Technologische Daten

Werkzeug-Nr.	T 9	T 10	T 11	T 12	T 13	T 14	T 15	T 16
Werkzeugdurchmesser	12 mm	12 mm	10 mm	10 mm	25 × 11 mm	16 × 8 mm	5 mm	M 6
Schnittgeschwindigkeit	120 m/min	120 m/min	120 m/min	120 m/min	35 m/min	35 m/min	30 m/min	10 m/min
Schnitttiefe a_p = max.	6 mm	6 mm	5 mm	5 mm	–	–	–	–
Schneidstoff	VHM	VHM	VHM	VHM	HSS	HSS	HSS	HSS
Anzahl der Schneiden	4	4	3	3	8	6	–	–
Vorschubgeschwindigkeit	1010 mm/min	630 mm/min	910 mm/min	570 mm/min	170 mm/min	160 mm/min	190 mm/min	Stg.: 1 mm
Stirnschneiden mit Zentrumschnitt								

Projekt 3

CNC-Ergänzung

Satz-Nr. N	Wegbedingung G	X/XA/XI	Y/YA/YI	Z/ZA/ZI	Zusätzliche Befehle mit Adressen						Schaltfunktion M	Je Eintragung 10 oder 0 Punkte
1	G 54											
2					T 7			S 2380	F 760		M 13	
3	G 73			ZA –16	R 18	D 8	V 2	AK 0.5	AL 0.1			
4	G 79	X 0	Y 0	Z 0	T 7					E 100		
5				Z –7.5		TR 0.5	TL 0.1					
6	G 1											
7		X –12.005	Y –11									
8			Y –50									
9		X 12.005										
10			Y –11									
11		X 0	Y 0									
12				Z –15								
13	G 23				N 7	N 11						
14					T 5	TR 0.5	TL 0.1	S 440	F 220		M 13	
15	G 0	X 0	Y 0	Z 2								
16	G 1			Z –3								
17	G 41 G 1	X 0	Y 32.5									
18		X 0	Y 32.5		I	J						
19	G 40 G 1	X 0	Y 0									
20	G 0			Z 100								
21	G 59		YA 25.832									
22	G 17				AM –45							
23	G 59		YA 20.036									
24	G 0	X 45	Y –10	Z 12								
25	G 1			Z 0								

IHK – Abschlussprüfung Teil 2

Musterprüfung: Projekt 3 – CNC-Fräsen

Programmblatt	Blatt **1** von **5**

Vor- und Familienname:

Prüfungsnummer:

Beruf: **Zerspanungsmechaniker/-in**

Datum:

Ergebnis Prüfungsstück: CNC-Programm

Summe der Zwischenergebnisse ☐   geteilt durch 4,4 = Ergebnis ☐

Dieses Ergebnis bitte in das Feld **U1** des **grau-weißen** Markierungsbogens eintragen!

Zwischenergebnis

Datum:

Prüfungs-ausschuss:

CNC Ergänzung

Satz-Nr. N	Wegbedingung G	Koordinaten X/XA/XI	Y/YA/YI	Z/ZA/ZI	Zusätzliche Befehle mit Adressen					Schaltfunktion M	Je Eintragung 10 oder 0 Punkte
26		X –45									
27					T 9	TR 0.5	TL 0.1	S 3180	F 1010	M 13	
28	G 0	X 0	Y –32	Z 2							
29	G 1			Z –6							
30		X 9	Y –20								
31		X –9									
32		X 0	Y –32								
33				Z –12							
34	G 23				N 30	N 32					
35				Z –6							
36	G 22				L 16						
37	G 1	X 0	Y –32								
38				Z –12	L 16						
39	G 22										
40					T 6	S 440	F 150			M 13	
41	G 0	X 45	Y –10	Z 2							
42	G 1			Z 0							
43		X –45									
44					T 10	S 3180	F 630			M 13	
45	G 0	X 0	Y –32	Z 2							
46	G 1			Z –12							
47		X 9	Y –20								
48		X –9									
49		X 0	Y –32								
50	G 23				N 35	N 39					

IHK – Abschlussprüfung Teil 2

Musterprüfung: Projekt 3 – CNC-Fräsen

Programmblatt Blatt **2** von **5**	Vor- und Familienname:	Prüflingsnummer:	Ergebnis Prüfungsstück: CNC-Programm	Zwischenergebnis
		Datum:	Summe der Zwischenergebnisse	Datum:
	Beruf: **Zerspanungsmechaniker/-in**		geteilt durch	Prüfungs-ausschuss:
			Ergebnis	

Projekt 3

Satz-Nr. N	Wegbedingung G	X/XA/XI	Y/YA/YI	Z/ZA/ZI	Zusätzliche Befehle mit Adressen							Schaltfunktion M	Je Eintragung 10 oder 0 Punkte
51					T 8	S 2380	F 470					M 13	
52	G 17												
53	G 50												
54	G 73			ZA –3	R 32.5	D 3	V 2	AK 0.5	AL 0.1	H 4	E 100		
55	G 79	X 0	Y 0	Z 0									
56	G 73	X 0	Y 0	ZA –16	R 18	D 6.5	V 2	AK 0.5	AL 0.1	H 4	E 100		
57	G 79	X 0	Y 0	Z –3									
58	G 1			Z –10									
59	G 23				N 7	N 11							
60	G 1			Z –16									
61	G 41 G 1	X –10	Y –11										
62			Y –50										
63		X 10											
64			Y –11										
65	G 40 G 1	X 0	Y 0										
66					T 14	TR 0.5	S	F				M 13	
67	G 0	X 0	Y 0	Z 2									
68	G 1			Z –15.05									
69	G 41 G 1	X –14	Y –11										
70			Y –50										
71		X 14											
72			Y –11										
73	G 40 G 1	X 0	Y 0										
74				Z –15.15	TC 1								
75	G 1												

IHK – Abschlussprüfung Teil 2

Musterprüfung: Projekt 3 – CNC-Fräsen

Vor- und Familienname:

Beruf: **Zerspanungsmechaniker/-in**

Prüflingsnummer:

Datum:

Ergebnis Prüfungsstück: CNC-Programm

Summe der Zwischenergebnisse

geteilt durch

Ergebnis

Zwischenergebnis

Datum:

Prüfungsausschuss:

Programmblatt　Blatt **3** von **5**

CNC-Ergänzung

Satz-Nr. N	Wegbedingung G	Koordinaten X/XA/XI	Y/YA/YI	Z/ZA/ZI	Zusätzliche Befehle mit Adressen						Schaltfunktion M	Je Eintragung 10 oder 0 Punkte
76	G 23				N 69	N 73						
77	G 1			Z –14.95								
78	G 23				N 69	N 73						
79					T 3	TR 2.5	S 4450	F 530			M 13	
80	G 0	X 30	Y 45	Z 2								
81	G 1			Z –4								
82	G 41 G 1	X 23.094	Y 40									
83		X 46.188	Y 0									
84	G 11				RP 46.188	AP –120						
85					RP	AP						
86					RP	AP						
87	G 1	X –23.094	Y 40		T 1	S 950	F 140				M 13	
88	G 40 G 1	X –30	Y 45									
89	G 81			ZA –6.5		V 2						
90												
91	G 77			Z –3	R	AN –35	AI	O	IA	JA		
92	G 77			Z –3	R	AN 155	AI	O	IA	JA		
93					T 15	S 1900	F 190				M 13	
94	G 82			ZA –22	D 3	V 2						
95	G 23				N 91	N 92						
96					T 16	S 530					M 8	
97				ZA –18.5	F	V 2						
98	G 23				N 91	N 92						
99					T 0						M 30	

IHK – Abschlussprüfung Teil 2

Musterprüfung: Projekt 3 – CNC-Fräsen

Programmblatt Blatt **4** von **5**

Vor- und Familienname:

Beruf: **Zerspanungsmechaniker/-in**

Prüfungsnummer:

Datum:

Ergebnis Prüfungsstück: CNC-Programm

Summe der Zwischenergebnisse [ ] geteilt durch [ ] Ergebnis

Zwischenergebnis

Datum:

Prüfungsausschuss:

Projekt 3

M 4000   K1/P3 -ho-weiß-211117

CNC-Ergänzung

Satz-Nr. N	Wegbedingung G	Koordinaten X/XA/XI	Y/YA/YI	Z/ZA/ZI	Zusätzliche Befehle mit Adressen	Schalt-funktion M	Je Eintra-gung 10 oder 0 Punkte
1	G 41 G 45	X 13.36	Y –27.63	D 5			
2	G 1	X 18.759	Y –21.42				
3				R			
4							
5							
6				R			
7							
8	G 3	X –17.849	Y –9.18	R 7.5			
9							
10				R			
11	G 1	X –13.36	Y –27.63				
12	G 40 G 46			D 5			
13						M 17	

IHK – Abschlussprüfung Teil 2
Musterprüfung: Projekt 3 – CNC-Fräsen

Vor- und Familienname:

Prüflingsnummer:

Datum:

Ergebnis Prüfungsstück: CNC-Programm

Summe der Zwischenergebnisse

Zwischenergebnis

Datum:

Prüfungs-ausschuss:

geteilt durch

Ergebnis

Beruf: **Zerspanungsmechaniker/-in**

Programmblatt Blatt **5** von **5**

M 4000   K1/P3 -ho-weiß-211117

Vor- und Familienname:
Prüflingsnummer:

Zerspanungsmechaniker/-in

Werkstück:	Werkstoff: S235JR+C	Programm-Nr.: % 16	-1-(1)
Zeichnung:	Halbzeug: Sechskant 80 × 60	Unterprogr.-Nr.: L 16	

Spannskizze

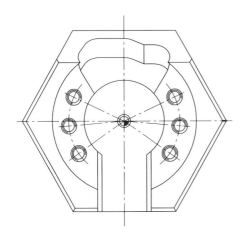
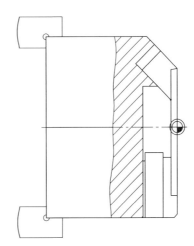

Nr.	Arbeitsfolge	Werkzeug-Nr.	Bemerkung
1	Prüfen der Rohmaße		
2	Spannen des Werkstücks		
3	Festlegen des Werkstück-Nullpunkts		
4	Vorfräsen der Kreistasche 16 mm tief		
5	Vorfräsen der Aussparung 24H7		
6			
7			
8	Vorfräsen der Innenkontur an der Schräge 45° 12 mm tief		L 16
9			
10	Fertigfräsen der Innenkontur an der Schräge 45° 12 mm tief		L 16
11			
12	Fertigfräsen der Kreistasche 16 mm tief		
13	Fertigfräsen der Aussparung 24H7		
14			
15			
16			
17			
18			
19			
20	Qualitätskontrolle		
21	Ausspannen des Werkstücks		
22	Entgraten des Werkstücks		

Projekt 3

Bewertung 10 bis 0 Punkte

Ergebnis

Dieses Ergebnis bitte in das Feld **U2**
des **grau-weißen** Markierungsbogens
eintragen!

Abschlussprüfung Teil 2

Zerspanungsmechaniker/-in

Berufs-Nr.

4 0 0 0

Projekt 3: Fräsen

Projekt 3

Schriftliche Prüfung

Fertigungstechnik
Teil A

Musterprüfung

M 4000 K4/P3

PAL - Prüfungsaufgaben- und
Lehrmittelentwicklungsstelle

IHK Region Stuttgart

Vorgabezeit:	Insgesamt (für das gesamte Projekt 3) 105 min für die Teile A und B
Hilfsmittel:	Formelsammlungen, Tabellenbücher, Zeichenwerkzeuge und nicht programmierter, netzunabhängiger Taschenrechner ohne Kommunikationsmöglichkeit mit Dritten

Sehr geehrter Prüfling,

bevor Sie mit der Bearbeitung der Aufgaben beginnen, lesen Sie bitte **sorgfältig** die folgenden Hinweise.

1 Allgemeines

Der Aufgabensatz für den Prüfungsbereich **Fertigungstechnik** besteht aus:

– Teil A mit 14 gebundenen Aufgaben (also mit vorgegebenen Auswahlantworten)
– Teil B mit 4 ungebundenen Aufgaben (die Sie mit Ihren eigenen Worten in möglichst kurzen Sätzen beantworten müssen)
– Anlage(n): 8 Blatt im Format A4 und 1 Blatt im Format A3 für Teil A und Teil B
– Markierungsbogen (grün)

Für die Ermittlung Ihrer Prüfungsleistungen werden der grüne Markierungsbogen von Teil A, das Aufgabenheft Teil B und gegebenenfalls die Anlage(n) zugrunde gelegt.

Am Ende der Vorgabezeit von 105 min müssen Sie den Aufgabensatz der Prüfungsaufsicht übergeben.

Bei zeichnerischen Darstellungen gilt die Projektionsmethode 1 (⊏⊐ ⊕).

2 Hinweise für Teil A (dieses Heft)

Tragen Sie bitte vor Beginn der Bearbeitung der Aufgaben in den Kopf des **grünen Markierungsbogens** und gegebenenfalls auf der/den **Anlage(n)** die dort geforderten Angaben ein:

– Prüfungsart und Prüfungstermin
– Die Nummer Ihrer Industrie- und Handelskammer, falls bekannt
– Die Ihnen mit der Einladung zur Prüfung mitgeteilte Prüflingsnummer
– Die auf der Titelseite dieses Aufgabenhefts aufgedruckte Berufsnummer
– Ihren Vor- und Familiennamen und den Ausbildungsbetrieb
– Ihren Ausbildungsberuf
– Prüfungsfach/-bereich „Fertigungstechnik"
– Projekt-Nr. „03"

Sind diese Angaben bereits eingedruckt, prüfen Sie diese auf Richtigkeit.

Prüfen Sie danach, ob dieses Heft 14 Aufgaben und 9 Anlage(n) enthält. Informieren Sie bei Unstimmigkeiten **sofort** die Prüfungsaufsicht. **Reklamationen nach dem Schluss der Prüfung werden nicht anerkannt.**

Bei den Aufgaben in diesem Heft ist jeweils nur **eine** der 5 Auswahlantworten **richtig**. Sie dürfen deshalb nur **eine** ankreuzen. Kreuzen Sie mehr als eine oder keine Auswahlantwort an, gilt die Aufgabe als **nicht gelöst**.

Lesen Sie die Aufgabenstellung und die Auswahlantworten sorgfältig durch. Kreuzen Sie erst dann im Markierungsbogen die Ihrer Meinung nach richtige Auswahlantwort an (siehe Abb. 1, Aufgabe 1). Verwenden Sie hierfür unbedingt einen Kugelschreiber, damit Ihre Kreuze auch auf dem Durchschlag eindeutig erkennbar sind.

Sollten Sie ein Kreuz in ein falsches Feld gesetzt haben, machen Sie dieses unkenntlich und setzen Sie ein neues Kreuz an die richtige Stelle (siehe Abb. 1, Aufgabe 2).

Sollten Sie ein bereits unkenntlich gemachtes Feld verwenden wollen, setzen Sie Ihr Kreuz rechts neben das Feld in die weiße Spalte (siehe Abb. 1, Aufgabe 3).

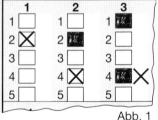

Abb. 1

Ihre Industrie- und Handelskammer wünscht Ihnen viel Erfolg!

Muster eines Markierungsbogens

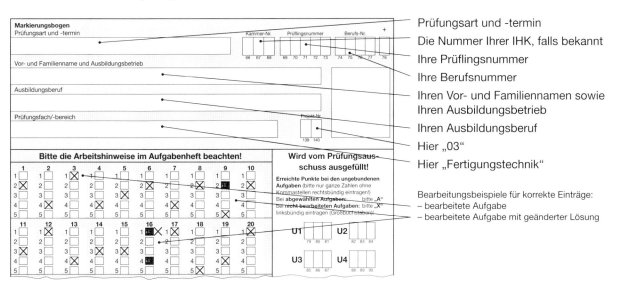

Prüfungsart und -termin
Die Nummer Ihrer IHK, falls bekannt
Ihre Prüflingsnummer
Ihre Berufsnummer
Ihren Vor- und Familiennamen sowie
Ihren Ausbildungsbetrieb
Ihren Ausbildungsberuf
Hier „03"
Hier „Fertigungstechnik"

Bearbeitungsbeispiele für korrekte Einträge:
– bearbeitete Aufgabe
– bearbeitete Aufgabe mit geänderter Lösung

1

Welcher Maschinenachse ist bei CNC-Maschinen die Drehachse C zugeordnet?

(1) Der X-Achse

(2) Der Y-Achse

(3) Der Z-Achse

(4) Der X- und der Z-Achse

(5) Der X- und der Y-Achse

2

Auf welchen der genannten Bezugspunkte beziehen sich absolute Maßangaben?

(1) Maschinennullpunkt

(2) Werkstücknullpunkt

(3) Referenzpunkt

(4) Programmnullpunkt

(5) Werkzeugwechselpunkt

3

Um welches Einrichtgerät handelt es sich bei dem dargestellten Bild?

(1) 2D-Kantentaster

(2) Analoger 3D-Kantentaster

(3) Anfahrdorn

(4) LED-Kantentaster

(5) Spindeltaster

4

Welche Werkzeugaufnahmen werden für höhere Frässpindeldrehzahlen eingesetzt?

(1) SK-Aufnahmen

(2) HSK-Aufnahmen

(3) WSK-Aufnahmen

(4) KS-Aufnahmen

(5) Flanschaufnahmen

Projekt 3

5

Welche Führungsart ist für CNC-Maschinen mit hohen Eilganggeschwindigkeiten geeignet?

1. Schwalbenschwanzführung
2. Hydrostatische Führung
3. Hydrodynamische Führung
4. Wälzführung
5. Flachführung

6

Welche Bauart von CNC-Fräsmaschinen ermöglicht die Bearbeitung extrem großer Werkstücke mit hoher Masse?

1. Konsolfräsmaschine
2. Fahrständermaschine
3. Bettfräsmaschine
4. Senkrechtspindel-Fräsmaschine
5. Portalfräsmaschine

7

Welche der angegebenen Umwelteinflüsse beeinflusst als kritische Störgröße die Fertigungsgenauigkeit einer CNC-Maschine?

1. Stark veränderliche Umgebungstemperatur
2. Schwankende Luftfeuchtigkeit
3. Starker Geräuschpegel
4. Äußere Magnetfelder
5. Luftverschmutzung

8

In welcher der genannten Zeiten geht die Werkzeugwechselzeit einer CNC-Fräsmaschine mit automatischem Werkzeugwechselsystem einher?

1. Hauptnutzungszeit
2. Beeinflussbare Hauptnutzungszeit
3. Unbeeinflussbare Hauptnutzungszeit
4. Nebennutzungszeit
5. Verteilzeit

9

Mit welcher Vorschubgeschwindigkeit v_f (in mm/min) bewegt sich ein Gewindebohrer M 12 bei einer Spindeldrehzahl $n = 380$ min^{-1}?

1. $v_f =$ 32 mm/min
2. $v_f =$ 66,5 mm/min
3. $v_f =$ 320 mm/min
4. $v_f =$ 665 mm/min
5. $v_f =$ 3 200 mm/min

Nebenrechnung Aufgabe 9:

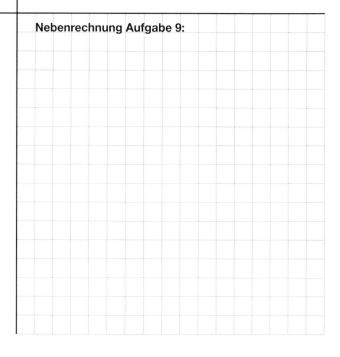

10

Der Planmesserkopf einer CNC-Fräsmaschine hat einen Durchmesser von $d = 120$ mm und zerspant mit einer Schnittkraft von $F_c = 2200$ N. Wie groß ist das an der Frässpindel auftretende Drehmoment M (in Nm)?

1. $M = \quad 2,6\ \text{Nm}$
2. $M = \quad 13,2\ \text{Nm}$
3. $M = \quad 132\ \text{Nm}$
4. $M = \quad 264\ \text{Nm}$
5. $M = 2640\ \text{Nm}$

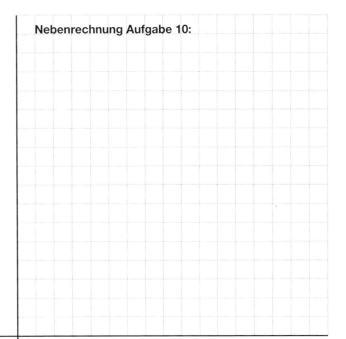

Nebenrechnung Aufgabe 10:

11

CNC-Fräsmaschinen zum HSC-Fräsen besitzen meist als Werkzeugspannmittel Schrumpffutter. Wodurch wird bei diesem die Spannfunktion realisiert?

1. Durch Formschluss
2. Durch Kraftschluss
3. Durch Stoffschluss
4. Durch Form- und Kraftschluss
5. Durch Form- und Stoffschluss

12

Warum programmiert man bei CNC-Maschinen Maße immer in Toleranzmitte?

1. Weil dies am einfachsten ist
2. Weil sonst eine Fehlermeldung auftritt
3. Weil dies Maschinenleistung einspart
4. Weil man dann das Istmaß sicher im Toleranzbereich fertigt
5. Weil dadurch die Oberflächengüte verbessert wird

13

Um die Fertigungskosten zu senken, wird in der CNC-Serienfertigung zunehmend mit Minimalmengen-Kühlschmierung (MMKS) gearbeitet. Welcher maximale Kühlschmiermitteleinsatz (in ml/h) ist dabei zulässig?

1. $0,1\ \text{ml/h}$
2. $1\ \text{ml/h}$
3. $50\ \text{ml/h}$
4. $1000\ \text{ml/h}$
5. $5000\ \text{ml/h}$

14

In der Werkzeugformdatei ist für die Fräswerkzeuge der Vorschub pro Zahn f_z nicht angegeben. Welche Formel wenden Sie an, um diesen rechnerisch zu ermitteln?

1. $f_z = v_f \cdot z \cdot n$
2. $f_z = n \cdot v_f$
3. $f_z = \dfrac{z \cdot n}{v_f}$
4. $f_z = \dfrac{v_f}{z \cdot n}$
5. $f_z = \dfrac{v_f \cdot z}{n}$

Projekt 3

Markierungsbogen
Prüfungsart und -termin

Kammer-Nr.	Prüfingsnummer	Berufs-Nr.	+
66 67 68	69 70 71 72 73	74 75 76 77	78

Vor- und Familienname und Ausbildungsbetrieb

Ausbildungsberuf

Prüfungsfach/-bereich

Projekt-Nr.
139 140

Ihre Prüflingsnummer eingetragen?

Ihre Berufsnummer eingetragen?
(Siehe Titelseite dieses Aufgabenhefts)

Diese Felder ausgefüllt bzw.
eingedruckte Angaben auf Richtigkeit
geprüft?

Bitte die Arbeitshinweise im Aufgabenheft beachten!

Wird vom Prüfungsaus-schuss ausgefüllt!

Erreichte Punkte bei den ungebundenen Aufgaben (bitte nur ganze Zahlen ohne Kommastellen rechtsbündig eintragen!)
Bei **abgewählten Aufgaben:** bitte „A"
bei **nicht bearbeiteten Aufgaben:** bitte „X"
linksbündig eintragen (Großbuchstaben)!

U1	79 80 81	U2	82 83 84
U3	85 86 87	U4	88 89 90

Die Lösungen der Aufgaben
eindeutig eingetragen?

**Bei fehlenden oder uneindeutigen
Angaben kann der Markierungsbogen
nicht ausgewertet werden.
Spätere Reklamationen können nicht
berücksichtigt werden!**

Prüflingsnummer

| | 4 | 0 | 0 | 0 | | |

Vor- und Familienname

Industrie- und Handelskammer

Abschlussprüfung Teil 2

Zerspanungsmechaniker/-in

Berufs-Nr.

4000

Projekt 3: Fräsen

Projekt 3

Schriftliche Prüfung

Fertigungstechnik
Teil B

Musterprüfung

M 4000 K5/P3

Vorgabezeit:	Insgesamt (für das gesamte Projekt 3) 105 min für die Teile A und B
Hilfsmittel:	Formelsammlungen, Tabellenbücher, Zeichenwerkzeuge und nicht programmierter, netzunabhängiger Taschenrechner ohne Kommunikationsmöglichkeit mit Dritten

Sehr geehrter Prüfling,

bevor Sie mit der Bearbeitung der Aufgaben beginnen, lesen Sie bitte **sorgfältig** die folgenden Hinweise.

1 Allgemeines

Der Aufgabensatz für den Prüfungsbereich **Fertigungstechnik** besteht aus:

- Teil A mit 14 gebundenen Aufgaben (also mit vorgegebenen Auswahlantworten)
- Teil B mit 4 ungebundenen Aufgaben (die Sie mit Ihren eigenen Worten in möglichst kurzen Sätzen beantworten müssen)
- Anlage(n): 8 Blatt im Format A4 und 1 Blatt im Format A3 für Teil A und Teil B
- Markierungsbogen (grün)

Für die Ermittlung Ihrer Prüfungsleistungen werden der grüne Markierungsbogen von Teil A, das Aufgabenheft Teil B und gegebenenfalls die Anlage(n) zugrunde gelegt.

Am Ende der Vorgabezeit von 105 min müssen Sie den Aufgabensatz der Prüfungsaufsicht übergeben.

Bei zeichnerischen Darstellungen gilt die Projektionsmethode 1 (⊏ ⊕).

2 Hinweise für Teil B (dieses Heft)

Tragen Sie bitte vor Beginn der Bearbeitung der Aufgaben auf der Titelseite **dieses Hefts** und gegebenenfalls auf der/den **Anlage(n)** die dort geforderten Angaben ein:

- Die Ihnen mit der Einladung zur Prüfung mitgeteilte Prüflingsnummer
- Ihren Vor- und Familiennamen

Prüfen Sie danach, ob dieses Heft 4 Aufgaben und 9 Anlage(n) enthält. Informieren Sie bei Unstimmigkeiten **sofort** die Prüfungsaufsicht. **Reklamationen nach dem Schluss der Prüfung werden nicht anerkannt.**

Bearbeiten Sie die Aufgaben, wo möglich, mit kurzen Sätzen.

Bei mathematischen Aufgaben ist der vollständige Rechengang (Formel, Ansatz, Ergebnis, Einheit) in dem dafür vorgesehenen Feld auszuführen.

Geben Sie in dem unten vorgedruckten Feld an, welche Tabellenbücher Sie verwendet haben.

> Bei der Bearbeitung der Aufgaben wurden folgende Tabellenbücher verwendet:
>
> _____

Ihre Industrie- und Handelskammer wünscht Ihnen viel Erfolg!

Dieser Prüfungsaufgabensatz wurde von einem überregionalen nach § 40 Abs. 2 BBiG zusammengesetzten Ausschuss beschlossen. Er wurde für die Prüfungsabwicklung und -abnahme im Rahmen der Ausbildungsprüfungen entwickelt. Weder der Prüfungsaufgabensatz noch darauf basierende Produkte sind für den freien Wirtschaftsverkehr bestimmt.
Beispielhafte Hinweise auf bestimmte Produkte erfolgen ausschließlich zum Veranschaulichen der Produktanforderung beziehungsweise zum Verständnis der jeweiligen Prüfungsaufgabe. Diese Hinweise haben keinen bindenden Produktcharakter.

Prüfungsaufgaben-Beschreibung

Die folgenden Fragen beziehen sich auf das Fräsen mit der CNC-Maschine und die Herstellung des Teils einschließlich Zeichnung, Werkzeugformdatei und Programm.

U1

Nach der Nullpunktverschiebung mit G 59 wird das Werkstück im Satz N 22 mit dem Befehl AM -45 um die X-Achse gedreht. Um im Satz N 24 mit G 0 in der Z-Achse eine sichere Anfahrhöhe programmieren zu können, muss das Istmaß der Werkstückkante Z (in mm) ermittelt werden.
Berechnen Sie Z.

Aufgabenlösung:

Ergebnis U1

Punkte

U2

Im Satz N 18 wird der Absatz 3 mm tief mit G3-Endpunktangabe absolut und mit inkrementalen Mittelpunktkoordinaten programmiert. Geben Sie eine andere mögliche Programmiervariante für diesen Kreisbogen an.

Aufgabenlösung:

N 18	G 3	X 0	Y 32.5		

Ergebnis U2

Punkte

U3

Nennen Sie zwei Prüfmittel zur Kontrolle des Passmaßes der Nut 24H7.

Aufgabenlösung:

Ergebnis U3

Punkte

U4

Die Bohrtiefe für das Kernloch wird im Satz N 94 mit 22 mm programmiert.
Geben Sie den Rechenweg dazu an.

Aufgabenlösung:

Wird vom Prüfungsausschuss ausgefüllt.

_____   _____
Datum   Prüfungsausschuss

INDUSTRIE- UND HANDELSKAMMER

Lösungsschablone-Nr.:   M 4000 L4/P3

Abschlussprüfung Teil 2: Musterprüfung
Projekt 3: Fräsen

Ausbildungsberuf: Zerspanungsmechaniker/-in

Fertigungstechnik Teil A

1	2	3	4	5	6	7	8	9	10
.	.	.	.	.	.	(·)	.	.	.
.	(·)	.	(·)	.	.	.	.	.	.
(·)	.	.	.	.	.	.	.	.	(·)
.	.	(·)	.	(·)	.	.	(·)	(·)	.
.	.	.	.	.	(·)	.	.	.	.

11	12	13	14
(·)	.	.	.
.	.	(·)	.
.	(·)	.	(·)
.	.	.	.

Fertigungstechnik

Der Aufgabensatz enthält

– 14 gebundene Aufgaben,
   0 Abwahl,
   à 1 Punkt = 14 Punkte

– 1 Projekt, bestehend aus
   4 ungebundenen Aufgaben,
   0 Abwahl,
   à 10 Punkte = 40 Punkte

Die Einzelergebnisse im Aufgabenheft sind in den grünen Markierungsbogen in die Felder U1 bis U4 zu übertragen.

Zur manuellen Ermittlung des Ergebnisses der **Fertigungstechnik** ist in den Markierungsbogen einzutragen:

Divisor A: 0,35
Faktor B: 1,5

Dies ergibt die Gewichtung

Fertigungstechnik
Teil A: 40 %

Fertigungstechnik
Teil B: 60 %

Hinweis:

– Vom Prüfling sind alle 14 Aufgaben zu bearbeiten.

Industrie- und Handelskammer

Abschlussprüfung Teil 2

Zerspanungsmechaniker/-in

Berufs-Nr.

4 0 0 0

Projekt 3: Fräsen

Projekt 3

Schriftliche Prüfung

Lösungsvorschläge für den Prüfungsausschuss

Musterprüfung

M 4000 L/P3

PAL - Prüfungsaufgaben- und Lehrmittelentwicklungsstelle

IHK Region Stuttgart

1 Lösungsschablonen/-vorschläge für den Prüfungsausschuss

Lösungvarianten sind möglich!
Sinngemäß richtige Lösungen sind voll zu bewerten.

Hinweise zur Bewertung des Programms:

Bei der Bewertung des ergänzten Programms ist der Punkteschlüssel 10 oder 0 Punkte anzuwenden. Dabei sind 10 Punkte zu vergeben, wenn das Wort richtig ergänzt wurde. 0 Punkte sind bei falscher oder fehlender Ergänzung einzutragen. Felder, die mit einer Punktlinie umrahmt sind, dürfen bei falsch berechnetem Zahlenwert bei der Übertragung vom Berechnungsfeld der Zeichnung auf das Programmblatt nicht nochmals als falsch bewertet werden. Jedoch hat der Prüfling diesen errechneten Zahlenwert in das Programmblatt einzutragen.

*Grundsätzlich gehen alle mit einer Punktlinie (• • • •) gekennzeichneten Felder im Lösungsblatt **nicht** in die Bewertung ein.*

Die vom Prüfling selbst geschriebenen Programmteile sind vom Prüfungsausschuss auf Vollständigkeit und Richtigkeit zu prüfen.

Für jedes richtige Wort sind 10 Punkte zu vergeben. Jedes falsche oder fehlende Wort, außer Felder mit Punktlinie, ist mit 0 Punkten zu bewerten. Für fehlende Adressbuchstaben darf kein Punktabzug erfolgen. Umfasst die fachlich und technisch richtige Lösung des geschriebenen Programmteils mehr Sätze als der Lösungsvorschlag, dann muss der Divisor auf dem ersten Programmblatt entsprechend geändert werden.

Satz-Nr. N	Wegbedingung G	Koordinaten X/XA/XI	Y/YA/YI	Z/ZA/ZI	Zusätzliche Befehle mit Adressen					Schalt-funktion M	Je Eintra-gung 10 oder 0 Punkte
1	G 54										
2					T 7	S 2380	F 760			M 13	
3	G 73			ZA –16	R 18	D 8	V 2	AK 0.5	AL 0.1		
4	G 79	X 0	Y 0	Z 0	T 7	TR 0.5	TL 0.1		E 100		
5				Z –7.5							
6	G 1										
7	G 41 G 1	X –12.005	Y –11								
8			Y –50								
9		X 12.005									
10			Y –11								
11	G 40 G 1	X 0	Y 0								
12				Z –15							
13	G 23				N 7	N 11					
14					T 5	TR 0.5	TL 0.1	S 440	F 220	M 13	
15	G 0	X 0	Y 0	Z 2							
16	G 1			Z –3							
17	G 41 G 1	X 0	Y 32.5								
18	G 3	X 0	Y 32.5		I 0	J –32.5					
19	G 40 G 1	X 0	Y 0								
20	G 0			Z 100							
21	G 59		YA 25.832								
22	G 17				AM –45						
23	G 59		YA 20.036								
24	G 0	X 45	Y –10	Z 12							
25	G 1			Z 0							

IHK – Abschlussprüfung Teil 2

Musterprüfung: Projekt 3 – CNC-Fräsen

Programmblatt   Blatt **1** von **5**

Vor- und Familienname:

Beruf: **Zerspanungsmechaniker/-in**

Prüflingsnummer:

Datum:

Ergebnis Prüfungsstück: CNC-Programm

Summe der Zwischenergebnisse

Zwischenergebnis

Datum:

geteilt durch   Prüfungs-

Ergebnis   ausschuss:

Projekt 3

Satz-Nr. N	Wegbedingung G	X/XA/XI	Y/YA/YI	Z/ZA/ZI	Zusätzliche Befehle mit Adressen					Schaltfunktion M	Je Eintragung 10 oder 0 Punkte
26		X –45									
27					T 9	TR 0.5	TL 0.1	S 3180	F 1010	M 13	
28	G 0	X 0	Y –32	Z 2							
29	G 1			Z –6							
30		X 9	Y –20								
31		X –9									
32		X 0	Y –32								
33				Z –12							
34	G 23				N 30	N 32					
35				Z –6							
36	G 22				L 16						
37	G 1	X 0	Y –32								
38				Z –12	L 16						
39	G 22										
40					T 6	S 440	F 150			M 13	
41	G 0	X 45	Y –10	Z 2							
42	G 1			Z 0							
43		X –45									
44					T 10	S 3180	F 630			M 13	
45	G 0	X 0	Y –32	Z 2							
46	G 1			Z –12							
47		X 9	Y –20								
48		X –9									
49		X 0	Y –32								
50	G 23				N 35	N 39					

IHK – Abschlussprüfung Teil 2

Musterprüfung: Projekt 3 – CNC-Fräsen

Programmblatt Blatt **2** von **5**

Vor- und Familienname:

Beruf: **Zerspanungsmechaniker/-in**

Prüflingsnummer:

Datum:

Ergebnis Prüfungsstück: CNC-Programm

Summe der Zwischenergebnisse

geteilt durch

Ergebnis

Zwischenergebnis

Datum:

Prüfungs-ausschuss:

Satz-Nr. N	Wegbedingung G	Koordinaten X/XA/XI	Y/YA/YI	Z/ZA/ZI	Zusätzliche Befehle mit Adressen							Schaltfunktion M	Je Eintragung 10 oder 0 Punkte
51					T 8	S 2380	F 470					M 13	
52	G 17												
53	G 50												
54	G 73			ZA –3	R 32.5	D 3	V 2	AK 0.5	AL 0.1	H 4	E 100		
55	G 79	X 0	Y 0	Z 0									
56	G 73			ZA –16	R 18	D 6.5	V 2	AK 0.5	AL 0.1	H 4	E 100		
57	G 79	X 0	Y 0	Z –3									
58	G 1			Z –10									
59	G 23				N 7	N 11							
60	G 1			Z –16									
61	G 41 G 1	X –10	Y –11										
62			Y –50										
63		X 10											
64			Y –11										
65	G 40 G 1	X 0	Y 0										
66					T 14	TR 0.5	S 690	F 160				M 13	
67	G 0	X 0	Y 0	Z 2									
68	G 1			Z –15.05									
69	G 41 G 1	X –14	Y –11										
70			Y –50										
71		X 14	Y –11										
72			Y –11										
73	G 40 G 1	X 0	Y 0										
74					TC 1								
75	G 1			Z –15.15									

IHK – Abschlussprüfung Teil 2

Musterprüfung: Projekt 3 – CNC-Fräsen

Programmblatt   Blatt **3** von **5**

Vor- und Familienname:

Beruf: **Zerspanungsmechaniker/-in**

Prüflingsnummer:

Datum:

Ergebnis Prüfungsstück: CNC-Programm

Summe der Zwischenergebnisse

geteilt durch

Ergebnis

Zwischenergebnis

Datum: _____

Prüfungs-
ausschuss: _____

Projekt 3

% 16 CNC-Ergänzung — Lösungsvorschlag

Satz-Nr. N	Wegbedingung G	X/XA/XI	Y/YA/YI	Z/ZA/ZI	Zusätzliche Befehle mit Adressen						Schaltfunktion M	Je Eintragung 10 oder 0 Punkte
76	G 23				N 69	N 73						
77	G 1			Z –14.95								
78	G 23				N 69	N 73						
79					T 3	TR 2.5	S 4450	F 530			M 13	
80	G 0	X 30	Y 45	Z 2								
81	G 1			Z –4								
82	G 41 G 1	X 23.094	Y 40									
83		X 46.188	Y 0									
84	G 11				RP 46.188	AP –120						
85	G 11				RP 46.188	AP 180						
86	G 11				RP 46.188	AP 120						
87	G 1	X –23.094	Y 40									
88	G 40 G 1	X –30	Y 45									
89					T 1	S 950	F 140				M 13	
90	G 81			ZA –6.5	V 2							
91	G 77			Z –3	R 25	AN –35	AI 30	O 3	IA 0	JA 0		
92	G 77			Z –3	R 25	AN 155	AI 30	O 3	IA 0	JA 0		
93					T 15	S 1900	F 190				M 13	
94	G 82			ZA –22	D 3	V 2						
95	G 23				N 91	N 92						
96					T 16	S 530					M 8	
97	G 84			ZA –18.5	F 1	V 2					M 3	
98	G 23				N 91	N 92						
99					T 0						M 30	

IHK – Abschlussprüfung Teil 2

Musterprüfung: Projekt 3 – CNC-Fräsen

Programmblatt | Blatt **4** von **5**

Vor- und Familienname:

Beruf: **Zerspanungsmechaniker/-in**

Prüfingsnummer:

Datum:

Ergebnis Prüfungsstück: CNC-Programm

Summe der Zwischenergebnisse

Zwischenergebnis — Datum:

Prüfungs-ausschuss:

geteilt durch

Ergebnis

Satz-Nr. N	Wegbedingung G	Koordinaten			Zusätzliche Befehle mit Adressen						Schaltfunktion M	Je Eintragung 10 oder 0 Punkte
		X/XA/XI	Y/YA/YI	Z/ZA/ZI								
1	G 41 G 45	X 13.36	Y −27.63		D 5							
2	G 1	X 18.759	Y −21.42									
3	G 3	X 13.099	Y −9		R 7.5							
4	G 1	X 8.956										
5		X 3.74	Y −5.999									
6	G 3	X 0	Y −5		R 7.5							
7	G 1	X −11.124										
8	G 3	X −17.849	Y −9.18		R 7.5							
9	G 1	X −19.824	Y −13.18									
10	G 3	X −18.759	Y −21.42		R 7.5							
11	G 1	X −13.36	Y −27.63									
12	G 40 G 46				D 5							
13											M 17	

IHK – Abschlussprüfung Teil 2

Musterprüfung: Projekt 3 – CNC-Fräsen

Programmblatt   Blatt **5** von **5**

Vor- und Familienname:

Beruf: **Zerspanungsmechaniker/-in**

Prüflingsnummer:

Datum:

Ergebnis Prüfungsstück: CNC-Programm

Summe der Zwischenergebnisse

geteilt durch

Ergebnis

Zwischenergebnis

Datum:

Prüfungs-ausschuss:

Projekt 3

**Einrichteblatt
Projekt 3 – CNC-Fräsen
Lösungsvorschlag**

Zerspanungsmechaniker/-in

Vor- und Familienname:
Prüflingsnummer:

Werkstück:	Werkstoff: S235JR+C	Programm-Nr.: % 16
Zeichnung:	Halbzeug: Sechskant 80 × 60	Unterprogr.-Nr.: L 16

Spannskizze

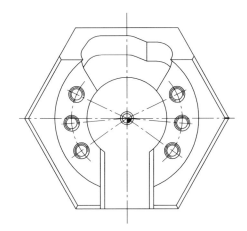
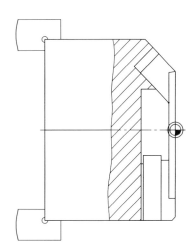

Nr.	Arbeitsfolge	Werkzeug-Nr.	Bemerkung
1	Prüfen der Rohmaße		
2	Spannen des Werkstücks		
3	Festlegen des Werkstück-Nullpunkts		
4	Vorfräsen der Kreistasche 16 mm tief	T 7	
5	Vorfräsen der Aussparung 24H7	T 7	
6	Vorfräsen des Absatzes 3 mm tief	T 5	
7	Vorfräsen der Schräge 45°	T 5	
8	Vorfräsen der Innenkontur an der Schräge 45° 12 mm tief	T 9	L 16
9	Fertigfräsen der Schräge 45°	T 6	
10	Fertigfräsen der Innenkontur an der Schräge 45° 12 mm tief	T 10	L 16
11	Fertigfräsen des Absatzes 3 mm tief	T 8	
12	Fertigfräsen der Kreistasche 16 mm tief	T 8	
13	Fertigfräsen der Aussparung 24H7	T 8	
14	Fräsen des T-Nutgrunds 20 mm breit	T 8	
15	Fräsen der T-Nut	T 14	
16	Fräsen der Fase 1,5 × 45°	T 3	
17	Zentrieren und Senken für Gewinde M6	T 1	
18	Bohren ⌀ 5 mm für Gewinde M6	T 15	
19	Gewindebohren M6	T 16	
20	Qualitätskontrolle		
21	Ausspannen des Werkstücks		
22	Entgraten des Werkstücks		

Bewertung 10 bis 0 Punkte

Ergebnis

Projekt 3

Fertigungstechnik Teil B **Projekt 3 – CNC-Fräsen** **Lösungsvorschläge**	**Zerspanungsmechaniker/-in**

Zu beachten:

Für eine statistische Auswertung ist es zwingend notwendig, dass die Projektnummer (siehe Deckblatt Prüfungsheft) auf dem Markierungsbogen eingetragen wird.

U1

$Z = \sin 45° \cdot 14{,}168$ mm

$Z = 10{,}018$ mm

oder $\quad Z = \dfrac{20{,}036 \text{ mm}}{2} = 10{,}018$ mm

U2

N 18	G 3	X 0	Y 32.5	IA 0	JA 0

U3

– Parallelendmaße
– Schnabel-Innenmessschraube
– Grenzflachlehre (Grenzwellennutlehre)
– Koordinatenmessmaschine

U4

Mitte Toleranz Bohrtiefe Zeichnung + Maß Schneidenecke/Spitze Bohrer · 5 mm

= 20,5 mm + 0,3 · 5 mm

= 22 mm

Projekt 3

Markierungsbogen

Prüfungsart und -termin

Vor- und Familienname und Ausbildungsbetrieb

Ausbildungsberuf

Prüfungsfach/-bereich

Kammer-Nr.	Prüfungsnummer	Berufs-Nr.	+
66 67 68	69 70 71 72 73	74 75 76 77	1 / 78

Projekt-Nr.
139 140

Bitte die Arbeitshinweise im Aufgabenheft beachten!

1	2	3	4	5	6	7	8	9	10
1	1	1	1	1	1	1	1	1	1
2	2	2	2	2	2	2	2	2	2
3	3	3	3	3	3	3	3	3	3
4	4	4	4	4	4	4	4	4	4
5	5	5	5	5	5	5	5	5	5

11	12	13	14	15	16	17	18	19	20
1	1	1	1	1	1	1	1	1	1
2	2	2	2	2	2	2	2	2	2
3	3	3	3	3	3	3	3	3	3
4	4	4	4	4	4	4	4	4	4
5	5	5	5	5	5	5	5	5	5

21	22	23	24	25	26	27	28	29	30
1	1	1	1	1	1	1	1	1	1
2	2	2	2	2	2	2	2	2	2
3	3	3	3	3	3	3	3	3	3
4	4	4	4	4	4	4	4	4	4
5	5	5	5	5	5	5	5	5	5

31	32	33	34	35	36	37	38	39	40
1	1	1	1	1	1	1	1	1	1
2	2	2	2	2	2	2	2	2	2
3	3	3	3	3	3	3	3	3	3
4	4	4	4	4	4	4	4	4	4
5	5	5	5	5	5	5	5	5	5

41	42	43	44	45	46	47	48	49	50
1	1	1	1	1	1	1	1	1	1
2	2	2	2	2	2	2	2	2	2
3	3	3	3	3	3	3	3	3	3
4	4	4	4	4	4	4	4	4	4
5	5	5	5	5	5	5	5	5	5

51	52	53	54	55	56	57	58	59	60
1	1	1	1	1	1	1	1	1	1
2	2	2	2	2	2	2	2	2	2
3	3	3	3	3	3	3	3	3	3
4	4	4	4	4	4	4	4	4	4
5	5	5	5	5	5	5	5	5	5

61	62	63	64	65
1	1	1	1	1
2	2	2	2	2
3	3	3	3	3
4	4	4	4	4
5	5	5	5	5

Wird vom Prüfungsaus-schuss ausgefüllt!

Erreichte Punkte bei den ungebundenen Aufgaben (bitte nur ganze Zahlen ohne Kommastellen rechtsbündig eintragen!).
Bei **abgewählten Aufgaben:** bitte „A"
bei **nicht bearbeiteten Aufgaben:** bitte „X"
linksbündig eintragen (Großbuchstaben)!

U 1 — 79 80 81   U 2 — 82 83 84
U 3 — 85 86 87   U 4 — 88 89 90
U 5 — 91 92 93   U 6 — 94 95 96
U 7 — 97 98 99   U 8 — 100 101 102
U 9 — 103 104 105   U 10 — 106 107 108
U 11 — 109 110 111   U 12 — 112 113 114
U 13 — 115 116 117   U 14 — 118 119 120
U 15 — 121 122 123   U 16 — 124 125 126
U 17 — 127 128 129   U 18 — 130 131 132
U 19 — 133 134 135   U 20 — 136 137 138

Faktor/Divisor gemäß Lösungsschablone

Anzahl der richtig gelösten gebundenen Aufgaben
141 142 143
○ A = Punkte A

Erreichte Punkte bei den ungebundenen Aufgaben
144 145 146
○ B = Punkte B

Summe Punkte A + B

Die Ergebnisse müssen auf zwei Nach-kommastellen kaufmännisch gerundet eingetragen werden.

Ergebnis in Punkten (max. 100)

Datum   Unterschriften/Prüfungsausschuss

Abschlussprüfung Teil 2

Zerspanungsmechaniker/-in

Berufs-Nr.

4000

Schriftliche Prüfung

Hinweise für die Kammer

Richtlinien für den Prüfungsausschuss

Musterprüfung

M 4000 R

IHK PAL - Prüfungsaufgaben- und Lehrmittelentwicklungsstelle

IHK Region Stuttgart

Prüfungsaufgabensatz

Der Prüfungsaufgabensatz für die schriftliche Prüfung besteht aus folgenden Unterlagen:

1 Allgemein

1.1	Hinweise für die Kammer/Richtlinien für den Prüfungsausschuss (sind im vorliegenden Heft zusammengefasst)	rot
1.2	Stellungnahme des Prüfungsausschusses (Zugangsdaten erhalten Sie über Ihre zuständige Industrie- und Handelskammer/Handwerkskammer)	Onlineformular

2 Lösungsschablonen/-vorschläge für den Prüfungsausschuss

2.1	Lösungsschablone Auftrags- und Funktionsanalyse Teil A Projekt 1	
2.2	Lösungsschablone Fertigungstechnik Teil A Projekt 1	
2.3	Lösungsschablone Fertigungstechnik Teil A Projekt 2	
2.4	Lösungsschablone Fertigungstechnik Teil A Projekt 3	
2.5	Lösungsschablone Wirtschafts- und Sozialkunde	
2.6	Heft Lösungsvorschläge mit – Auftrags- und Funktionsanalyse Teil B Projekt 1 – Fertigungstechnik Teil B Projekt 1	rot
2.7	Heft Lösungsvorschläge mit – Auftrags- und Funktionsanalyse Teil A und Teil B Projekt 2 – Fertigungstechnik Teil B Projekt 2	rot
2.8	Heft Lösungsvorschläge mit – Auftrags- und Funktionsanalyse Teil A und Teil B Projekt 3 – Fertigungstechnik Teil B Projekt 3	rot
2.9	Gegebenenfalls Blatt Lösungsvorschläge Wirtschafts- und Sozialkunde	rot

Die Lösungsschablonen der gebundenen Aufgaben und die Lösungsvorschläge der ungebundenen Aufgaben werden am Tag der Prüfung bereitgestellt.

3 Auftrags- und Funktionsanalyse, Fertigungstechnik Projekt 1 (Allgemein) „konventionell gefertigte Baugruppe"

3.1	Hinweise für den Prüfling	weiß	
3.2	Aufgabenheft Auftrags- und Funktionsanalyse Teil A Projekt 1	weiß	
3.3	Aufgabenheft Auftrags- und Funktionsanalyse Teil B Projekt 1	weiß	
3.4	Anlagen: 2 Blatt im Format A4	weiß	eingetascht
3.5	Aufgabenheft Fertigungstechnik Teil A Projekt 1	grün	
3.6	Aufgabenheft Fertigungstechnik Teil B Projekt 1	grün	
3.7	Markierungsbogen Auftrags- und Funktionsanalyse	grau-weiß	
3.8	Markierungsbogen Fertigungstechnik	grün	

4 Auftrags- und Funktionsanalyse, Fertigungstechnik Projekt 2 (Drehen) „CNC-gefertigtes Bauteil"

4.1	Hinweise für den Prüfling	weiß	
4.2	Prüfungsaufgabenbeschreibung Auftrags- und Funktionsanalyse Teil A und Teil B Projekt 2	weiß	
4.3	Anlagen: 8 Blatt im Format A4, 1 Blatt im Format A3	weiß	eingetascht
4.4	Aufgabenheft Fertigungstechnik Teil A Projekt 2	grün	
4.5	Aufgabenheft Fertigungstechnik Teil B Projekt 2	grün	
4.6	Markierungsbogen Auftrags- und Funktionsanalyse	grau-weiß	
4.7	Markierungsbogen Fertigungstechnik	grün	

5 Auftrags- und Funktionsanalyse, Fertigungstechnik Projekt 3 (Fräsen) „CNC-gefertigtes Bauteil"

5.1	Hinweise für den Prüfling	weiß	
5.2	Prüfungsaufgabenbeschreibung Auftrags- und Funktionsanalyse Teil A und Teil B Projekt 3	weiß	
5.3	Anlagen: 8 Blatt im Format A4, 1 Blatt im Format A3	weiß	eingetascht
5.4	Aufgabenheft Fertigungstechnik Teil A Projekt 3	grün	
5.5	Aufgabenheft Fertigungstechnik Teil B Projekt 3	grün	
5.6	Markierungsbogen Auftrags- und Funktionsanalyse	grau-weiß	
5.7	Markierungsbogen Fertigungstechnik	grün	

6 Wirtschafts- und Sozialkunde

6.1	Aufgabenheft Wirtschafts- und Sozialkunde	blau	eingetascht zusammen Projekt 1
6.2	Anlagen: gegebenenfalls	blau	
6.3	Markierungsbogen	blau	

7 Bewertung

7.1	Bewertungsbogen Schriftliche Aufgabe	rot

Dieser Prüfungsaufgabensatz wurde von einem überregionalen nach § 40 Abs. 2 BBiG zusammengesetzten Ausschuss beschlossen. Er wurde für die Prüfungsabwicklung und -abnahme im Rahmen der Ausbildungsprüfungen entwickelt. Weder der Prüfungsaufgabensatz noch darauf basierende Produkte sind für den freien Wirtschaftsverkehr bestimmt.

Internet: www.ihk-pal.de
M 4000 R

1 Hinweise zur Abschlussprüfung Teil 2 – Zerspanungsmechaniker/-in

1.1 Allgemein

Die Abschlussprüfung Teil 2 besteht aus den Prüfungsbereichen Arbeitsauftrag mit begleitendem Fachgespräch, Auftrags- und Funktionsanalyse, Fertigungstechnik sowie Wirtschafts- und Sozialkunde.

Gestreckte Abschlussprüfung Zerspanungsmechaniker/-in Teil 1 und 2			
Abschlussprüfung Teil 1 **Gewichtung 40 %**		**Abschlussprüfung Teil 2** **Gewichtung 60 %**	
Arbeitsaufgabe mit situativen Gesprächsphasen	**Schriftliche Aufgabenstellungen**	**Arbeitsauftrag**	**Schriftliche Aufgabenstellungen**
Gewichtung: 50 % Vorgabezeit: 6,5 h	Gewichtung: 50 % Vorgabezeit: 1,5 h	Gewichtung: 50 % Gesamt-vorgabezeit: 14 h	Gewichtung: 50 % Gesamt-vorgabezeit: 4 h 30 min
– Durchführung Arbeitsaufgabe mit situativen Gesprächsphasen	**– Teil A** Gewichtung: 50 % 23 gebundene Aufgaben 3 zur Abwahl 6 keine Abwahl möglich: 3 Aufgaben zur Mathematik 3 Aufgaben zur Technischen Kommunikation **– Teil B** Gewichtung: 50 % 8 ungebundene Aufgaben keine Abwahl möglich	**– Vor- und Nachbereitung** Vorgabezeit: 8 h **– Durchführung praktische Aufgabe** Vorgabezeit: 6 h	**Struktur der schriftlichen Aufgabenstellungen siehe nächste Seite.**

Phasen (Teil 1):

Phasen	Gewichtung
• Planung	10 %
• Durchführung	75 %
• Kontrolle	10 %
• Situative Gesprächsphasen (max. 10 min)	5 %

Phasen (Teil 2):

Phasen	Gewichtung
• Planung	10 %
• Durchführung	70 %
• Kontrolle	20 %
• Begleitendes Fachgespräch (max. 20 min)	Den Phasen zugeordnet

Bild 1: Gliederung der gestreckten Abschlussprüfung mit Aufteilung in Teil 1 und Teil 2 sowie der Gewichtung und der Vorgabezeit

Schriftliche Abschlussprüfung Teil 2
Zerspanungsmechaniker/-in

	Auftrags- und Funktionsanalyse	Fertigungstechnik	Wirtschafts- und Sozialkunde
Gewichtung:	40 %	40 %	20 %
Vorgabezeit:	105 min	105 min	60 min

Es werden evtl. Anlagen verwendet.

Konventionell gefertigte Baugruppe (Projekt 1)
Es wird ein Zeichnungssatz verwendet (zusätzliche Zeichnungen bei den gebundenen Aufgaben möglich).

| Heft K1/P1 (weiß) | **Gebundene Aufgaben** 1–14 (3 zur Abwahl) (4 nicht abwählbar) |
| Heft K2/P1 (weiß) | **Ungebundene Aufgaben** U1–U4 (keine Abwahl möglich) |

| Heft K4/P1 (grün) | **Gebundene Aufgaben** 1–14 (3 zur Abwahl) (4 nicht abwählbar) |
| Heft K5/P1 (grün) | **Ungebundene Aufgaben** U1–U4 (keine Abwahl möglich) |

| Heft K10 (blau) | **Gebundene Aufgaben** 1–18 (3 zur Abwahl) |
| | **Ungebundene Aufgaben** U1–U6 (1 zur Abwahl) |

CNC-gefertigtes Bauteil (Projekt 2 o. 3)
Es wird je ein Zeichnungssatz – verwendet Drehen oder Fräsen – wahlweise (zusätzliche Zeichnungen bei den gebundenen Aufgaben möglich).

| **Drehen – Projekt 2** | Heft K1/P2 (weiß) | **CNC-Programm** 2 Ergebnisse im 10- bzw. 100-Pkt.-Schlüssel |
| **Fräsen – Projekt 3** | Heft K1/P3 (weiß) | **CNC-Programm** 2 Ergebnisse im 10- bzw. 100-Pkt.-Schlüssel |

Heft K4/P2 (grün)	**Gebundene Aufgaben** 1–14 (keine Abwahl möglich)
Heft K5/P2 (grün)	**Ungebundene Aufgaben** U1–U4 (keine Abwahl möglich)
Heft K4/P3 (grün)	**Gebundene Aufgaben** 1–14 (keine Abwahl möglich)
Heft K5/P3 (grün)	**Ungebundene Aufgaben** U1–U4 (keine Abwahl möglich)

Projekt 1: Auftrags- und Funktionsanalyse; Ergebnisse werden in die Felder U1–U4 eingetragen
Fertigungstechnik; Ergebnisse werden in die Felder U1–U4 eingetragen

Projekt 2: Auftrags- und Funktionsanalyse; 2 Ergebnisse im 10- bzw. 100-Pkt.-Schlüssel werden in die Felder U1 und U2 eingetragen
Fertigungstechnik; Ergebnisse werden in die Felder U1–U4 eingetragen

Projekt 3: Auftrags- und Funktionsanalyse; 2 Ergebnisse im 10- bzw. 100-Pkt.-Schlüssel werden in die Felder U1 und U2 eingetragen
Fertigungstechnik; Ergebnisse werden in die Felder U1–U4 eingetragen

1.2 Bewertung der Prüfungsleistungen

Die ausgegebenen Unterlagen sind nach Ablauf der Vorgabezeit vom Prüfling mit seinen Lösungen abzugeben. Die Prüflingsnummer sowie der Vor- und Familienname sind sofort nach Erhalt vom Prüfungsausschuss zu überprüfen.

1.2.1 Bewertung der ungebundenen Aufgaben

Die Bewertung der ungebundenen Aufgaben erfolgt direkt in den Aufgabenheften unter Zuhilfenahme der Lösungsvorschläge. Andere Lösungen sind, falls fachlich richtig, entsprechend zu bewerten. Die Einzelergebnisse sind in den Markierungsbogen in die vorgegebenen Felder zu übertragen.

Für die Bewertung der ungebundenen Aufgaben empfiehlt der PAL-Fachausschuss den gleitenden Bewertungsschlüssel:

10 bis 0 Punkte (10 – 9 – 8 – 7 – 6 – 5 – 4 – 3 – 2 – 1 – 0 Punkte)

Auf Basis von § 24 Musterprüfungsordnung für die Durchführung von Abschluss- und Umschulungsprüfungen des Hauptausschusses des Bundesinstituts für Berufsbildung (BiBB) vom März 2007 sind die Prüfungsleistungen wie folgt zu bewerten:

10	Eine den Anforderungen in besonderem Maße entsprechende Leistung
9	Eine den Anforderungen voll entsprechende Leistung
8	Eine den Anforderungen im Allgemeinen entsprechende Leistung
7	
6	Eine Leistung, die zwar Mängel aufweist, aber den Anforderungen noch entspricht
5	
4	Eine Leistung, die den Anforderungen nicht entspricht, jedoch erkennen lässt, dass Grundkenntnisse vorhanden sind
3	
2	Eine Leistung, die den Anforderungen nicht entspricht und bei der selbst Grundkenntnisse fehlen
1	**oder**
0	keine Prüfungsleistung erbracht

1.2.2 Bewertung der gebundenen Aufgaben

Die Bewertung der gebundenen Aufgaben erfolgt auf der Basis des vom Prüfling ausgefüllten Markierungsbogens unter Zuhilfenahme der Lösungsschablone (Download).

1.2.3 Erläuterungen zur Bewertung der gebundenen Aufgaben

Bitte die Arbeitshinweise im Aufgabenheft beachten!

Aufgabe	Eintrag im Markierungsbogen	Lösung/Abwahl
1	eindeutig	2
2	eindeutig	4
3	eindeutig	4
4	eindeutig	4
5	eindeutig	5
6	eindeutig	2
7	nicht eindeutig	Aufgabe falsch beantwortet
8	nicht eindeutig	Aufgabe falsch beantwortet
9	nicht eindeutig	Aufgabe falsch beantwortet
10	nicht eindeutig	Aufgabe falsch beantwortet
11	eindeutig	Abwahl
12	eindeutig	Abwahl
13	eindeutig	Abwahl
14	eindeutig	Abwahl
15	eindeutig	2
16	eindeutig	3
17	eindeutig	4
18	eindeutig	2
19	eindeutig	2
20	eindeutig	Keine Lösung/keine Abwahl: Aufgabe falsch beantwortet